新编21世纪公共管理系列教材

• 公共组织与人力资源管理系列 •

公共部门人力资源管理案例

Cases in Public Human Resource Management

主　编　周均旭

副主编　黄建荣　李国梁

编写委员会（以姓名拼音为序）

程　跃　黄登攀　黄建荣　黄勇荣　李国梁

罗　敏　韦彩玲　吴　凡　周均旭

参编人员（以姓名拼音为序）

蔡晓霞　程　思　党桂杏　杜　恩　李　香

梁梓康　卢旭军　陆　鑫　路亚楠　梅正午

闵　潇　孙潇怡　肖　慧　杨乐乐　银新月

翟云彤　赵晓光

中国人民大学出版社

· 北京 ·

新编21世纪公共管理系列教材

• 公共组织与人力资源管理系列 •

作 者 简 介

周均旭　广西大学公共管理学院副院长，教授、博士生导师，广西大学公共组织人力资源研究所所长；兼任中国公共部门人力资源管理论坛理事等职。主要从事公共部门人力资源管理、区域人力资源开发与配置、劳动力流动与政府治理、政府绩效评估、中国-东盟人力资源市场等领域的教学和研究工作。主持国家社科基金重点项目及其他国家级、省部级研究课题多个，在《管理评论》《研究与发展管理》《中国科技论坛》等期刊上发表学术论文 20 余篇，出版学术专著 2 部，参编教材 2 部。

黄建荣　广西大学商学院党委书记、副教授，公共管理学院原党委书记。主要从事农村经济与社会行政管理、领导科学等领域的教学和研究工作。

李国梁　广西大学公共管理学院公共管理系副主任、副教授。主要从事组织理论、人力资源培训与开发、领导科学理论与实践等领域的教学和研究工作。

内 容 简 介

《公共部门人力资源管理案例》是一部案例集，全书以公共部门人力资源管理知识体系为框架，充分体现了公共部门人力资源管理的特点，内容涵盖公共部门人力资源管理的各个职能模块及相关要素：人力资源战略与规划，组织结构设计与编制管理，职位分析和分类管理，人力资源胜任素质，人员招募和甄选，职务任免和升降，教育培训与开发，绩效管理，薪酬管理，交流、回避与退出，奖惩与权益保障。

本书所选取的案例聚焦于当前中国公共部门人力资源管理的现实情境，涉及政府机构改革、事业单位分类改革、公务员胜任素质模型、政府绩效管理、养老金“双轨制”改革等公共部门人力资源管理的核心和重点议题，具有很强的现实意义。此外，本书在一定程度上反映了 2018 年最新修订的公务员法的精神，具有较强的时代性。

出版说明

现代意义上的公共行政与公共管理研究和教育始于20世纪初的西方。时至今日，随着公共管理职业化的发展，公共行政与公共管理的研究和教育事业在西方发达国家方兴未艾。自20世纪80年代起，为了适应政府改革与公共管理人才培养的需要，我国的公共行政与公共管理研究和教育在经历了发展的挫折之后，开始了恢复和重建的工作。经过多年的发展，特别是公共管理一级学科的设置和我国公共管理硕士（MPA）教育的启动以及高校公共管理专业的大量开设，公共管理已成为当代中国社会科学和管理科学领域的一个充满生机活力和具有远大发展前景的学科。

为了满足广大高校公共管理类专业的教学需要，在历届教育部高等学校公共管理类学科专业教学指导委员会的指导和支持下，中国人民大学出版社自1999年起，陆续出版了“21世纪公共行政系列教材”“21世纪公共管理系列教材”“21世纪公共事业管理系列教材”“公共管理系列教材”“公共管理核心课程系列教材”“21世纪劳动与社会保障系列教材”“21世纪土地资源管理系列教材”“21世纪城市规划与管理系列教材”等多个本科系列教材。这些教材被国内高校公共管理类专业广泛选用，并得到了公共管理学界的支持和认可，数十种教材被评为“十五”“十一五”“十二五”国家级规划教材，普通高等教育精品教材，以及各省市精品教材，为我国公共管理学科发展和人才培养做出了积极的贡献。

我国高等教育改革的进一步深化，以及新技术和新媒体的不断发展，对高校教材提出了更高的要求。为了回应这种要求，我们在广泛调研的基础上，拟对上述系列教材进行整合和提升，推出“新编21世纪公共管理系列教材”，以满足国内高校公共管理一级学科下设的行政管理、公共事业管理、劳动与社会保障、土地资源管理、城市管理、海关管理、交通管理、海事管理、公共关系学等本科专业的教学需要。

“新编21世纪公共管理系列教材”将秉承中国人民大学出版社“出教材学术精品，育人文社科英才”的宗旨，从本科教育的特点出发，从公共管理教育的特点出发，为广大高校公共管理类专业师生提供一套高质量的本科教材。在教材编写和内容安排上，“新编 21 世纪公共管理系列教材”强调基础知识、基本理论和基本技能，同时，也尽可能地体现创新性和前沿性，反映相关领域理论与实践的最新发展情况。

“新编 21 世纪公共管理系列教材”由中国人民大学、中山大学、北京大学、清华大学、复旦大学、厦门大学、武汉大学、浙江大学、吉林大学、东北大学、北京师范大学、山东大学、四川大学、西北大学等数十所国内著名大学的知名学者领衔著述，我们期望通过这种强强联合、优势互补、资源共享的方式，为国内公共管理学界奉上一套体现系统性、权威性、通用性，并兼具创新性、前沿性、启发性的精品教材。

公共管理的实践是不断发展和变化的。随着公共管理实践的不断发展，公共管理学科研究的范围、主题和内容也在不断地发展和变化。我们将紧跟公共管理学科的发展，与所有作者一起，不断对本套教材进行修订和完善。望广大读者给我们反馈信息，对本套教材提出批评和建议，以使我们能够在所有读者和作者的帮助下，与中国公共管理学科共同成长。

中国人民大学出版社

总 序

2018 年是改革开放 40 周年。改革开放前，在计划经济时期我国对人的管理是按照身份划分的，对工人的管理称为劳动管理，而对干部的管理称为人事管理。劳动管理更多地被纳入企业管理，是企业“人财物”管理中的一部分，关注的核心是劳动定额和劳动报酬；人事管理则不被认为是一门科学，用人单位按照有关政策和规定，照章办事罢了。

我国城市经济体制改革的重要突破口首先是分配制度改革，而这一改革必然传导到用人制度的改革。改革遇到的一系列挑战需要理论的回应和指导，为此，1983 年 5 月我国第一个该领域的学院——劳动人事学院——在中国人民大学成立，该院是中国人民大学与原劳动人事部合办的，所以，其名称就有了鲜明的特点。我是 1982 年初到人民大学攻读硕士研究生的，所以，学院成立时只有我一名学生，1983 年 9 月我才迎来了两位师弟。学院成立后按计划招收劳动经济和人事管理两个专业的学生，劳动经济专业为劳动局培养干部，人事管理专业则为人事局培养干部。

20 世纪 90 年代初，由于各种原因，人事管理专业面临转型。由于看到发达国家已经从传统的人事管理转向人力资源管理，于是，在 1993 年，中国人民大学将人事管理专业改为人力资源管理专业，主要为企业培养从事人力资源管理的专业人才。1997 年教育部研究生学科目录调整时增设了管理学门类，该门类下设了多个一级学科，其中，最重要的是工商管理和公共管理。在讨论二级学科设置时，对于人力资源管理的位置没有达成一致意见，因此，没有将人力资源管理列入当年的研究生学科目录。而 1998 年在修订本科专业目录时，将人力资源管理放在了工商管理一级学科目录之下，公共管理一级学科下则没有设立人力资源管理专业。

2000 年前后，公共管理问题在国内受到越来越多的关注，为了回应社会需求，国内各大学纷纷成立公共管理学院。2001 年 6 月，中国人民大学公共管理学院成立，成立之初确定的奋斗目标是建成“国内一流、世界知名”的公共管理学院。为此，学科建设就成为学院的工作重点。学科建设的首要任务是“补缺”，为此，在学校的支持下，2003 年，学院率先在公共管理硕士（MPA）项目中设立了公共组织与人力资源方向，为公共组织培养人力资源管理人才。在此基础上，2006 年，学院进一步在公共管理一级学科下自设了“公共组织与人力资源”二级学科，开始培养博士和学术型硕士研究生。

我国公共部门人力资源以党政机关干部和国有企事业单位管理人员为主，我国公共部门人力资源的素质和能力决定着我国公共管理的水平和质量。其中，我国干部队伍作为党政工作人员，是国家行政管理人才，是党的路线、方针、政策和国家法律、法规的具体执行者，担负着社会主义现代化建设的规划、组织和指挥的重要责任，是重要的人才资源。干部队伍能否正确行使权力、执政为民，直接关系到党和政府的形象和威望；干部队伍能否秉公执法、依法行政，直接关系到法律的尊严和社会的公正；干部队伍素质的高低、能力的强弱，直接关系到政府的工作效率和为公众服务的水平。提高干部队伍的人力资源开发和管理水平，加强干部队伍能力建设，已经成为建设强有力政府的关键和增强国家竞争力的重要途径。

中国人民大学在这一领域的一系列创新举措得到了兄弟院校的积极响应，不少高校设立了相同的专业方向。为此，在全国公共管理专业学位研究生教育指导委员会的支持下，首届全国公共部门人力资源管理研讨会于 2012 年召开，进一步推进了该学科的建设与发展。该研讨会每年按期召开，探讨公共部门人力资源管理的理论与实践问题。特别值得一提的是 2016 年 7 月 7 日至 8 日由全国公共管理专业学位研究生教育指导委员会主办、天津大学管理与经济学部承办的第五届全国公共部门人力资源管理研讨会。会议发表了《天津宣言》，做出了要在未来一段时间内出版一系列公共组织与人力资源管理教材的决定。会后成立了“新编 21 世纪公共管理系列教材·公共组织与人力资源管理系列”编写指导委员会与编写委员会，经过委员会商议，确定了要陆续推出《公共部门人力资源管理概论》《公共组织理论》《领导学》《国家公务员制度》《公共部门人员测评与甄选》《公共部门绩效管理》《公共部门薪酬管理》等教材，从而不断完善我国公共部门人力资源管理的学科建设，促进公共部门人力资源管理的组织创新和人才培养。这一决定促成了本系列教材的出版。

本系列教材力求体现以下特色：第一，体系科学全面。本系列教材涵盖了公共部门人力资源管理的主要知识领域，既包括管理学原理、组织行为学、公共组织理论等学科基础知识，也包括公共部门人力资源的招募、测评、甄选、绩效考核、薪酬管理等专业内容。第二，内容特色鲜明。本系列教材在编写过程中注重公共组织的基本特点与价值取向，无论是教材体系的设置还是具体内容的撰写都关注公共组织的实际问题。第三，实践导向明显。为了帮助读者更好地理解理论知识，将理论与实践联系起来，各教材都提供了丰富的公共组织具体案例实践，同时我们还将特别出版一本《公共部门人力资源管理案例》。第四，经典前沿并重。本系列教材的编写，既注重基础知识、基本理论和基本技能，同时又关注学科前沿，通过呈现公共部门人力资源管理的前沿视点，帮助读者把握学科的最新发展动态。

参与本系列教材编写的专家学者队伍理论功底都很深厚，他们来自中国人民大学、北京师范大学、天津大学、南开大学、中南财经政法大学、西北师范大学、广西大学等十余所高校。他们身处中华民族走向伟大复兴的历史洪流，扎根中国公共管理的具体实践，深谙中国公共部门人力资源管理的机会、问题与挑战。这种打破空间地域限制的强强联合，有利于将全国各地专注公共部门人力资源管理理论与实践的专家学者联合起来，促进各高校之间的学术交流与合作，助推公共部门人力资源管理的学科发展。

本系列教材不仅适合公共管理类专业的本科生使用，也可作为公共管理学科的研究生以及各级行政管理人员的参考用书。

实践总是不断发展与演进的，公共部门人力资源管理也会面临新的问题与挑战。虽然各位编写者在编写过程中精益求精，付出了很多心血，但难免存在不足之处。希望广大读者在使用本系列教材的过程中积极地提出修改意见，帮助我们不断地修订和完善。

董克用

前言

在中国，公共管理学科是改革开放以后，伴随着国家管理体制的变革而兴起和发展的新兴学科。近几年，公共部门人力资源管理也受到学界越来越多的重视。由中国人民大学公共管理学院主办的全国公共部门人力资源管理研讨会从2012年开始召开，截至2016年，已经连续召开五届（2017年更名为“中国公共部门人力资源管理论坛”），引起了学界的广泛关注。

2016年7月，在天津召开第五届会议时，为响应中国人民大学的号召，同时基于当前课程设计和教材建设方面有许多不完善的地方，与会高校组织各方力量编写出版系列教材，广西大学公共管理学院作为第二届会议的主办单位，有幸承担了《公共部门人力资源管理案例》的编写任务。

在正式编写《公共部门人力资源管理案例》之前，编写组对目前国内已有的人力资源管理案例集进行了搜集查阅，发现多数案例集是针对工商管理专业编写的，真正针对公共管理专业编写的与人力资源相关的案例集寥寥数本。其中，中国人民大学出版社在本领域出版了三本：一本是美国学者编写的《公共部门人力资源管理案例》的中译本，选取了30个突出公共部门人力资源管理特殊性的案例，但毕竟中国国情与国外的情况差异巨大，国外教材缺乏本土化的实例；一本是中国人民大学公共管理学院编写的《公共部门人力资源管理与社会保障案例》，将人力资源与社会保障的案例放在一起；还有一本是由中山大学陈天祥教授编写的《公共部门人力资源管理及案例教程》，这本其实是增加案例的理论教材。剩下的只有天津大学出版社、湖北人民出版社以及广西大学出版社等出版的几本案例集了。但总体来看，这些案例集多是针对公共管理专业硕士编写的，一般选取的案例比较复杂，篇幅较长，分析难度大，并且基本在2013年以前出版。随着近年公共部门人力资源管理领域的变化，这些案例集中的部分内容已经较为陈旧，可借鉴的内容十分有限。

在承接任务后，广西大学公共管理学院以广西大学公共组织人力资源研究所为主体，调动了能够调动的所有师生力量，全力投入《公共部门人力资源管理案例》的编写。本书充分体现了公共部门人力资源管理的特点，内容涵盖公共部门人力资源管理的各个职能模块及相关要素。在案例选取上，本书尽可能采集 2014 年以后的案例，并且严格限制在公共部门范围之内，以政府部门为主，同时也穿插了部分学校和医院的案例；在内容上，本书聚焦于当前中国公共部门人力资源管理的现实情境，这些现实情境基本是有关我国公共部门各个领域的实践，既有政府机构改革、事业单位分类改革、公务员胜任素质模型、政府绩效管理等问题，也有编制改革、养老金“双轨制”、大数据等许多争议性很强的新热点；在结构编排上，每章都先介绍知识提要，然后有难易不同的两到三个案例，每个案例都分为背景透视、案例描述、案例思考题、案例分析（核心提示、观点争鸣、问题分析）四个部分。当然，案例分析意在启发引导学生利用专业知识分析与讨论问题，起到抛砖引玉的作用。

本书严格贴合公共部门人力资源管理的专业特点，结构清晰，框架体系完整，信息量大，具有一定的实践性和可读性。本书作为本系列教材中的案例专集，体系设计上参考了中国人民大学方振邦教授的《公共部门人力资源管理》，与其呼应，但是又自成体系，能独立地充当公共管理相关专业广大老师、硕士研究生和本科生的课后参考用书或案例讨论用书。当然，在展开课堂深度参与式讨论之前，建议同学们做好充分的课前准备，毕竟公共部门人力资源管理是在特定的时代和政策背景下进行的实践。

本书的编写离不开广西大学公共组织人力资源研究所全体老师和研究生的努力，具体结构安排和人员分工如下：

第 1 章　公共部门人力资源管理的特点与制度环境，由周均旭、翟云彤编写；

第 2 章　公共部门人力资源战略与规划，由黄勇荣、程思和常亚军编写；

第 3 章　公共部门组织结构设计与编制管理，由李国梁、周均旭和陆鑫编写；

第 4 章　公共部门职位分析和分类管理，由黄登攀、路亚楠编写；

第 5 章　公共部门人力资源胜任素质，由罗敏、卢旭军编写；

第 6 章　公共部门人员招募和甄选，由吴凡、银新月、梁梓康、赵晓光和孙潇怡编写；

第 7 章　公共部门人力资源的职务任免和升降，由黄建荣、杜恩编写；

第 8 章　公共部门人力资源教育培训与开发，由李国梁、党桂杏编写；

第 9 章　公共部门绩效管理，由韦彩玲、闵潇编写；

第 10 章　公共部门薪酬管理，由程跃、蔡晓霞编写；

第 11 章　交流、回避与退出，由黄建荣、肖慧编写；

第 12 章　奖惩与权益保障，由罗敏、梅正午编写；

第 13 章　公共部门人力资源管理前沿，由周均旭、杨乐乐编写；

罗敏、吴凡、李国梁等老师和李香、孙潇怡、陈莹、何惠榕等同学还参与了后期大量的校对和案例分析修订工作。

虽然大家都付出了很多努力，但是由于编写者能力与水平有限及编写时间紧凑，本书还存在许多不完善的地方。此外，公共部门人力资源管理的政策性明显，受政策变动的影响较大，且随着时间的推移，特别是公共部门人事制度改革的不断推进，有些案例可能又会过时。因此，希望学界同人在使用本书案例的过程中若发现此类问题及时与编者联系，也欢迎各位将自己在日常教学中采集的精彩案例提供给我们，使公共部门人力资源管理的案例集能够全面地反映中国公共部门人力资源管理实践的特色。

周均旭

于广西南宁

目　录

第1章 公共部门人力资源管理的特点与制度环境

知识提要

公共部门是相对于私人部门而言，通过提供公共产品和公共服务，以服务社会大众、谋求公共利益为目的的组织体系，通常也称公共组织。公共部门负责提供公共产品，履行公共事务职能，以增进公共利益，因此公共部门人力资源管理具有区别于私营部门的权威性、公益性、复杂性和法制性等特点，深受外部制度环境的约束。当前我国公共部门的改革正在不断深化推进，人力资源的管理日益走向科学化、规范化。作为本书的第一章，本章着重讲述公共部门人力资源管理的特点和制度环境。学完本章，应该掌握公共部门、人力资源、人力资源管理、公共部门人力资源管理等概念，了解公务员制度的演变历史及特点，把握现代人力资源管理和传统人力资源管理的异同，探究公共部门人事制度改革的原因、环境，理顺其中的内在逻辑。

1.1 案例一 高校人事解聘事件后的风波

1.1.1 背景透视

中国高等教育在从精英化向大众化的跨越以及渐趋普及化的发展历程中，肩负起关涉社会整体利益、履行公共职能与提供公共服务的职责，成为面向全体社会成员、增进公共福祉、扩大社会公益的实践活动，展现出显著的公共性意蕴①。高校是公共教育场所，《中华人民共和国高等教育法》明确规定："设立高等学校，应当符合国家高等教育发展

① 冯永刚. 高等教育公共性的制度障碍及其破解 [J]. 江苏高教，2014 (2)：1-4.

规划，符合国家利益和社会公共利益。”高校人事制度改革是建设现代大学制度的重要内容，是深化高等教育领域综合改革的重要突破口。在当前着力推进协同创新、提高高等教育质量的背景下，进一步深化高校人事制度改革势在必行。党中央、国务院近年来制定了关于深化教育改革的一系列重大决策，如理顺人事管理体制、改革用人和分配制度等，加之社会保障体系、医疗保险制度、失业保险制度等配套改革方案的相继出台，都为高校人事制度改革创造了良好的社会条件，提供了难得的机遇。近年来，一些高校围绕建设中国特色现代大学人事制度的目标和要求，在岗位分类、人才延揽、培养培训、考核评价、薪酬激励、流动退出等方面大胆探索，积累了一些经验和做法，但这些改革也深受校内外多种因素的制约，面临着巨大的障碍和阻力。

1.1.2 案例描述

2016 年 9 月 19 日，湖南师范大学的学生黄慧龙、宋胡丹与该校法学教授黄捷一同进京，在开庭的湖南大学原副教授杨某某、黄某某起诉教育部的行政诉讼案中，担任原告的代理人。

两副教授被学校解聘

2015 年 7 月，湖南大学以“未完成合同约定的岗位职责”为由，对该校建筑学院副教授杨某某、黄某某做出“不再续聘，终止劳动人事关系”的处理决定，并限期办理离校手续。两位被解聘的副教授不服学校决定，多次向学校提出异议，质疑处理解聘事宜的“主体机构”及“学校对教师的评价体系”等。

2016 年，杨某某、黄某某找到湖南师范大学的法学教授黄捷。黄捷是湖南法学会程序法学研究会的负责人，接受此事后委派了 6 位湖南师范大学在校大学生（均为程序法学研究会成员）进行法理研究和处理诉讼实务。2016 年 7 月 19 日，杨某某、黄某某以“违反法理规定，怠于行使职责”之名起诉教育部。诉讼代理人胡梦瑶、宋胡丹认为，湖南大学做出解聘决定的主体违法，终止与原告之间的劳动人事关系违法，其“解聘决定”违反了正当程序。依据《中华人民共和国教师法》第三十九条的规定，教师对学校或者其他教育机构侵犯其合法权益的，或者对学校或者其他教育机构所做出的处理不服的，可以向教育行政部门提出申诉，教育行政部门应当在接到申诉的三十日内，做出处理。但原告在今年 4 月 28 日以邮政挂号信向教育部寄送申诉材料后，两个多月没有收到回复和处理，于是向法院提起诉讼。

2011 年，湖南大学实行教师全员聘用，杨某某、黄某某因未达到副教授上岗条件被聘到专职科研岗，时间为 3 年（2011 年 8 月 1 日至 2014 年 7 月 31 日）。2014 年两人未完成合同约定任务，学校的意见为“聘期考核应确定为不合格，学院可停聘或者延聘一年”。后经本人申请、学院学校批准，两人合同期延至 2015 年 7 月 31 日。随后签订的合同变更书中特别约定：如在聘期内未完成合同约定任务，终止聘用。2015 年 7 月 1 日，学校教学科研系列岗位职务聘用委员会对合同截止到 2015 年 7 月 31 日的教学科研人员进行聘用审议时，发现杨某某、黄某某等人在合同延续期内仍未完成合同约定任务，经专家组投票表决：不再续聘。杨某某、黄某某等人随后向学校提出了书面诉求。

被解聘副教授：不认可校方说法

杨某某、黄某某两人对湖南大学的上述说法表示不认同。杨某某认为，在过去的10年中，自己一直致力于湖南古街、古镇、古城的保护与复兴，主持了长沙的太平街、都正街、县正街、靖港古镇、铜官陶城、乔口渔都、新康戏乡、书堂书香等历史建筑文化保护设计，主持了平江北街古街、郴州板梁古村、张家界天子山镇、吉首乾州古城等复兴规划，这一系列作品受到国内外专家的高度评价，给湖南大学带来良好的声誉。学校无视自己的成绩，以一个非常设的机构“五人委员会”违法解聘教师，让他寒心。黄某某亦是业界名人，他表示，自己除了全身心投入艺术研究和艺术创作外，2013—2015年每年还为院系承担了至少四门以上的专业和基础课程，以及总课时不少于300个的本科教学任务。他指出，学校没有建立一套对于美术老师的考核评价系统，在“专职科研岗聘期考核及续聘审批”的过程中武断地评定自己为“不合格”，且不续聘，他对此不能接受。

湖南大学相关负责人：学校有自主用人的权利

2016年9月13日，湖南大学人力资源处处长彭兰就此事接受了中青在线记者采访。她说，杨某某等人提出的“湖南大学做出解聘决定的主体违法，终止与原告之间的劳动人事关系违法，其解聘决定违反了正当程序”并不属实。彭兰解释说，两人申诉中指控非常设的机构“五人委员会”非法解聘教师不是事实，这个“五人委员会”是滚动式机构，早在2009年就开始履职，学校解聘教师是依法办理的。彭兰称，杨某某、黄某某两位老师很有能力，但学校审议聘用合同时，是对照合同约定条款完成情况来考核。事实上，在2014年考核不合格的情况下，学校还是给予了延续一年的机会，但两人没有把握，而学校有自主用人的权利。湖南大学报送教育部人事司的材料显示，杨某某2000年回校后即以特殊方式（兼职）在校工作，10多年来未担任本科教学任务，曾担任多家公司的法定代表人、总建筑师等。黄某某也在外创办培训学校，并在学校的兼职清查中未如实申报。依据规定，其兼职属于禁止性兼职，应与学校解除聘用关系。

高校的人事改革难题

代理人认为，湖南大学与申诉人之间的聘用合同实质为岗位分配问题，湖南大学有权不再续聘杨某某、黄某某为湖南大学的教师，但不可否认其仍然与湖南大学存在着人事关系（仍然在湖南大学的人员编制内），湖南大学无权开除申诉人，仍应按时发放工资，并可以通过聘用的方式安排其他校内岗位，与申诉人重新签订聘用合同。湖南大学以解聘为名，行开除之实，属于违法和越权的行为。同样多年担任高校法制办负责人、现任南华大学法学院院长的罗万里则认为，高校依法拥有用人的自主权利，长期以来国内高校中既藏龙卧虎，也不乏无法达标之人，而对后者的应对和处理，成为高校的难题。湖南大学严格推行全员聘用和考核制度，是湖南省内高校的示范，这对于面对和解决随之涌现出来的问题、推动高校人事制度改革有很好的启示意义。

资料来源：洪克非．两副教授被解聘后［N］．中国青年报，2016-09-22（6）．

1.1.3　案例思考题

1. 结合案例，谈谈传统的人事管理向现代人力资源管理转型的动力与阻力。

2. 高校人事制度改革对人才引进和人才流动有何影响和意义？

1.1.4 案例分析

核心提示

组织的发展面临内外部环境的变化，资源的不断整合与变动都会给组织带来机遇与挑战，这就要求在发展中更加关注组织的变革。目前我国共有普通高校 2 400 多所，专任教师 150 多万人，高校已经发展成为一个人员众多、专业领域广泛、结构复杂的组织体系。在高校的发展中，教师是核心力量，教师管理的改革也一直是我国教育改革的重中之重。此案对于研究高校该如何推动聘任制改革和保护教师的基本权益有着典型意义。

观点争鸣

观点一：随着我国高等教育管理体制、办学体制、内部管理体制改革的不断深入，高等学校要抓住当前有利时机，以积极创新的姿态，加快人事制度改革的步伐，转换人事管理的运行机制，健全内部的竞争机制和激励机制，搞活用人制度和分配制度，精简和分流部分人员，优化高等学校人员结构，逐步建立符合高等教育发展规律和高等学校特点的学校自主用人、人员自主择业、政府依法监督、配套措施完善的人事管理新体制，适应经济社会发展的需求，为高等教育的改革和发展提供强有力的组织保证和人才支持。毋庸讳言，现行的高校人事制度需要变革。

观点二：湖南大学作为用人单位，对单位在编教职工的管理由身份管理向岗位管理转变符合政策方向，推行全员聘用制、与教师签订合同考核管理符合国家政策。但湖南大学与申诉人之间的聘用合同实质应为岗位分配问题，湖南大学有权以聘用的方式对单位在编教职工的具体分工进行安排，有权不再续聘杨某某、黄某某为湖南大学的教师，却不可否认其仍然与湖南大学存在着人事关系（仍然在湖南大学的人员编制内），并无解除在编教职工人事关系的权利。高校人事制度改革的推行必须纳入法治轨道，扩大高校用人的自主权利，激发教师、科研人员活力，还需要在编制管理、社会保障等多方面完善配套政策，同时也要依据法律维护教师的合法权益。

问题分析

湖南大学两副教授被解聘的风波，是由高校对人事管理的不完善导致的。传统意义上的人力资源管理是以事为中心的管理，追求效率、投资与回报的高价值比，在组织管理中有严格的层级制度，限制了人员的自由流动，对组织成员的发展不重视，没有将组织发展与个人发展相结合。而现代人力资源管理是以人为中心的管理，关注个人发展与组织发展相结合，注重激励制度与完善的福利保障，为人才的引进与流动提供了宽松的制度和环境。当前改革的步伐在加快，高校人事制度改革是推进现代大学制度完善的重要内容，是深化高等教育领域综合改革的重要突破口。受学校内外多种因素的制约，高校人事制度改革是难啃的“硬骨头”。在大学的发展中，教师是核心力量，教师的管理也一直是我国教育改革的重中之重。在教师管理中，应该用人力资源理念而非传统的人事管理理念重新认识高校教师的队伍建设，规划教师队伍布局，改革人事管理制度和薪酬制度，重构适应现代大学组织的新型教师群体。

首先，在教师聘任制度上，高校应该根据自身的办学目标和条件，从学科发展、人才培养的现实需要和长远要求出发，科学规划教师岗位、合理利用教师资源。

其次，对教师岗位进行分类管理、分类评价。在现代高等教育体系中，高校教师队伍已经多元化，这意味着教师评价也应多样化。需要建立有序的和操作性强的教师评价体系，对于不同岗位的教师提供不同的职业发展平台和晋升渠道，实行不同的考核评价方式，不再用同一把尺子衡量所有的教师。

最后，创新高校薪酬体系。与国际同行相比，我国高校教师待遇总体偏低，学校运行经费中用于人力开支的比例偏低。要积极探索、实行与教育教学、学术研究规律相符的年薪制，避免急功近利的业绩追求。

总之，高校人事制度改革顺应了改革开放的历史潮流，也反映了高校改革发展的规律。尽管如此，由于内在机制和外部环境的约束，高校人事制度改革还只是一个有限的目标，远没有达到完善的程度。深化改革是大势所趋、势在必行，应因时因地、稳扎稳打。当前推进新一轮高校人事制度改革，既要巩固并扩大以往改革成果，也要充分考虑改革的阶段性特征，更要决策者和施行者有更大的勇气、更高的智慧，不断攻坚克难、奋力前行。

1.2　案例二　公务员现状的数据谜题

1.2.1　背景透视

公务员是公共部门人力资源的重要组成部分，公务员制度也是公共部门人力资源管理的重要制度。19世纪中后期，为适应西方工业化时代政府管理的实践需要，西方国家公务员制度逐步形成和发展起来；到20世纪80年代，在新公共管理理论的指引下，西方掀起了声势浩大的政府改革运动，着力打破传统的官僚制模式，大幅精减人员，提升人员素质，重新建立运转协调、廉洁高效的政府体系。我国国家公务员制度的建设，特别是法规体系和管理体制，在20世纪80年代以后，伴随改革开放的步伐，历经理论准备、试点推广和全面实施三个阶段，在吸取西方公务员制度优点、通过制定法律和规章、明确公务员的权利和义务、对公务员依法实行科学管理以及结合中国特色的背景下，不断取得突破。但是一些历史问题不可避免地存留下来，在机构设置与人员配备等方面还有许多地方待完善。

1.2.2　案例描述

2015年5月，人社部发布了《2015年度人力资源和社会保障事业发展统计公报》（简称《统计公报》），其中涉及的公务员统计数据引起了媒体的关注。《统计公报》公布，截至2015年年底，全国公务员716.7万。这着实让人吃惊。人社部公布的人数可信度如何？这里提到的公务员是否包括了所有财政供养人员？跟国外相比，中国公务员人数是多了还是少了？

国家行政学院教授竹立家说，人社部公布的公务员总数主要是指国家机关工作人员，即政府系统工作人员，范围是人大、政协、政府、法院、检察院等机关除工勤外的人员，不包括事业单位工作人员。照此说法，这个716.7万，并没有包括同样是吃财政饭的各级党委及工青妇等群团组织的工作人员。之所以得出这样的结论，竹立家的判断逻辑是："美国2015年总人口是3.2亿，政府公务员人数是2800万左右；而中国13亿人口，公务员才716.7万。中国总人口是美国的4倍，而公务员人数仅为美国的1/4，怎么比都是不多的。"

单看716.7万这个数字，与中国13亿多人口和接近8亿劳动人口来说，比例确实不算高，即便跟美国、欧盟等发达国家的公务员人数相比，这个数字也不高。但国家行政学院研究员胡仙芝有不同的看法，她指出，由于各国对公务员的定义不同，每个国家公务员的范围不一样，因此可比性并不强。比如，在美国政府公务员中，教师和医生、邮差和公园管理者占了70%左右；而我国公务员数量，所谓的716.7万人仅指国家机关公务员，如果算上全部公共财政供养人员，这个数字就很大了！

为什么中国的公务员数量如此之多？除了行政体制具有"大政府"特点外，公务员队伍构成的"比例失调"，无疑是一个非常重要的原因。例如，某省科技厅的编制数，正厅级1人，副厅级8人，县处级44人，科级8人，科级以下21人。也就是说，全机关公务员82人，科级以上61人，普通公务员只有21人。而在美国，一个城市一正三副已属高配。在北欧一些小城市，市长甚至是不领薪的兼职人员，他们另有"主业"养家糊口，那些国家有充足的财力为国民提供高福利和高社会保障也不足为奇。2005—2013年，全国公务员总数每年都有一定的增长，2014年、2015年开始出现少量减少，但在编制范围内总体上仍然保持稳定。

据人社部发布的《2016年度人力资源和社会保障事业发展统计公报》，截至2016年年底，全国共有公务员719万，新录用人员为19.46万。而根据财政部在2012年出版的《2009年地方财政统计资料》，截止到2009年年底，全国不包括中央的地方财政供养人口5 392.6万，这些都是有公务员编制或者事业单位编制的体制内人员。除此之外，中国还存在大量准财政供养人员，如60余万个村委会以及8万余个居委会。全部加起来保守数据是7 000万，而根据每年超过100万人的增速，2015年年底中国纳税人供养了至少8 000万人。

如此庞大的财政开支钱从哪儿来？全国政协原新闻发言人吕新华坦承：我们国家行政开支占了GDP的28%，西方一般是4%～5%，我们是它们的五六倍，说明机构实在庞大！

虽然近几年"公务员热"依旧持续高涨，可部分单位也存在公务员辞职现象，且辞职的数量有所增长。其中有一部分原因是基层公务员的工作辛苦，收入微薄，遇到群众不支持时工作难以展开。从另一个角度来看，这也有利于补充新的力量，增加公务员队伍的活力。中国的发展水平还达不到高福利国家的水平，但同时存在很多官员和机构。国家公共部门应该进行人事制度改革，平衡公务员队伍官和兵的比例。

资料来源：国家公务员局回应：公务员不存在"官多兵少"问题［N］. 人民日报，2016-07-04(11).

1.2.3 案例思考题

1. 结合案例，简要分析国家财政供养人员与公务员的区别。
2. 试论我国公务员制度改革的必要性和方向。

1.2.4　案例分析

核心提示

公务员是各国负责统筹管理经济社会秩序和国家公共资源，维护国家法律规定贯彻执行情况的公职人员。我国公务员制度是在继承和发扬了中国共产党和国家干部人事工作优良传统的基础上，总结吸收人事改革的经验，同时借鉴外国公务员制度的一些科学管理办法，经历漫长而曲折的发展过程形成并确定下来的。我国公务员除了包括政府行政机关工作人员之外，还包括中国共产党的机关、人大机关、政协机关、审判机关、检察机关、民主党派和工商联机关除工勤人员以外的工作人员，比通常西方国家政府机关公务员的范围要宽泛，而财政供养人员则覆盖着范围更为广泛的教育、科研、文化、医疗卫生等众多的事业单位。我国公务员制度建设虽然取得了一定的成绩，但还需要及时总结改革的经验与成果，吸收国际先进理念，进一步完善，以适应经济社会发展的新需要，跟上时代进步和管理技术更新的步伐。

观点争鸣

观点一：根据《中华人民共和国公务员法》第二条，公务员是指依法履行公职、纳入国家行政编制、由国家财政负担工资福利的工作人员。公务员职位按职位的性质、特点和管理需要，划分为综合管理类、专业技术类和行政执法类等。由于各国的国情、政治制度和人事管理的不同，公务员定义的范围在不同国家是不一样的，因此，各国公务员总数占人口的比例不宜做简单的比较。另外，公务员与财政供养人员的概念既有联系，也有区别，财政供养人员的范围比较宽泛，除了公务员，还包括事业单位工作人员，主要是教师、医生和科研人员，国家财政每年会给予一定的财政补助。李克强总理在上任伊始向全国人民承诺，本届政府任期内，财政供养的人员只减不增，要用简朴的政府来取信于民、造福于民。但是究竟如何改，还需要区分对待。

观点二：体制的选择决定着机构的设置，国情观念更直接影响公务员的架构。我国政府机构设置和公务员架构长期存在机构设置重叠、管理职责交叉等问题，因此形成小政府大机构现象。公务员队伍的这种结构既违反科学又极不合理，一方面造成了大量资源的闲置浪费、机构臃肿、人浮于事；另一方面使真正服务基层民众的资源捉襟见肘，一些政府部门无法正常履职尽责，不得不外聘大量“临时工”，特别是行政执法部门，一线工作基本以临时工为主，行政效率低下。传统旧观念、旧思维支配的非科学、非合理的公务员结构，不仅直接导致公务员队伍缺乏创新活力，而且压抑人才，同时更会向社会释放出积弊负能量①。

问题分析

公务员是国家财政供养人员的重要组成部分，但是财政供养人员的范围更大。财政供养人员，指履行公共管理和服务职能，全部或者主要由财政资金支付和保障办公经费、个人薪酬及福利待遇的人员。财政供养人员是国家治理体系的重要支撑，事关财政资金的配置和纳税人的负担，政府要有效履行管理职能，提供基本的公共产品，就必须有适当规模

① 朱永华. 更需对公务员群体结构进行思考［EB/OL］. 光明网，2016-06-22.

且高素质的财政供养人员队伍。我国法律政策中的财政供养人员以编制管理为基础，基本范围是公务员和事业单位工作人员，但在实践中还有大量不纳入编制管理的事实上的财政供养人员。

我国财政供养人员在群体结构方面存在以下特点：一是在组成结构上，事业单位工作人员占大多数。事业单位分类改革是调整财政供养人员范围、缩减财政供养人员规模、促进公共资源合理配置的关键举措，改革还在稳步推进中。二是在行业结构上，由于历史遗留、部门利益等因素，加上一些行业的情况特殊，生产经营领域还存在一定规模的财政供养人员，部分事业单位既从从事生产经营活动、参与市场竞争中获取利润，又获得财政资金的支持和保障。三是在编制结构上，实践中还有一批工作在机关、城市社区、农村，以合同形式聘用，从事公共管理和服务，全部或者主要由财政资金支付其办公经费、工资福利，但不纳入行政编制和事业编制管理的“编外人员”，他们实际上也由财政供养①。

财政供养人员是国家治理体系的组成部分，是推动国家治理现代化的重要力量。合理界定财政供养人员的范围，事关公共管理和服务的质量与效率，直接影响国家治理现代化的进程。在财政收入增速下降的形势下，社会公众对财政支出、行政成本等问题更加关心和敏感，公众在强烈呼吁压缩政府机构编制的同时，又迫切希望政府提供更多更优质的公共管理和服务。因此，需要加大行政编制调整力度并细化其核定标准，深化事业单位分类改革，建立公务雇员制度，完善法律法规，构建科学合理的财政供养人员制度体系。

在案例中，调查数据显示实际公务员占总劳动人口的比重好像并不算大，也有专家据此强调我国公务员为美国公务员数量的1/4，但忽视了我国公务员的结构性问题和大量临时工不合理存在的现实，以及很多由公共财政承担的各种社会团体、协会等等。我国公务员从总量上看，应当还是可以满足当前政府的发展需要的，但是从中央到地方，相当数量的机关公务员特别是在一线从事执法工作的人员则反映工作量大、法定工作时间之外的加班次数越来越多。一些单位通过“借调”“返聘”等方式增加人手的现象也越来越常见；而在公众心目中，这是我国政府机构臃肿、人浮于事、效率低下、能力不足的明证。近年来，为缓解政府部门的人浮于事现象，精简原则一直是政府改革的首要信条，保持财政供养人员总量只减不增甚至成为铁律。但是这些对策并未完全把握矛盾的核心与关键：我国公务员存在的更多是一个结构性问题，而不仅仅是一个数量性问题。

我国是一个正在崛起的发展中大国，正处于经济社会转型、产业结构升级、城镇化进程快速推进、新农村建设持续深入的时期。城镇化进程加快、流动人口增长、管辖范围扩大、社会事务增加、社会主义新农村建设等，都要求政府提供更多更好的公共产品，相应地就要求有更多人员履行职责。然而，我国各级机关公务员总量规模的确定标准老化，许多编制管理文件没有及时更新，行政编制限额多年来一直不变，人员数量和结构调整空间小，难以满足时代发展的需要。编制紧缺与配置不合理，直接影响政府管理和服务的效果。在此背景下，通过合同手段在编制之外聘用工作人员成为常态。编外聘用的专业人

① 应松年，潘波. 财政供养人员的范围及制度逻辑［J］. 中共中央党校学报，2016（6）：55-63.

员、辅助人员，在队伍建设、教育培训、福利待遇、招录辞退、法律责任等方面都没有统一明确的法律依据，特别是以辅警、协管员为代表的辅助人员，由于对他们思想政治素质、业务工作能力的要求不高，他们的薪酬待遇又相对较低，有的甚至没有参加社会保险，“同楼不同薪”“同工不同酬”现象比较突出①。不规范的管理不仅占用了公共资源，而且难以控制，所以必须建立相应的法律法规。

公务员数量以及财政供养人员的数量要结合国家发展需要和财政实力，在已有制度的基础上，通过科学定量的方法构建更加科学理性的行政编制核定标准。对各地区所需的公务员规模进行测算，必须考虑所承担的职能和日常工作量，并参考人口规模、经济社会发展程度，以及地域特征，包括区划面积、民族分布、生态环境、自然资源等情况。此外，对于编制核定标准，只有建立定期调整制度，才能全面及时反映经济社会发展情况和人民群众的需求。

传统旧观念、旧思维支配的非科学、非合理的公务员结构，不仅直接导致公务员队伍缺乏创新活力，而且压抑人才，还增加了社会运营成本，因此建立既具有中国特色又具有世界先进性的公务员体制与结构还任重道远，一些地方也在进行各种尝试和探索。例如，2006 年部分地方政府部门为了能满足对人才的需求，健全用人制度，开始试行政府雇员制，并逐渐形成吉林模式、珠海模式、深圳模式。虽然这些模式在具体运行中各有差异，但是政府雇员制的层次多元化、契约化管理、工资按照市场原则定价，一定程度上弥补了现行公务员制度的不足，提高了政府运行的效率，形成了对政府部门人力资源的激励和合理使用。而 2015 年后基层公务员职务与职级并行制度的建立，也反映政策向基层倾斜的导向，对于基层吸引更多人才、补充岗位需求、保持人员队伍稳定、避免优秀人才流失也产生了积极的作用。总之，为实现国家治理的现代化，打造一支德才兼备、深受公众认同的公务员队伍，必须树立明确而坚定的改革目标，加大改革的力度，不断完善组织结构，提升人员素质结构。

① 应松年，潘波. 财政供养人员的范围及制度逻辑 [J]. 中共中央党校学报，2016 (6)：53-63.

第2章 公共部门人力资源战略与规划

知识提要

公共部门人力资源战略是指公共部门为适应外部环境的变化和内部管理的需要，根据组织的战略目标制定人力资源管理目标，进而通过各种人力资源管理职能活动实现组织目标所采取的战略措施与部署。公共部门人力资源规划是指公共部门根据组织的发展战略以及内外环境的变化，科学地预测、分析公共部门的人力资源需求和供给状况，制定未来一定时期内的人力资源目标并采取相应的管理措施，从而为组织发展提供可靠的人力资源保障。公共部门要实现自己的目标、使命和价值追求，就必须在未来的不同时期都具有数量合适、质量恰当、结构合理的人力资源，而这一目标的达成，离不开科学的人力资源战略与规划。通过有效的人力资源战略可以明确组织希望员工具备的各种技能与能力，提高员工的产出与服务水平，最终增强组织的竞争力。而根据一定时期内的战略目标，对组织在未来环境变化中人力资源的供需状况进行预测，制定公共部门人力资源规划就可以根据预测结果采取相应措施来平衡人力资源的供需，保障组织目标的达成。

2.1 案例一 科技人才规划引领创新驱动

2.1.1 背景透视

当前，中国经济发展已经进入新常态，经济发展动力必须要从要素驱动、投资驱动转向创新驱动，而创新驱动的实质是人才驱动。科技人才是实现创新驱动发展的“重要杠杆”，已成为世界各国赢得国际竞争优势必须争夺的战略性资源。科技人才是指有专业知识或专门技能，具备科学思维和创新能力，从事科学技术创新活动，对科学技术事业及经济社会发展做出贡献的劳动者。我国已进入全面建成小康社会和创新型国家行列的决胜阶段，进入深入实施创新驱动发展战略、全面深化科技体制改革的关键时期，必须深刻认识并准确把握经济发展新常态的新要求及国内外科技创新的新趋势，大力培养和吸引科技人才，建设一支数量与质量并重、结构与功能优化的科技人才队伍，从而大幅提升科技创新能力。

2.1.2 案例描述

为贯彻落实习近平总书记关于人才工作的系列指示精神，推动《国家创新驱动发展战略纲要》《“十三五”国家科技创新规划》的实施，落实人才优先发展战略，为2020年进入创新型国家行列和全面建成小康社会的奋斗目标提供科技人才支撑，为2050年实现建成世界科技强国目标奠定坚实基础，2017年4月，科技部印发了《“十三五”国家科技人才发展规划》。该规划分析了“十二五”期间我国科技人才总体状况，总结了当前科技人才开发与管理工作中存在的问题，在此基础上明确了“十三五”期间我国科技人才开发与管理工作的总体目标、重点任务和体制机制创新，并提出了一系列保障措施。主要内容如下：

一、“十二五”期间我国科技人才队伍情况

1. 人才总量

科技人力资源总量超过7 100万，研究与发展（R&D）人员总量535万（折合全时当量为371万人年），均跃居世界第1位；企业R&D人员占全部R&D人员全时当量的78.1%，已成为我国R&D活动的主体；“十二五”期间回国人才超过110万，是前30年回国人数的3倍。

2. 人才资源结构

青年科技人才成为科研主力军和生力军，科技创业人才队伍规模不断扩大；区域科技人才布局趋向合理，中西部地区科技人才总量有较大增长；在装备制造、信息、生物技术、新材料、航空航天、海洋、生态环境保护、新能源、农业科技等重点领域，涌现出一批中青年科技创新领军人才。

3. 人才队伍现状

科技人才创新能力不断提升，发表在各学科最具影响力国际期刊上的论文数量连续六年居世界第2位，高被引国际论文数量排在世界第3位，农业、化学、计算机科学等8个学科领域被引次数位列世界第2位，国内专利申请量和授权量分别居世界第1位和第2位。我国科学家相继获得一批国际科技奖项。

科技人才计划效果显著，实施国家高层次人才特殊支持计划（国家“万人计划”）、创新人才推进计划、长江学者计划、中科院百人计划、国家杰出青年科学基金等一系列科技人才计划与工程，涌现出一批具有国际影响力的高端创新人才。

科技人才聚集效应初步形成，建设国家（重点）实验室、国家工程技术研究中心、国家自主创新示范区、国家高新技术产业开发区、国家创新人才培养示范基地、众创空间等科技人才基地，一批优秀企业家加速涌现，成为引领创新创业浪潮的核心力量。

二、存在的问题

科技人才结构性矛盾依然突出，科学前沿领域高水平人才、高端研发人才和高技能人才存在较大的供给缺口。尽管我国是世界上人才资源和科技资源大国，但是重大科研和工程等领域的领军型人才、一流工程师、优秀技术工人等各类型高层次人才严重短缺。人才的结构性不足，是当前科技队伍和人才建设中面临的突出矛盾。

科研机构选人用人自主权不够，"以人为本"的科技人才评价激励机制亟待完善。科研机构受行政编制影响，在人员岗位设置、招聘人才、职称评审和绩效激励等方面缺乏自主权。科研机构内存在"官本位"倾向，部分机构简单套用党政领导干部管理办法管理科研教学机构学术领导人员和专业人才，在激励机制等方面不符合科研规律，缺乏市场化特色。

科技人才投入整体不足，且在行业、领域、区域间的配置不均衡。我国已成为世界第二大R&D经费支出国，经费总量居美国之后，超过欧盟的经费总和。但我国依然存在基础研究投入不足、经费结构不够合理、经费来源单一等问题。

科技人才流动渠道不够畅通，在产学研之间的流动存在制度性障碍。户籍、身份、学历、人事关系等一些条件的限制，仍在客观上制约着人才的横向流动。人力资源服务业不够成熟完善，现行人才管理体制和人才使用机制缺乏有机衔接，体制内人才向体制外流动，一些后顾之忧还未得到很好解决。科研院所、高校同企业间科研人才对接存在一定障碍，人才柔性流动受阻。

三、科技人才队伍建设的方向

重点任务

加快科技人才队伍结构的战略性调整。突出"高精尖缺"导向，促进科学研究、工程技术、科技创业人才和技能型人才协调发展，形成各类科技人才衔接有序、梯次配备、合理分布的格局。造就一支高层次创新型科技人才队伍。加强产业技术人才、科技金融人才和科技型企业家人才队伍建设。调整和优化科技人才队伍的区域结构。

大力培养优秀创新人才。改革创新人才培养模式，构建培养、锻炼和造就创新人才的体系，动员全社会参与到创新人才培养实践的探索中来。构建创新型人才培养新模式，深入实施重大人才工程，加强科技管理、服务和科普人才队伍建设。

重点引进高层次创新人才。实施更积极、更开放、更有效的创新人才引进政策，更大力度引进紧缺人才，聚天下英才而用之。实行更加开放的外国人才引进政策，加强重点领域海外高层次人才引进，创新海外高层次人才引智模式。

营造激励科技人才创新创业的良好生态。着力构建符合学术发展规律的科研管理、宏观政策、学术民主、学术诚信和人才成长环境，为培养优秀科技人才、激发科技工作者创新活力打下良好基础。优化科研学术环境，激发全社会创新创业活力。

体制机制创新

改进科技人才选拔使用机制。完善科技人才使用管理体制，创新科技人才选拔和使用机制。推动落实事业单位用人自主权，完善国际人才使用机制。

健全科技人才评价激励机制。实行科技人才分类评价，建立以能力和贡献为导向的评价和激励机制。建立科学的人才分类评价标准体系，健全科技人才评价流程与制度体系，推动形成体现增加知识价值的收入分配与激励机制。

完善科技人才流动配置机制。清除人才流动障碍，优化人力资本配置，按照市场规律让科技人才自由流动，提高社会横向和纵向流动性。建立健全人才双向流动机制，推动人才向基层和欠发达地区流动，促进科技人才学术交流。

创新科技人才服务保障机制。建立和完善科技人才服务体系，构建统一开放的科技人才市场，建立健全专业化、行业化的科技人才公共服务体系，拓展科技人才服务新模式。

四、保障措施

加强统筹协调。构建高效的科技人才工作组织体系，明确科技人才工作的制度规范、组织形态、任务目标和责任权限，协调推动各类科技人才政策措施和相关科技人才工程的实施。承担相应科技工作的系统、部门和单位，可根据实际情况设立相应的职能机构，或在有关机构内确定相应的科技人才管理职能，具体承担科技人才管理和服务工作。

落实条件保障。健全科技人才投入保障机制，为培育和开发高质量的科技人才队伍奠定基础。加强科技人才投入结构和布局的顶层设计，实施促进人才投资优先保证的财政政策，各级政府合理保障对人才发展的投入。发挥人才发展相关资金、产业投资基金等政府投入的引导和撬动作用，建立政府、企业、社会多元投入机制。加大服务国家重点战略的人才工作投入，推进科技人才政策分类支持、精准激励和普惠保障，形成定位清晰、公平透明、稳定预期的长效机制等。

夯实基础设施。以科技人才工作信息化为基础，坚持政府主办与购买服务相结合。建立重点行业和领域人才供给和需求信息的调查制度，探索推行科技人才唯一标识制度，建立多源信息的关联共享与安全机制，有序推进科技人才信息数据库及公共服务平台建设。完善科技人才信息统计、分析和发布机制，强化科技人才流失问题研究，探索建立科技人才安全预警体系。

强化督促考核。加强对《“十三五”国家科技人才发展规划》各项政策制定、落实情况和任务完成情况的监督检查，将《“十三五”国家科技人才发展规划》落实情况纳入对地方科技行政管理部门的绩效考核。加强科技人才计划全链条管理，建立国家科技人才计划协同推进机制，加强对人才计划实施效果的评估。

资料来源：科技部. 科技部关于印发《“十三五”国家科技人才发展规划》的通知. 中华人民共和国科学技术部官方网站，2017-04-13.

2.1.3　案例思考题

1. 人才规划对国家经济社会发展有何重要意义？
2. 如何确保人才规划得到有效的实施？

2.1.4　案例分析

核心提示

人才是人类智慧和能力的主要载体，是最宝贵、最重要的第一资源，也是衡量一个国家综合国力的重要指标。在日趋激烈的国际人才竞争背景下，根据经济社会的发展阶段以及外部环境的变化，紧紧围绕国家经济社会发展的总体战略和阶段性部署，及时制定宏观性人力资源规划，加强对人才发展的宏观指导，不断加大人才资源开发力度，发挥人才在经济社会发展中的基础性、战略性作用，对于提升人才资源开发水平、增强我国人才国家竞争力有着重要意义。

观点争鸣

观点一：进入21世纪，以经济和科技实力为主的综合国力竞争越来越激烈，而人才的数量和质量，决定了国家在世界综合国力竞争中的位置和发展前景。政府人才规划的本质是将人才看作一种战略资源，通过积极作为，为各类人才创造良好环境，搭建做事创业的平台，让人才有发挥作用的空间，帮助人才实现自身价值，提高人才效能。我国围绕国家经济社会发展的总体战略和阶段性部署，先后出台了多项人才规划，加强对人才发展的宏观指导，体现了对人才工作的重视，也为落实人才强国战略、努力建设人才强国发挥了积极的作用。

观点二：当前政府部门对人才的管理过宽过细、干预过多的问题仍然较为普遍和突出。政府人才管理职能转变，就是要发挥市场在人才资源配置中的决定性作用。政府不能再继续扮演“全能”政府角色，而是要考虑退出问题，要更多依靠市场化手段，增强市场激励、社会评价和行业规制的力量，将政府本位、权力本位、官员本位让渡给市场本位、人才本位、专业力量本位。推动市场化方式、突出社会化参与、建立法治化保障、瞄准国际化竞争，形成市场、社会和政府相互竞争、相互促进、相互补充的人才工作大格局，才是政府人才工作改革创新的重要方向。

问题分析

从战略角度来看，经济发展和社会进步，需要物质资源作为基础，更需要人的知识和能力做支撑。人才具有自我增值和使其他生产要素增值的巨大潜力，是经济社会发展的动力源泉和基础。谁拥有世界一流的人才资源，谁就占领了世界科技与经济的制高点，因此，世界各国政府高度重视人才问题，纷纷把人才战略与规划作为增强国家竞争力的着力点，特别是面对金融危机后西方发达国家为谋取长期发展优势而发起的新一轮全球人才争夺战，我国只有抓紧研究制定面向世界的国家人才发展战略，更加积极主动地参与国际人才竞争，形成人才竞争的比较优势，才能不断提升综合国力。

我国越来越重视人才的作用，早在新世纪初期就做出了实施人才强国的战略决定。通过人才优先发展实现经济发展方式的转变，形成新的经济社会发展优势，是符合我国国情的战略选择。一方面，我国的基本国情决定了必须实施人才强国战略。我国人口众多，人均自然资源较少，发展中不平衡、不协调、不可持续问题依然突出，人口、资源、环境压力越来越大。另一方面，从人口大国走向人才强国，是中国从人力资源走向人力资本，最终走到人才经济的一个过渡，是发展转型的一个必然趋势。在我国未来经济发展中，人才经济会趋向于取代人力资源、取代人力资本，资源分配也会更多地倾向于人才，更多地倾向于效益更高的行业，人才争夺会更加激烈。

人才规划是人才资源战略的延伸，国家层面的人才规划不同于企业人力资源规划，它是一个宏观的战略性规划。2010年颁布的《国家中长期人才发展规划纲要（2010—

2020 年)》，是我国第一个中长期人才发展规划，它紧紧围绕服务国家经济与社会发展的战略目标，一方面着眼于加大人才资源开发力度，全面提高人才的基本素质，使人才资源的数量得到大量增加，使人才资源质量得到大幅度提高，通过提高人才的竞争能力，增强国家的综合国力和国际竞争力；另一方面着眼于创新人才体制机制，深化人才管理制度改革，优化人才资源配置，提高人才资源的使用效益，营造尊重人才、鼓励创业的社会环境，形成人才脱颖而出、人尽其才的机制。我国人才队伍类型众多，为提高人才培养的针对性、实效性，根据不同类型人才的特点，采取分类、分层施策的办法，实施各具特色的人才计划，既体现了我国的制度优势，又调动了方方面面的积极性。而《"十三五"国家科技人才发展规划》把培养和造就规模宏大、结构优化、布局合理、素质优良的科技人才队伍确立为国家科技人才竞争的重要目标，并为此提出了改进完善科技人才工作管理体制，全面创新人才培养开发、评价发现、选拔任用、流动配置、激励保障等各类机制。

人是构成社会生产力最积极、最能动的因素，没有人与自然、人与社会的协调发展，经济社会就不可能持续发展；没有高素质的人才队伍，国家发展必然缺乏后劲。而决定人才发展和效能的根本保证，是人性化、科学化、法制化的人才管理体制机制与政策。为了实现人才资源战略目标，必须将人才规划转化为可操作的措施逐步落实，缺乏具体措施的人才规划只能被束之高阁，难以落地。人才规划的实施，要与国家整体战略保持一致，为国家整体战略及人力资源战略服务，同时还要与国家其他工作规划相互协调、保持平衡。例如，人才投入不足一直是制约我国人才队伍建设的"重要"因素。我国通过科学的人才规划，以实施重大人才工程项目为切入点，深入实施了青年拔尖人才支持计划、高技能人才培养工程等系列重大人才工程，有效破解了财政科研经费不能直接支持人才的难题，这些重大人才工程也成为加大人才投入的有效渠道。这些人才工程项目虽然具有阶段性、时效性，但是对加快优秀人才的培养和引进、充分激发人才的创新活力有重要作用。

当然，人才工作的核心是培养人、吸引人、使用人、发掘人。人才规划可以理解为政府对人才和市场的宏观调控。在不同的历史发展阶段，政府在人才工作中的角色和定位也有所不同。在人才工作启动阶段，政府发挥主导作用，扮演引导角色，一般能够对人才工作起到"引导"、"培育"和"助推"的作用，创造人才工作的良好开局，发挥出政府集聚社会资源和社会注意力办大事的优势。但是，我国人才管理工作长期以来存在职能交叉、职责交叉、政出多门等问题，人才评价、流动等环节的行政审批事项过多过滥，"管得多"与"管不好"并存。例如，在人力资源战略规划层面之下，还有名目繁多的各类人才计划：从纵向来看，国家层面和省级层面分别有人才计划 84 个和 639 个，市县层面的人才计划更是数不胜数；从横向来看，在中央层面，除各部门联合实施的人才计划外，教育部有 11 个、科技部有 13 个、生态环境部有 11 个、自然科学基金委有 14 个等等①。人才称号过多过滥带来了一些不良影响，助长了科研浮躁之风。因此，需要进一步改革和

① 九三学社中央：关于统筹治理人才称号过多过滥问题的建议.（2018－03－01）. http://tyzx.people.cn/n1/2018/0301/c417762-29842156.html.

完善人才发展机制，推动落实事业单位用人自主权，完善国际人才使用机制；实行科技人才分类评价，建立以能力和贡献为导向的评价和激励机制，建立科学的人才分类评价标准体系，健全科技人才评价流程与制度体系，推动形成体现增加知识价值的收入分配与激励机制；完善科技人才流动配置机制，清除人才流动障碍，优化人力资本配置，按照市场规律让科技人才自由流动，提高社会横向和纵向流动性；创新科技人才服务保障机制，构建统一开放的科技人才市场，建立健全专业化、行业化的科技人才公共服务体系，拓展科技人才服务新模式。

2.2 案例二 宁波市人力资源服务业发展规划

2.2.1 背景透视

人力资源服务业是为劳动者就业和职业发展，为用人单位管理和开发人力资源提供相关服务的专门行业，主要包括人力资源招聘、职业指导、人力资源和社会保障事务代理、人力资源培训、人才测评、劳务派遣、高级人才寻访、人力资源外包、人力资源管理咨询和人力资源信息软件服务等多种业务形态。伴随着人力资源配置市场化的改革进程，我国人力资源服务业从无到有，取得长足发展，多元化、多层次的人力资源服务体系初步形成。但总体看，规模偏小、实力不强、专业化程度不高、支撑保障能力不足，还难以有效满足产业结构调整升级的需要，以及经济社会发展对人力资源服务的需求①。为了大力发展人力资源服务业，许多地方都结合自身发展实际情况，制定本地的人力资源服务业发展战略规划。

2.2.2 案例描述

2014 年 8 月，位于江东八骏湾的宁波人力资源服务产业园的部分机构举办的“首届移动互联网人力资源服务展”，在微信微博平台拉开帷幕。传统食品企业“老干妈”成为该平台的“微雇主”后，推出物流主管、储备设备工程师等 24 类职位，迅速集聚了41 455次高人气的浏览量。同年 9 月，在镇海区人才科技周人力资源服务平台创新发展主题活动现场，“O2O”（从线上到线下）的虚拟招聘模式吸引了众多与会者的目光，来自全国的 40 余家知名猎头和人力资源公司已入驻该平台的虚拟产业园，这种以线上线下交互的模式，跨越时空的局限，使人力资源“猎头”直接和高端人才成功实现了点对点的精准对接。对于宁波来说，崭新的网络时代、高速发展的行业环境以及欣欣向荣的经济环境，给人力资源服务业的下一步发展创造了前所未有的机遇。

在过去的几年中，人力资源服务产业园区的发展，成了宁波市人力资源服务业行业规模迅速增长的缩影。据统计，目前宁波市经行政许可的人力资源服务机构有 722 家（含民办职业培训机构和劳务派遣机构），从业人数超过 10 000，总资产超过 9 亿。全市人力资

① 人力资源社会保障部、国家发展改革委、财政部关于加快发展人力资源服务业的意见（人社部发〔2014〕104 号）[EB/OL]. 中华人民共和国人力资源和社会保障部官方网站，2014-12-25.

源服务业年营业总收入约100亿，利税超过1亿。全市人力资源服务机构中，民营机构占总数的90%以上；近3年，机构数量、从业人数、产值利税年均增长30%以上。2014年，全市人力资源服务机构服务用人单位数为19万，发布岗位信息75万条、服务人才就业创业327万人，为企事业单位成功引荐各类人才9万余人，约占当年全市人才引进总量的46%；举办人才招聘会1 924场，提供招聘岗位84万个，为25 307家企业提供劳务派遣服务，为2 098家企业提供人力资源外包服务，提供人才测评服务3 709人、猎头服务3 086人。

然而，宁波市人力资源服务业的发展中还存在一些问题。由于体制制约，相关部门不能较好地实现资源共享，人才公共服务质量也难以满足公众的需要；缺乏高端服务产业链，服务产品同质化严重；缺乏大型的人力资源服务场所以及高效的信息服务平台。到2020年，要实现将宁波人力资源服务产业核心区打造成国家级人力资源服务产业园的目标，需要在今后的工作中采取更加有力的措施解决这些问题。

为了推进人力资源服务业的发展，2016年年初，宁波市正式印发了《宁波市人民政府办公厅关于加快发展人力资源服务业的实施意见》，并专门出台了人力资源服务业的发展规划，明确制定了一系列具体的推进措施：

（一）加大对人力资源服务业发展的投入。每年从市人才发展专项资金中安排500万元资金用于支持人力资源服务业发展，各县（市）区也要安排一定的财力予以积极支持。经费主要用于人力资源服务平台建设、知名机构和项目引进、产业园区建设、机构品牌培育、重大活动举办、行业评选表彰、行业人才培养、行业统计宣传、奖励机构引进人才等方面。积极发展混合所有制人力资源服务业，鼓励国有人力资源服务企业通过投资入股、联合投资、重组等多种方式，与非国有人力资源服务企业进行股权融合、战略合作、资源整合。

（二）根据宁波市经济社会发展及产业布局，按照人力资源服务行业发展需要，打造布局合理、优势互补、各具特色的人力资源服务产业园区，提升宁波市人力资源服务业的核心竞争力。

（三）积极发挥人力资源服务机构在引才引智方面的主渠道作用，鼓励机构为用人单位和人才提供高端服务和产品。各县（市）区对引进符合当地产业导向的紧缺专业高技能人才，可由企业纳税所在地县（市）区给予相应的奖励。人力资源服务机构紧紧围绕本地区发展战略帮助宁波市整体引进科研大院大所或特别高端的智力项目，可采用“一事一议”原则给予奖励支持。

（四）加大行业高层次人才引进开发力度。制订实施人力资源服务业人才培养引进计划。对从事人力资源服务业的海外高层次创业创新人才及其团队经评审列入市引进计划的，按《关于实施人才发展新政策的意见》文件精神给予相应的一次性资助，支持人力资源服务机构用股权激励等形式吸收、培养、使用高端人才。

（五）积极开展行业人才培养工作，每年组织人力资源服务行业高级管理人员到国内外高校或研究机构开展研修活动，选送一定数量的人力资源服务行业优秀创业创新人才攻读硕士、博士学位。积极开展人力资源服务业从业人员素质提升培训，力争每个有培训意向的从业人员3年内至少获得一次政府资助的岗位培训。

（六）实施特殊人才评价政策。对达到一定规模的人力资源服务企业副总经理以上职务人员，可不受学历、资历、任职资格等条件限制，按规定破格申报评审高级经济师职称资格。对经认定的留学回国人员，可根据其学历、资历，直接申报相应级别的专业技术职称，以帮助引进人才、留住人才和使用人才。

（七）鼓励人力资源服务机构参与企业或单位职工在岗培训。支持人力资源服务机构探索组建行业性、区域性教育集团，深化行业、企业深度合作，积极开展订单培养、委托培养。发挥人力资源服务机构在专业设置和师资选聘等方面的优势，逐年打造建强一批优势专业，积极适应企业职工培训需求。

（八）搭建人力资源服务合作对接平台。实施供需双方对接工程，每季度组织一次人力资源服务机构与企业人才供需双方参加的对接交流会，集中推介市人力资源服务产品，为企业人才开发和配置提供合作交流平台。通过举办中国（宁波）人力资源服务创新创业大赛，加大人力资源服务创新项目、人力资源服务高端人才、人力资源服务新技术引进力度，促进人力资源服务行业转型升级。

（九）进一步加强国内外交流合作，加强与高校、科研机构等社会资源合作，为人力资源服务企业发展提供技术和人才支撑。

为了保障政策的顺利实施和落地，努力为宁波市人力资源服务业发展营造良好的环境，促进人力资源服务业健康、快速发展。宁波市在组织保障方面，要求各级政府加强人力资源服务业发展的组织领导。建立由市政府分管领导牵头，相关部门参与的人力资源服务业发展联席会议制度，联席会由市人力社保局负责召集与协调工作，定期或不定期地研究市人力资源服务行业发展的方针政策，统筹指导全市人力资源服务业发展工作。在强化服务保障方面，将人力资源服务信息化建设作为一项重要内容纳入全市人力资源和社会保障信息化建设整体规划中，稳步推进政府购买人力资源服务工作，研究政府购买人力资源服务的指导目录，同时强化人力资源服务平台建设，充分利用信息技术，建设“人力资源服务+资本+互联网”的一体化线上服务平台，实现政府公共就业（人才）服务网站与经营性人力资源服务机构网站的联网贯通。此外，还需强化行业监管，并积极引导行业自律。依法实施行政许可，利用信息跟踪、市场巡查、受理投诉举报等手段，加大对人力资源市场的监管力度，组织开展清理整顿人力资源市场秩序专项行动，严肃处理各类违法违规行为；建立人力资源市场突发事件应急处置机制，加强安全防范，规范市场秩序；研究制定人力资源服务指标体系和统计调查办法；加强人力资源服务行业协会建设，充分发挥协会在理论研究、人员培训、协调沟通、业务交流等方面的独特作用，提高行业自我管理能力；建立行业诚信体系，开展行业诚信评估，建立行业信用档案，加快行业规范及标准的出台步伐。

资料来源：黄合，勇祖轩，任社．巧觅良才促转型：宁波人力资源服务业发展掠影［N］．宁波日报，2015-09-28 (8)；宁波市人民政府办公厅关于加快发展人力资源服务业的实施意见［EB/OL］．宁波市人民政府网，2016-02-01.

2.2.3 案例思考题

1. 人力资源战略与规划如何推动产业发展？
2. 宁波市人力资源服务业的发展和规划的实施有哪些机遇与挑战？

2.2.4　案例分析

核心提示

战略就是组织为了收益而制订的与组织使命和目标一致的最高管理层的计划。成功的人力资源战略需要具有多维视角和开放的视野，需要把国内外经济社会发展的相关因素联系起来，需要与经济社会发展战略相协调，并随着时代的发展而与时俱进。在制定公共部门人力资源战略时，首先要确定其战略目标，其次要制订战略实施计划以及实施的保障计划，在此过程中，要始终站在战略平衡的角度去考虑，使资源达到合理的配置。

观点争鸣

观点一： 人力资源服务业发展水平体现着一个国家或地区的人力资源开发利用水平，也直接关系到人的全面发展。加快发展人力资源服务业，是优先开发与优化配置人力资源、建设人力资源强国的内在要求，是实现更加充分和更高质量就业的重要举措，对于推动经济发展方式向主要依靠科技进步、劳动者素质提高、管理创新转变具有重要意义[①]。国家“十二五”规划、人才发展规划纲要、促进就业规划、服务发展“十二五”规划等重大规划，以及《国务院关于加快发展生产性服务业促进产业结构调整升级的指导意见》均将人力资源服务业作为重要内容进行了宏观部署。宁波市从战略管理的角度考虑人力资源服务业管理和发展问题，顺应了知识经济时代公共管理改革的重要趋势，也是公共部门人力资源管理的必然要求。

观点二： 宁波市人力资源服务业发展的关键在于加强人员队伍建设。这需要通过多种方法提高现有人员的素质，并制定有效政策以广泛吸纳高素质的专业人才。宁波人力资源服务机构首先要通过行业内部的各种培训，弥补现有从业人员的知识空缺，有针对性地强化从业人员亟需的能力。其次，要完善福利制度，吸引和稳定高素质的专业人才，为其提供各项保障，满足各方面的需求，彻底免除其后顾之忧。最后，要营造良好的人才发展环境，激发他们的创造力，为宁波人力资源服务业的人才队伍建设注入生机和活力，以提供更为优质的服务。显而易见，要从根本上解决人力资源服务业专业化水平不高的问题，需要多种途径同时发力。

问题分析

国家和地区的竞争力来源于产业竞争力，而产业竞争力的关键在于人才。政府在制定任何产业发展政策时，都必须考虑人才队伍的战略与规划问题。进入新世纪新阶段，我国把人才工作提升到新的战略高度，确立了加快形成我国人才竞争比较优势的战略部署，逐步实现由人力资源大国向人才强国的转变。在人才特别是对高素质人才的核心吸纳中，除了事业发展平台之外，谁的人才服务更优质，谁就更能在人才竞争中脱颖而出。而人力资源服务业就是为劳动者就业及职业发展、用人单位管理及开发人力资源提供相关服务的专门行业。它关系着各类劳动者就业创业和职业发展，关系着企事业单位的人力资源管理和创新能力提升，是实现更加充分和更高质量就业的重要举措，对于推动经济发展方式向主要依靠科技进步、劳动者素质提高、管理创新转变具有重要意义。人力资源服务业，既有

① 杨晓冬. 人力资源服务业迎来重大发展机遇 [N]. 中国组织人事报，2015-01-26 (4).

利于壮大区域现代服务业的规模和实力，也可以为先进制造业及其他产业的发展提供“润滑剂”和“催化剂”。所以，加快发展人力资源服务业，是优先开发与优化配置人力资源及建设人力资源强国的内在要求，是积极推进大众创业、万众创新的重要举措，是推动经济发展方式向主要依靠科技进步、劳动者素质提高、管理创新转变的核心动力。

人力资源服务业具有技术含量高、人力资本高、成长性高和辐射带动作用强等特点，是带动区域经济发展的新的增长点，在近几年呈现出较快的增长态势，树立了良好的产业发展形象，成为一个令人瞩目的朝阳产业，且国家已将其确定为生产性服务业重点领域。2015年年初人力资源社会保障部、国家发展改革委、财政部发布了《关于加快发展人力资源服务业的意见》，宁波市据此并结合本市的实际情况制定了人力资源服务业规划：首先，把人力资源服务业列入区域重点发展产业，给予充分的政策和资金支持，提高人力资源服务业发展的积极性。其次，提出建立多层次、多元化的人力资源服务机构集群，提高人力资源服务业集聚度，实施人力资源品牌推进战略，推动宁波市人力资源服务产业园区的发展，完善人力资源服务链。

宁波市还在人力资源服务业自身发展方面，从人才的吸引、培养、使用和保障等多个环节提出了一些具体措施，用于解决高层次专业人才短缺问题。从服务各地经济社会发展的角度出发，科学预测和确定宁波市人力资源服务业需要的人才类型和数量，对现有人才资源进行科学的、分类别的统计，进而确定何种培训内容和培训方式才能满足宁波人力资源服务业所需人才的培养。技术环境是影响公共部门人力资源规划的重要因素之一。以电子计算机技术和信息网络技术为基础构建起来的庞大信息系统高度集中整合了信息搜集、信息传输、信息分析处理、信息储存等环节，有助于强化宁波市人力资源服务业的服务平台。案例据此提出要充分利用信息技术，建设“人力资源服务＋资本＋互联网”的一体化线上服务平台，实现政府公共就业（人才）服务网站与经营性人力资源服务机构网站的联网贯通。

宁波市的人力资源服务业发展战略与规划内容比较全面，重点突出、条理清楚、定性与定量相结合、有具体的政策和措施保障，值得学习和借鉴。但它也存在不足，没有具体分析该市人才工作目前在新形势下存在的主要问题，提出的政策与措施方面问题缺乏实践与理论分析依据，这大大降低了此战略规划的时效性。如何加大创新力度，满足新形势发展的要求，是当前人力资源服务业在人才工作战略布局中亟待突破的问题。

2.3 案例三　高校人才争夺战

2.3.1 背景透视

高等学校是培养人才的重要场所，然而人才培养质量的提高、学校事业获得持续的发展是离不开高层次人才资源的。人才资源是高校发展的核心资源，是我国社会进步发展的重要而又稀缺的人力资源。近些年，国内外的科研单位、企事业单位、各类院校以及民营企业等组织都对高层次人才引进给予了高度的重视，高层次人才被看作一种非常具有竞争优势的战略资源。对于高校而言，高层次人才的关键性作用，不仅表现在对学科和专业的建设上，而且体现在对学校整体的人才队伍和结构的重要带动作用上。在“双一流”建设正开展得如火如荼的背景下，高等学校自然而然地也成为争夺人才的一类主体。为了在激烈的市场竞争中求得生存与发展，高等学院采取了多种人才战略以吸引人才。

2.3.2 案例描述

高校需要什么样的人才？

21世纪以来，各地高度重视高端人才的引进，效仿国家长江学者奖励计划，分别推出了地方的人才工程或引才计划，比如湖北的“楚天学者”计划、“百人计划”，北京的“海外人才聚集工程”等，其引才方向基本以研究型人才为主。

同时，高校虽然对引进人才的要求各不相同，但普遍偏向于做学术研究的人才。2016年10月，河南财经政法大学根据学校专业技术人员岗位空缺情况和学校发展需要，面向社会公开招聘100名博士毕业生和20名硕士毕业生。很多高校引进人才的参考指标多以个人资历、科研能力和学术发展潜力为主要依据。

事实上，各高校现有的教师队伍以科研人才居多，缺少教学实践型人才，学科带头人则很少由应用型人才担任，特别是地方院校，大多数学校目前实施的引才方案与教师队伍现状总体上并不协调。日本和美国有很多学者既是高校的名师，又是企业的高管和智囊，早已形成了校企合作共赢的局面。国内在这方面的环境还很不成熟，多数省属高校和地方性院校对应用型人才存在较大需求。2014年，湖北省开始进行应用型本科高校转型试点，其中一项硬性指标就是双师型教师队伍的比例至少需达30%，而试点的11所高校在这一项上均存在较大差距。这一现象在部分以文科专业为主的高校里也有体现：湖北某师范院校物电学院近50名教师，在企业兼职或有过从业经历的仅17人。该院领导对此感到很无奈：一方面该校正在准备转型，将来需要更多的应用型人才；另一方面教师任务重，无暇去企业学习。校方进一步解释：“教师教学和科研任务量大，能经常在实验室里带团队的教师其实很少，他们不可能中断教学任务到企业去专门培养。事实上，部分教师也不会做实验。”

面对激烈的师资竞赛，各类高校会因自身条件的差异对人才有不同的要求，但都面临着缺乏高端科研人才和应用型教学人才的难题。高端科研人才的引进有助于学校加强科研和师资能力建设，应用型教学人才可以将科研成果转化为实际应用成果，为学校和社会发展贡献力量，二者都很重要。对此，武汉软件工程职业学院副校长、湖北“楚天技能名师”王路群结合自己所在学校的特点进行了分析。他举例说，武汉软件工程职业学院是由6校合并而成的，原来的每一所学校都有1～2个特色专业和该专业的名师，合校后学校做得最成功的事情之一就是保留了原校的特色专业和师资队伍，那些专业至今仍然是湖北省的优质专业，留下的教师有的是湖北省的楚天技能名师，有的是该校学科带头人。他认为，地方性院校需要的是符合学校专业发展需要和地方经济发展需要的人才。

如何算好人才引进账？

2013年，《教育部办公厅关于进一步加强和规范高校人才引进工作的若干意见》中要求："注重学术梯队建设，促进人才队伍结构不断优化，整体水平不断提升。用好用活引进人才，既要待遇留人，更要事业留人、感情留人，真正做到按需引进、以用为本。"但部分高校在人才引进工作中存在缺乏规划、片面追求数量、审核程序不健全等问题。为短时间内提升学校的知名度和影响力，一些地方性高校只得走人才引进这条捷径，模仿其他综合性高校争抢名气大的教师。但用这种方式引进的人才存在价与值不对等的风险。有的高校二级学院之间竞争也较为激烈，一旦引进某个特殊人才，学校的经费就会向该院系倾斜。学院领导为了获得科研项目和经费，橄榄枝专抛给头顶有"光环"的人，以此为索要经费的借口，常常会上演哲学系的教授被文学系挖走、艺术系的教师被美术系挖走的现象。

学校为引进人才投入了大量资金，但在总体资金有限的前提下，高校只能压缩人才的培养资金投入，减少学校内部人员通过培训提高的机会，这容易挫伤原有人才的积极性，造成内部人才外流。一些人才只是被当作科研立项要经费的招牌，引进后学校领导不一定会一如既往地重视和珍惜，造成引进上轰轰烈烈、使用上轻描淡写。武汉大学教科院院长程斯辉认为，重点研究型大学在师资、平台、经费、学术氛围上都有各自的特色和优势，有能力保证自己的优质人才不外流，当下最求贤若渴的是师资实力不够雄厚的省属普通院校和一些地方性院校，而许多院校在引进的人才身上下注过高，一旦引进的人才名不副实或者工作上出现误差，就将给学校造成不小的损失，甚至得不偿失。

拿什么吸引优秀人才？

英国诺丁汉大学校长杨福家在《一流大学需要大师、大楼与"大爱"》一文中写道："发展高等教育，创建一流大学，离不开必需的资金投入，但这仅仅是最起码的外因和基础，更重要的是要营造一个有利于产生学术大师的良好的研究环境。"目前国内多数高校主要靠领导重视、校长书记带人服务等方式留人，没有机制保障，有的学校换了领导，前任领导苦心引来的人才不受重用，学校很快就有人才流失。

济南大学党办、校办主任徐梅感慨："目前，全国范围内的高校人才竞争越来越激烈，人才流动也非常频繁，说明大家已经意识到学科带头人的重要作用和地位。前段时间，我们学校刚引进一位学科带头人，就有其他省份的高校来'挖墙脚'，可见学校要想留住人才，还是要下大功夫。"

武汉纺织大学党委书记尚钢表示，"要稳住人才，就须努力创造平台，让人才有归属感和成就感。大多数人才对环境最为重视，学校要根据这一特点建立机制和舞台，让人才留心"。尚钢先后在武汉理工大学和武汉纺织大学任职，他根据自己对两校人才流动情况的研究发现，人才所在院系内部管理好、学术氛围浓的，其引进力强，在人才稳定方面处于优势；反之，则流失多。

三峡大学校长何伟军也表示，根据工作经验，引进的人才能否充分发挥才能、安心工作，除了取决于高校人才工作体制外，在学校资源有限的情况下，努力落实住房、看病、科研、财务报销等配套服务也是基本的、必不可少的留人方式。比如，武汉大学是这样留住优质人才的：校领导定点跟踪联系海外高层次人才；制定"金字塔形"的人才引进体系；对引进的人才没有紧张的教学和科研任务要求；对引进的人才实行平等、自由、互动的相处模式，给予充分尊重；生活上也有一些关照，如实行"高干预约"等，即到该校校医院或附属医院就医时，特殊人才不用排队，实行专门预约；科研方面适度倾斜，如引进人才负责的项目国家经费未拨款到位，先从学校经费预支。

引进人才到底该怎样用？

国内机会多，工作条件与国外差距在缩小，这已是我国吸引人才回国的优势。人才回来了，高校如何接住并最大程度发挥人才的作用？

武汉软件工程职业学院副校长王路群认为，地方院校使用人才首先要认清学校的优势所在，将最好的人才用在最关键的岗位。对于特殊人才，在照顾全局的基础上可以量身定制岗位和使用方案，只要有科学的人才评价体系和素质测评体系就可以保证人才潜能的发挥。武汉纺织大学党委书记尚钢表示，省属高校应该坚持灵活多样的用人机制，做到人才引进与培养并重。他认为："普通院校无法与综合性院校比拼，只有以盘活现有人才为主。一方面要将有限的资金用于少而精的高级人才，另一方面要加强对内部人才有针对性的培养，以巩固他们对学校的感情基础，做到外来人才和原有人才两不误才算用好。"

对于科研资源分配，许多高校也在尝试实施行政权力与学术权力分离，如武汉纺织大学除 1 名分管校领导外，其他校领导不进入校学术委员会。开展科研时学校提倡自由组合做研究。校方认为："学科带头人有魅力、有实力，其他教师才会心甘情愿跟着你。"

资料来源：程墨，杨保华．人才争夺战登临高校？[N]．中国教育报，2015-10-26（5）；程墨，杨保华．高校人才争夺战：重点院校与地方高校严重不对等 [N]．中国教育报，2015-10-27（6）．

2.3.3　案例思考题

1. 你是怎么看待高校人才争夺战问题的？
2. 高校如何出台更好的激励机制来吸引、用好和留住人才？

2.3.4　案例分析

核心提示

"所谓大学者，非谓有大楼之谓也，有大师之谓也。"一流的大学必须有一流的人才，人才是高校发展最宝贵的财富，高层次人才更是各个高校争夺的"热点"。各个学校吸引高层次人才的策略层出不穷，高校在如此激烈的人才争夺战中，要坚持量力而行、按需引进、招才引智、以人为本的原则，使引进来的人才充分发挥作用，完善硬件、软件设施，在体制、机制上予以创新，采取一系列配套服务措施，为人才搭建、提供高水平国际化的工作平台、事业平台，从而做到人尽其才、才尽其用，在人才竞争中立于不败之地。

观点争鸣

观点一：人才引进是解决高校人才问题的有效途径之一，大力吸引高层次人才是各高校战略性的选择，通过人才引进，能够迅速实现高校的人才补给，改善高校的人才结构，提高高校人员整体素质，壮大高校的人才队伍，从而提升高校的国际竞争力。因此，引进和培养具有创新思维和学习能力的高层次人才，建设一支高层次、高水平的人才队伍已成为各高校发展战略的首要组成部分①。

观点二：人才引进需要科学评估，之后还要提升人才管理和服务能力。如果引进人才时过分看重个人资历和科研能力这个标准，引进的人才可能缺乏开拓创新的实践能力，造成人岗不匹配、人才对组织文化缺乏认同、人才难以适应工作环境等弊端；如果后续缺乏为高层次人才服务的意识和能力，可能造成引进的人才无法发挥作用，甚至会由于被引进者所享受的特殊待遇而引起高校原有人才的“心理失衡”，从而使已有的人才流失。

问题分析

首先，组织战略顺利实施的关键在于不断引进所需的人才，尤其是领军人才。在人才竞争日益激烈的今天，组织要获得迅速发展就要采取各种超常规措施，想方设法地吸引人才。引进和培养好一个高层次人才，对高校整个人才群体乃至高校自身的发展和壮大都将起到巨大的带动作用。但是，高校的人才引进工作不应该是盲目的随大流行为，并不是说高校引进的人才层次越高、水平越高就越好，而更应该对人才的引进方案进行科学合理的规划，不仅要分析外部社会情况，也要结合高校自身发展的实际情况，要对本校的办学主体方向、专业设置情况、实验室人员配备和师资队伍进行深入而准确的了解。

其次，高校需要根据长期目标和短期目标，制定出相应的人才引进方案。在科学规划的指导下，高层次人才的引进工作就会有的放矢，避免了盲目和浪费，确保了高校师资队伍梯队的健康发展。就如案例所说，对于地方院校，大多数学校目前实施的引才方案与教师队伍现状总体上并不协调，对应用型人才存在较大需求，这个时候地方院校就要结合地方经济发展以及学校自身发展的情况，引进符合学校专业发展需要和地方经济发展需要的人才，发扬传统的优势和特色。

再次，人才的引进需要成本，尤其是高层次人才的引进，高校必须科学地核算引进人才的成本。期待高效益的投资回报，不仅符合市场经济的规律，也符合高校的发展要求，这就要求高校在引进高层次人才时，充分考虑投资与收益的比例关系，适才给价，使引进的成本与日后贡献的价值相当，否则将会影响高校内部的公平，不利于高校的可持续发展。此外，要把与高层次人才相配套的设施和相关辅助人员纳入引进成本进行核算，要通过配套措施对人才进行合理的开发和利用，让高层次人才充分发挥其潜能，为高校的发展做出应有的贡献，确保在有限的投入成本下实现利益最大化。

最后，用好人才也是人才争夺战的关键。高校要不断创新学校管理制度和激励制度，做到人尽其才、才尽其用②。比如，地方院校就应该了解本校自身的特色和优势，将最好的人才安排在最关键的岗位，尽量让每一个人才都能在其岗位上发挥潜能；应该引导人才的自身发展目标与学校发展目标一致，真正体现人才的主人翁地位，有意识地让引进的人才主动承担学校重大科研项目，并让其积极参与教学改革，不断提高科研能

① 周涵．研究型大学高层次创新人才队伍建设的思考［J］．中国电力教育，2011（13）：23-24．

② 武宜忠．论高校管理体制的创新［J］．人民论坛，2010（35）：232-233．

力和教学水平，从而真正发挥在科研和教学上的带头作用，引领学校进步。

同时，也要加强对内部人才的有针对性的培养。根据案例我们还可以看到，要想吸引、留住人才，首先要为人才营造继续成长和发展的良好环境，光靠感情留人是不行的，要尽可能为他们提供施展才华的天地，为他们建立教学科研的良好平台，让他们有归属感和成就感。其次就是努力落实住房、看病、科研、财务报销等配套服务，免除人才的后顾之忧。

第3章 公共部门组织结构设计与编制管理

知识提要

组织结构是指组织成员为完成工作任务、实现组织目标，在职责、职权等方面的分工、协作体系。组织结构设计是对组织的组成要素和它们之间联结方式的设计，是根据组织目标和组织活动的特点划分管理层次、确定组织系统、选择合理的组织结构形式的过程。编制是指组织机构的设置及其人员数量的定额和职务的分配。编制管理是指编制主管机关根据社会政治、经济、文化发展的要求，依据法定的权限和程序，运用科学的原理、原则和方法，明确组织的机构设置、职能确定、职责权限划分、人员编制配备及其运行程序制度化等一系列管理活动的总称。公共部门组织结构设计与编制管理包含公共部门组织内部的权责关系、分工协作方式、职权职能划分、机构设置和岗位设置等方面的内容，涉及党的机关、国家机关和民主党派机关、群众团体机关及事业单位等多类组织，是我国公共部门人力资源管理的一项重要基础性工作。

3.1 案例一 中国新一轮的机构改革

3.1.1 背景透视

改革开放以来，为不断适应经济社会的发展需要、转变政府职能，我国坚持精简、统一、效能的原则，积极推进党和国家机构改革，各方面机构职能不断优化、逐步规范，有力推动了改革开放和社会主义现代化建设。2018 年党的十九届三中全会审议通过《深化党和国家机构改革方案》，新一轮机构改革再次启动，这次改革不仅关系到政府机构整合，而且更强调统筹设置党政机构，涉及面更广，影响也更深远。

3.1.2　案例描述

此前的七轮机构改革

1978年改革开放之初，我国国家治理体系仍然按照计划经济的思维设置，到1982年，国务院有100个部门，人员编制超过5万，一个部委的副部长能达到二十多位，臃肿的管理机构已不能适应改革开放和经济社会发展的需要。1982年，五届全国人大常委会第二十二次会议通过了《关于国务院机构改革问题的决议》，从国务院开始，自上而下地展开各级机构改革，力求机构的调整能为经济体制改革的深化提供有利条件，到2017年我国已经历了七轮大的机构改革，大致可以划分成三个阶段：

第一阶段（1982—1992年），冲破计划经济政府管理模式。这一阶段经历过1982年、1988年两次机构改革。

1982年的第一次机构改革，历时3年之久，范围包括各级党政机关。针对当时突出的机构臃肿、机构林立、人浮于事、效率低下等问题，国家明确规定了各级各部的职数、年龄和文化结构，减少了副职，提高了素质，这是新中国成立以来规模较大、目的性较强的一次建设和完善各级机关的改革。国务院各部门从100个减为61个，人员编制从5.1万减为3万，较大幅度地撤并了经济管理部门，并将其中一些条件成熟的单位改革成了经济组织。省市县各级地方政府工作部门也大幅削减，如县政府部门从40多个减为25个左右，省、自治区、直辖市党政机关人员从18万减为12万多，市县机关工作人员约减20%。1982年的政府机构改革，精简了各级领导班子，废除了领导职务终身制，加快了干部队伍的年轻化，具有历史性的进步。

1982年的机构改革，由于没有触动高度集中的计划经济管理体制，没有实现政府职能的转变等原因，政府机构不久又呈膨胀趋势。因此，1988年4月，七届全国人大一次会议再次通过了国务院机构改革方案，首次提出了"转变政府职能是机构改革的关键"这一命题，启动了第二次机构改革。改革的重点是那些与经济体制改革关系密切的经济管理部门，国务院部委由45个减为41个，直属机构从22个减为19个，非常设机构从75个减为44个，部委内司局机构减少20%。在国务院66个部、委、局中，有32个部门共减少1.5万多人，有30个部门共增加5 300人，增减相抵，编制比原来减少了9 700。这次改革采取了自上而下、先中央政府后地方政府、分步实施的方式进行。通过改革，弱化了专业经济部门分钱、分物、直接干预企业经营活动的职能，政府的经济管理部门从以直接管理为主转变为以间接管理为主，强化宏观管理职能，淡化微观管理职能。国务院在调整和减少工业专业经济管理部门方面取得了进展。比如，撤销国家计委和国家经委，组建新的国家计委；撤销煤炭工业部、石油工业部、核工业部，组建能源部；撤销国家机械工业委员会和电子工业部，成立机械电子工业部；等等。

第二阶段（1993—2002年），建立适应市场经济的政府管理架构。这一阶段经历过1993年、1998年两次机构改革。

1993年，在确立社会主义市场经济体制的背景下，第三次机构改革启动。其指导思想是，适应建立社会主义市场经济体制的要求，按照政企职责分开和精简、统一、效能的原则，转变职能，理顺关系，精兵简政，提高效率。核心任务是，在推进经济体制改革、建立市场经济的同时，建立起有中国特色的、适应社会主义市场经济体制的行政管理体制。改革的重点是转变政府职能，一个重要的改革任务就是减少、压缩甚至撤销工业专业经济部门，国务院组成部门调整为41个，直属机构调整为13个，办事机构调整为5个，共59个，比原有的86个减少27个，人员减少20%。在专业经济部门中，航空航天工业部改为经济实体，轻工业部、纺织工业部改为行业总会。另一个重大举措是，实行了中纪委机关和监察部合署办公，进一步理顺了纪检检查与行政监察的关系。1993年首次提出政府机构改革，其目的是适应建设社会主义市场经济体制的需要。但从机构设置来看，部门合并，撤销的少，保留、增加的多。比如，机械电子工业部合并本来是1988年改革的一个阶段性成果，1993年改革时又被拆成机械工业部、电子工业部两个部；能源部也被撤销，重新设立了电力工业部、煤炭工业部。因此，学术界评价，这次机构改革“目的清楚、目标不明确”，目的与目标背道而驰。

1998年第四次机构改革的目标是：建立办事高效、运转协调、行为规范的政府行政管理体系，完善国家公务员制度，建设高素质的专业化行政管理队伍，逐步建立适应社会主义市场经济体制的有中国特色的政府行政管理体制。改革的原则是：按照社会主义市场经济的要求，转变政府职能，实现政企分开；按照精简、统一、效能的原则，调整政府组织结构，实行精兵简政；按照权责一致的原则，调整政府部门的职责权限，明确部门之间职责分工，完善行政运行机制；按照依法治国、依法行政的要求，加强行政体系的法制建设。国务院组成部门由原有的41个减少到29个，不再保留电力工业部、煤炭工业部、冶金工业部、机械工业部、电子工业部、化学工业部、国内贸易部、邮电部、劳动部、广播电影电视部、地质矿产部、林业部等15个部、委，新组建国防科学技术工业委员会、信息产业部、劳动和社会保障部、国土资源部4个部、委。1998年改革的目的与目标高度协调：推进社会主义市场经济发展是目的，尽快结束专业经济部门直接管理企业的体制是目标。1998年改革历史性的进步是，政府职能转变有了重大进展，其突出的体现是撤销了几乎所有的工业专业经济部门，在很大程度上消除了政企不分的组织基础。

第三阶段（2003—2017年），探索用大部制改革思路改革政府。这一阶段经历过2003年、2008年、2013年三次机构改革。

在加入世贸组织的大背景之下，党的十七大报告中提出，“加快行政管理体制改革、建设服务型政府”。2003年3月10日，十届全国人大一次会议第三次全体会议通过了《关于国务院机构改革方案的决定》，特别提出了“决策、执行、监督”三权相协调的要求。改革的目的是：进一步转变政府职能，改进管理方式，推进电子政务，提高行政效率，降低行政成本。改革的目标是：逐步形成行为规范、运转协调、公正透明、廉洁高效的行政管理体制。改革的重点是：深化国有资产管理体制改革，完善宏观调控体系，健全金融监管体制，继续推进流通体制改革，加强食品安全和安全生产监管体制建设。除国务院办公厅外，国务院29个组成部门经过改革调整为28个，不再保留国家经贸委和外经贸部，其职能并入新组建的商务部。2003年的政府机构改革，以科学发展观为价值导向，以建设服务型政府为目的，以全面促进经济建设、政治建设、文化建设、社会建设为目标，以全面履行政府的社会经济职能为基本途径。对政府提出的新要求是，“政府创造环境，人民创造财富”。这次改革重大的历史进步，在于抓住了当时社会经济发展阶段的突出问题，进一步转变政府职能。

从1998年到2008年，政府经过十年的运行，机构依然非常多，为此学界提出“大部制改革”。2008年的第六次机构改革，用大部制思维推动机构改革、行政改革，力度较大。围绕转变政府职能和理顺部门职责关系，探索实行职能有机统一的大部门体制，合理配置宏观调控部门职能，加强能源环境管理机构，整合完善工业和信息化、交通运输行业管理体制，以改善民生为重点加强与整合社会管理和公共服务部门，按照精简、统一、效能的原则和决策权、执行权、监督权既相互制约又相互协调的要求，着力优化组织结构，规范机构设置，完善运行机制，为全面建设小康社会提供组织保障。这次国务院改革涉及调整变动的机构共15个，正部级机构减少4个，国务院组成部门减到27个。典型的大部制已经初步成型，如将国家邮政局、中国民用航空局均纳入交通运输部。这次改革突出了三个重点：一是加强和改善宏观调控，促进科学发展；二是着眼于保障和改善民生，加强社会管理和公共服务；三是按照探索职能有机统一的大部门体制要求，对一些职能相近的部门进行整合，实行综合设置，理顺部门职责关系。

2013年第七次国务院机构改革，贯彻党的十八大关于建立中国特色社会主义行政体制目标的要求，以职能转变为核心，继续简政放权、推进机构改革、完善制度机制、提高行政效能，稳步推进大部制改革，对减少和下放投资审批事项、减少和下放生产经营活动审批事项、减少资质资格许可和认定、减少专项转移支付和收费、减少部门职责交叉和分散、改革工商登记制度、改革社会组织管理制度、改善和加强宏观管理、加强基础性制度建设、加强依法行政等做出重大部署。改革的重点是围绕转变职能和理顺职责关系，稳步推进大部制改革，机构整合的力度不大，主要是铁路政企分开，整合加强卫生和计划生育、食品药品、新闻出版和广播电影电视、海洋、能源管理机构，除国务院办公厅外，国务院设置组成部门25个，正部级机构减少4个，其中组成部门减少2个，副部级机构增减相抵数量不变。改革侧重点放在“放管服”改革，即简政放权、放管结合、优化服务，主要是减少政府对市场的干预，发挥市场在资源配置中的决定性作用。一个主要体现就是行政审批许可大规模减少，到2018年年初国务院总计减少900多项行政审批许可。

2018年机构改革的再升级

从1978年改革开放后，几乎每五年都有一次机构改革，但是前七次机构改革主要集中在政府直属部门层面，以职能优化、精简机构为导向，都是以行政系统改革为主，没有涉及太多政府机构之外的领域，也很少触及内设机构，所以一般称为“国务院机构改革”或者“政府机构改革”。而2018年2月28日中国共产党第十九届中央委员会第三次全体会议通过《中共中央关于深化党和国家机构改革的决定》（简称《决定》），《决定》明确指出，“深化党和国家机构改革是推进国家治理体系和治理能力现代化的一场深刻变革”。2018年的机构改革非比寻常，其力度、深度和广度都超过了以往任何一次。

（一）从政府机构改革到统筹党政军群

这次机构改革是全面的改革，站在了推进国家治理变革的高度，按照优化协同高效的要求，通盘考虑党和政府机构设置，科学设定党和国家机构，准确定位、合理分工、增强合力，对一些职能相近、联系紧密的党的机构和政府机构采取综合设置，实行合并设立或合署办公，理顺职责关系，提高整体效能。改革范围涵盖党和国家各类机构，甚至连名字都不再是“行政机构改革”或“政府机构改革”，而是“党和国家机构改革”，包括党中央机构改革、全国人大机构改革、国务院机构改革、全国政协机构改革、行政执法体制改革、跨军地改革、群团组织改革、地方机构改革等8部分60项改革内容。

（二）从“行业管理”到“功能管理”

这次机构改革，一个突出的特征是“功能管理”，打破了行业分割管理的局面。自然资源部、生态环境部、应急管理部、市场监督管理总局等一批新机构亮相，将原来分散在多个部门的相近职能有机整合，形成了大资源、大生态、大应急、大市场的管理新体制。比如，此前中国各类灾害的应急处置分散在不同的政府部门：矿难及重大化学品爆燃、海上原油泄漏等事故，由国家安监总局、国家煤矿监察局等负责；地震应急救援由中国地震局负责；泥石流、山体滑坡等地质灾害防治则属国土部的职责范畴；防治水灾、旱灾由水利部承担；而救灾物资则由民政部负责储备发放。多头管理协调难度大、效率低，为了协调各方力量，不得不在国家层面设立众多议事协调机构，如防汛抗旱总指挥部、减灾委员会、抗震救灾指挥部、森林防火指挥部等进行协调。而具体工作又存在重叠交叉，比如，矿难、地震、泥石流、洪灾等救援，除了专业技术人员，大多都需要消防、武警参与，多头管理也造成了大量的重复建设和浪费。又如，在火灾处置方面，承担森林火灾救援的武警森林部队，属于武警序列，消防系统则属于公安现役部队；而新组建的应急管理部，将统一负责各类重大事故灾害的处置、预警、防治机制建设，便于实现高效运作，维护公众生命财产安全和社会稳定。

（三）从部门合并重组深入到整合内设机构

内设机构是组织机构运行的内核和关键，但是我国历次政府机构改革往往主要对政府直属部门进行合并重组，且仅停留在表面，以此前两次大部制改革为例，各级政府合并的大部门仅对其综合管理的内设机构进行合并，如办公室、财务、信息、人事等，而很少深入政府机构内部，针对职能机构加强重组，这也使一些政府机构在合并以后仍然是“两张皮”，在结构、职能、领导和文化等方面都基本上“原封不动”，没有实现实质性的深度融合，无法真正打通职能交叉、重叠乃至矛盾之处，机构改革无法带动和引领职能转变，改革的效果大打折扣，甚至背离改革的初衷。各个政府机构的内设机构千篇一律，也很难适应经济社会发展的需求。而这次机构改革在科学配置党政部门的同时，提出必须由表及里、由浅入深，优化内设机构的设置，切实推进合并后的机构整合和职能融合，按照决策、执行和监督专业化分工的原则配置内设机构及职权，改变“小而全”的内设机构配置格局，通过推进内设机构的重组和调整，合并内设机构的“同类项”，精干设置各级政府部门及其内设机构，明晰权力和职责，减少机构数量，简化中间层次，推行扁平化管理，推动机构改革从外在“物理”变化深化到内部“化学”变化，使内设机构的合理设置产生加成效应，形成自上而下的高效率组织体系。

（四）从强调“职责同构”到优化地方政府机构设置

我国是一个大国，设有五级政府，根据地方履职特点，合理设置地方政府机构。理顺中央和地方政府职责关系，才能发挥好中央和地方政府的职能。地方政府机构改革是整个政府机构改革的重要组成部分，以往政府机构改革过分强调“职责同构”，即要求下级与上级在机构设置方面“上下一般粗”，上面设置什么机构，下面也要对应设置同样或类似的机构，却忽视了各地各级政府机构本身应有的特色和属性。这次机构改革在确保集中统一领导的前提下，根据中央和地方事权划分来理顺关系，属于中央事权并由中央负责的事务，中央设立垂直机构实行管理，并健全与地方的协作配合机制；属于中央和地方共同事权并须地方负责的事务，实行分级管理，中央政府部门加强指导、协调和监督；属于地方事权并由地方负责的事务，赋予省级及以下机构更多自主权，把直接面向基层、量大面广、由地方实施更为便捷有效的经济社会管理事项下放给地方，推动治理重心下移，实行扁平化和网格化管理，尽可能把资源、服务、管理放到基层，允许地方结合本地实际，推进直接服务民生的公共事业部门改革，改进服务方式，最大限度地方便群众。地方可以因地制宜设置政府机构和配置职能，在规定限额内确定机构数量、名称、排序、编制等，按照简约高效的要求，整合相关职能和机构，探索合并设立或合署办公，既允许“一对多”，由一个基层机构承接多个上级机构的任务；也允许“多对一”，由基层不同机构向同一个上级机构请示汇报。这样就解决了“上下一般粗”的问题，也有利于充分调动地方的积极性、增强地方的治理能力，夯实国家治理体系和治理能力的基础。

（五）从编制的总量控制到统筹使用的动态调整

编制配备事关机构的人员数额、结构分布、职位配置、财政支出和成本效益，直接影响到机构的履职和运行，是政府机构改革不可或缺的内容。编制管理可以确保政府机构的人员安排得到有效控制，并避免机构膨胀。但是，编制管理也导致人事安排的僵化和固化，难以适应行政体制改革的要求。多年来，政府机构的人员编制采取总量控制，总体保持适中的方法，但一直存在着膨胀压力大、财政负担重、结构分布失衡、隐形扩编严重等问题。这次改革按照“统筹使用”的思路，加大改革创新力度，建立严控总量、盘活存量的动态调整机制，推行需求引领、盘活存量、动态供给的管理模式，加大统筹编制调配的范围和力度，破除部门间、地区间、层级间、身份间的编制使用壁垒，在总量内有保有压，允许此消彼长、灵活调剂或周转使用各类编制资源，随着职能弱化的核减、职能强化的增配，优化结构布局。例如，随着简政放权的深入，可将原来主要从事行政审批的人员编制岗位转移到监管或服务岗位。采取“人随事走”方式，用好各类编制资源，既保障各项事业需要，又防止人员膨胀，并从完善公务员法、预算法、监察法相关法律法规等多个层面，依法有序推进政府机构编制法定化，形成相互衔接配套的机构编制法律法规体系，把改革成果固化、制度化，为深化党和国家机构改革提供重要保障。

资料来源：汪玉凯．党和国家机构改革与国家治理现代化［J］．中共天津市委党校学报，2018（3）．

3.1.3 案例思考题

1. 机构改革可以用什么公共管理理论进行解释和分析？
2. 你认为新一轮的党和国家机构改革将面临哪些挑战？

3.1.4 案例分析

核心提示

机构是职能的载体，职能是机构的角色和作用。机构改革是组织结构的再设计，但是并不只是简单的合并、分拆、重组，核心要义是转变职能，提高效能。面对新时代提出的发展新要求，未来政府机构改革将逐步朝“宽职能、少机构”的方向发展。当前，党和国家机构设置和职能配置同统筹推进“五位一体”总体布局、协调推进“四个全面”战略布局的要求还不完全适应，同实现国家治理体系和治理能力现代化的要求还不完全适应。完善政府治理体系，提升治理能力，为各项事业发展提供有力的组织保障，都需要通过深化机构改革来解决。

观点争鸣

观点一： 机构改革的方向是将业务相似、职能相近的部门进行合并，集中由一个大部门统一行使职权。实行大部制，精简政府机构，实现职能整合，减少部门之间的职能交叉和权益冲突，减少横向协调困难，有利于优化政府组织机构，形成权责一致、分工合理、决策科学、执行顺畅、监督有力的行政管理体制，提高行政效能；也有利于简化公务手续，减少议事协调机构，实现政企分开、政资分开、政事分开、政府与市场中介组织分开，建立统一、精简、高效、符合市场经济和民主法治要求的现代化政府体制，有效地解决制约经济发展的体制性问题，为人民群众提供便利和高质量的公共服务。

观点二： 机构改革是深化行政管理体制改革的重要环节，是政治体制改革的重要内容，是上层建筑适应经济基础客观规律的必然要求，但是也要立足于我国的历史与现实基础。我国总体上仍然是一个由传统社会向现代社会转型的国家，是一个人口众多、民族多样、地域辽阔、管理难度大的在中国共产党领导下的社会主义大国。深化机构改革，只有要统筹考虑党政部门及内设机构，科学配置各类机构权力，明确职责，着力转变职能、理顺关系、优化结构、提高效能，形成权责一致、分工合理、决策科学、执行顺畅、监督有力的管理体制，才能实现行政运行机制和政府管理方式的规范有序、公开透明、便民高效。

问题分析

机构改革必须与经济社会发展的要求相适应，努力实现国家治理体系和治理能力的现代化。自中华人民共和国成立以来，我国政府进行过多次机构改革，但行政组织结构的重组改革不可避免地会陷入所谓的“一放就活，一活就乱，一乱就收，一收就死”和“精简—膨胀—再精简—再膨胀”的权力“收放”循环和机构“精简—膨胀”的怪圈中。其实，这一现象既不是我国所独有的，也不是现代行政组织结构所特有的；而是在世界范围内，在大多数国家中，在不同的历史时期内，不同程度地普遍存在着的。应该说，造成这一现象的根本原因还是社会生产的日益综合性与劳动分工越来越精细化之间的矛盾。

机构改革是组织结构的再设计，可以归于公共管理学科中“政府再造”的范畴。自“新公共管理运动”以来，西方国家在长期的政府改革历程中，先后出现了“政府再造”和“政府流程再造”等改革理念。奥斯本和普拉斯特里克认为，“政府再造是指公共体制和公共组织进行根本性的转型，以大幅提高组织效能、效率、适应性以及创新的能力，并通过变革组织目标、组织绩效、责任机制、权力结构以及组织文化等来完成这种转型过程”。“政府再造”要达到重塑政府的角色和职能，以适应变化了的新环境之目的，必须具有一些共同的特征，比如，通过分权和“非集中化”改革，使组织、人事、任期和管理条件更加灵活，以改造传统官僚制；引入企业管理的某些机制，明确规定组织和人事目标，根据绩效指标对行政工作进行测评，更为关注管理结果的实现和管理者的个人责任；在政府管理中引入市场机制，树立“顾客”意识，强调管理效果应尽可能受到市场的检验；改革以职业常任、政治中立为主要特征的高级行政人员的管理方式，使其承担更大的政治责任，增强对公众要求的政治回应性；通过对国有企业和某些公共职能的民营化或对外委托，缩减政府职能和规模，降低行政成本；等等。西方政府再造的核心理念是企业型政府，对传统的政府与社会的关系进行重新界定，认为政府不应该是高高在上、自我服务的官僚机构，而应是讲究质量、追求效率的企业型组织；政府应以公众的需求为导向，提供高质量、高效率的公共服务，但它并非是政府管理的普遍模式。

中国具有自身的历史文化和发展特点，政府机构改革必须坚持中国共产党的领导这一中国特色社会主义本质特征和要求，同时，要把政府机构改革作为党长期执政和安全执政的重要一环，把是否坚持党的领导作为衡量政府工作有效性的重要指标。当前，我国基于复杂的内外部环境提出推进国家治理现代化的宏观战略。在国家层面的回应是“全面深化改革”，改革所涉及的层面之广、所触及的层次之深是前所未有的。在推进政府职能转变与结构重组的过程中，学者们对这些“政府再造”的理论与实践开展了相关研究。制度型再造与业务型再造可能是大多数政府部门在改革过程中所必须经历的两个不同阶段，各个阶段的特点和侧重点显著不同。以往机构改革大多将改革的注意力集中在政府行政机关的人员精减、组织结构调整以及组织的自我更新上，着重关注的是行政组织内部管理的简化，而忽视了政府与环境的关联，导致改革陷入不彻底、不深入的困境。在具体实践中，各级政府部门往往将再造等同为信息化条件下的电子政务或行政服务大厅等形式上的改造，缺乏对国内外经济社会发展程度差异的考虑，尚未触及再造的核心，从而影响政府职能转变的进程。政府的社会管理与公共服务职能也存在一定的重视不足现象。

“政府再造”应该是对政府的系统性变革，而不是在人员或者结构上的简单调整。作为系统性变革的“政府再造”，理应成为政府层面回应国家治理现代化的正确方式，这一理论判断源于对当前治理环境复杂性以及国家治理现代化内在要求的理性认知。治理现代化背景下的政府再造应当着力从两个层面入手：一是行政价值重塑，这是政府再造的起点和内在动力，决定着政府再造的方向和主要内容，体现了改革的深度；二是政府制度变革，涉及权力结构和责任机制等多个方面，体现出改革的广度。行政价值又是一个动态变化的过程，在不同时期表现出不同的结构，这主要取决于政治价值、社会需要以及改革者对于政府角色的认知等多重因素，而其中政治价值起着决定性作用。作为回应国家治理现代化的政府改革，不应该仅仅停留在体制、机制层面，而应该做出系统性的“政府再造”。依照德国行政学者塞顿托夫（H. Siedentopf）的观点，“政府再造”就是通过政府再造工程去重塑社会，以引导、管制及控制经济、社会的发展。“政府再造”一词揭示出政府改革的本质，既涉及政府内部组织、运作程序的调整，更涉及政府外部关系的变革。把握“政府再造”的思想，应避免技术层面的简单复制，可能需要从演化的视角出发，思考其与政府职能转变之间的深层次联系。

习近平同志说：“党和国家机构属于上层建筑，必须适应经济基础的要求。经济不断发展，社会不断进步，人民生活不断改善，上层建筑就要适应新的要求不断进行改革。”“对深化党和国家机构改革的重要性和紧迫性，对深化党和国家机构改革方案的贯彻落实，都要放到新时代背景下、站在更高层次上来认识和把握。”“我们是中国共产党领导的社会主义国家，要根据实际需要，自觉进行机构调整和改革，以利于把我国社会主义制度优越性充分发挥出来。”“从机构设置上充分发挥党领导一切工作的体制优势，提高党把方向、谋大局、定政策、促改革的能力和定力，把党的领导贯彻落实到党和国家机关履行职责的各方面各环节。”

政府作为全面深化改革的关键支点，其自身改革的成败对于国家治理现代化的实现至关重要。当然，机构改革是一个复杂的系统工程，必然有一个阶段性、渐进性、连续性的改革过程；反之，操之过急，稍有不慎，就会带来风险和失败的结局。如果机构改革无法带动职能转变，或者难以推动政府管理创新，就谈不上深化行政体制改革。中国特色社会主义进入新时代，中国国家和社会发展已经发生并将继续发生深刻变化，治国理政的任务更加艰巨，这都对党和国家机构设置及职能配置提出了新的要求。正如党的十九大报告指出的，政府机构和行政体制改革归根结底是要“转变政府职能，深化简政放权，创新监管方式，增强政府公信力和执行力，建设人民满意的服务型政府”。通过深化党和国家机构改革，构建系统完备、科学规范、运行高效的党和国家机构职能体系，形成总揽全局、协调各方的党的领导体系，职责明确、依法行政的政府治理体系，中国特色、世界一流的武装力量体系，联系广泛、服务群众的群团工作体系，推动人大、政府、政协、监察机关、审判机关、检察机关、人民团体、企事业单位、社会组织等在党的统一领导下协调行动，增强合力，全面提高国家治理能力和治理水平，才能赢得人民的满意和信任，实现国家的有效治理、长治久安。

3.2 案例二　稳定编制带来的“吃空饷”现象

3.2.1 背景透视

现行人事管理制度沿袭了计划经济时代的传统，仍以编制管理为核心内容。以编制为核心的管理，带来了一种“编制意识”。而“吃空饷”指机关事业单位在编在职人员违规领取待遇或由单位违规缴纳社会保险费，属于机构编制监督检查工作的一个重要惩治方面。“吃空饷”现象频现，且已成为侵蚀财政资金的“黑洞”。2005 年，中央机构编制委员会办公室（简称中央编办）就在全国开展了清理“吃空饷”的工作，之后不断有各种规定出台。但是，这一现象仍屡禁不绝。在近年开展的党的群众路线教育实践活动中，全国不少省份清理出“吃空饷”人员，达上万人。截至 2014 年，河北有 5.5 万人被清理，四川清理2.8万人，河南、吉林也分别清理1.5万人和8 600余人，涉及财政资金84亿元①。

3.2.2 案例描述

2011年，中央机构编制委员会办公室（简称中央编办）发布《关于开展事业单位清理规范工作的通知》，在对事业单位编制清理的要求中提出，对职责任务萎缩或大量空编两年以上的事业单位，要相应核减编制。但在湖北某市教育局，事业单位的多余编制并未得到清理，还存在政府机关将事业单位编制挪用等情况。

2012年7月，湖北黄冈下辖的某市教育局被推上社会舆论的风口浪尖，有民众向《新京报》爆料称湖北该市教育局的人事怪现状。随后记者调查发现，该教育局一方面大量人员超编，需挪用其下属单位的事业编名额；另一方面，有官员占着编制，不上班，“吃空饷”。

探访：两家下属单位42个编制被挪用

湖北黄冈下辖的某市教育局办公楼的第6层是该市教育电视台的办公地。2012年5月30日上午8点，整个教育电视台空无一人。楼下其他科室的工作人员解释说，“教育电视台的人可能出去办事了，那里平时上班的也只有3个人”。通过核实教育电视台的通讯录，上面确实只有3人。而该台的事业编制表上显示，该台共有51个编制，比实际所在的工作人员多出了48个。当地一名知情人说，教育电视台的许多编制被教育局挪用。比对该市教育局工作人员的通讯录，发现有31人的名字出现在教育电视台的编制表里。例如，彭某某、郭某某、吕某某3人，如今分别是教育局办公室、基础教育课、职成教科的负责人，但这3人的编制在该市教育电视台。而教育局财务科4名工作人员的编制，都在教育电视台。该市勤工俭学管理办公室（简称勤俭办），亦有大量编制被该教育局占用。勤俭办的通讯录显示，在岗人员为4人，而其核定事业编制为29人。比对教育局工作人员的通讯录和勤俭办编制表，可发现勤俭办有11个编制被教育局挪用。

调查：23个编制，8个领导，17个科室

一份来自该市编制办的《市教育局机构编制情况表》显示，该市教育局的行政编制数为23人。

这个正科级单位，配置了8名局领导，下设17个科室。即使每个科室只有一名工作人员，也会超编。该教育局最新的《机关人员通讯录》上，登记了71名工作人员的联系方式。多名教育局的工作人员证实，通讯录上的人目前都在教育局上班。在教育局的各个科室中，工作人员最多的是办公室，共有6人。职成教科、社管办等科室，只有1名工作人员。为何要设立这么多科室？局长王卫平解释说：“这样的机构设置延续了多年，即便存在人员超编的情况，工作中有时也会人手紧张。此外，机构设置讲究对口，上级机构设立科室后，为了便于工作联系，下级机关也会成立相应机构。”

① 刘元旭，周琳，杨毅沉．河北、河南、四川、吉林四省清理10万“吃空饷”人员［EB/OL］．新华网，2014-09-26.

该市教育局的上级业务单位黄冈市教育局，就设有25个机关科室。而与该市邻近的两个教育局，设置的机构也均在15个以上。教育局一位内部人士表示，今年年初教育局工作人员大约60人。2月，局机关又从基层学校和局属二级单位调来10多人，使得本已超编的情况更加严重。熟悉当地情况的人士介绍，下属的事业单位，其实就是教育局解决超编人员编制问题的"后花园"。

无论是挤占还是挪用编制，都是被禁止的。中央编办与监察部联合制定的《机构编制监督检查工作暂行规定》指出，各级编制管理机关在机构编制工作中，有违反规定挤占、挪用编制行为的，由上级机构编制管理机关按照规定给予处理。上述知情人说，像这种情况，如果上级单位不下决心查处，当地的编制办也就睁一只眼闭一只眼。该市编制办的工作人员证实了这一说法，对于占用下属事业单位编制的情况，相关部门早已有所了解。在谈及如何处理时，他表示"难度很大"。对于人员超编的情况，该市教育局局长并不讳言，在接受采访时说："局机关确实存在超编的情况，对此，我们也正在想办法积极处理。"

原因：退二线者编制难腾退

该市教育局一方面存在超编、挪用下属单位编制的现象；另一方面，还有官员占着编制，不上班，"吃空饷"。阳文闸（化名）在该市教育系统工作了20多年，此前是教育局一名科长，有教育局的行政编制。50岁后，阳文闸从科长岗位退居二线。他一年去单位一两趟，后来索性做起了小生意。"没办法，像我这个职位的干部，到了年龄必须腾位置。"他说。

阳文闸说："自己的位置也很尴尬，曾当过领导的人，一大把年纪还去办公室当跑腿的，很别扭。此外，新领导也不喜欢你这个老领导常往办公室跑。所以干脆不去上班，这样皆大欢喜。""从这个意义上讲，我这是不是有些'被吃空饷'的意思？"阳文闸自嘲道。陆祖平（化名）也属于"被吃空饷"，但不同的是，他没有教育的行政编制，而是占用教育电视台的事业编制。陆祖平的编制在教育电视台，后调到教育局机关工作，并升任科长，他也在50多岁退居二线，如今，一年去一两次单位。

该教育局"吃空饷"并非个别现象，其中有8名工作人员和阳文闸一样，属于教育局行政编制，有超过20人和陆祖平一样，属于教育系统事业编制，他们都在编不在岗。对于这一问题，该市教育局局长说："主要是一些年龄较大的老同志已经退到二线。单位对他们的考核方面也就松一些。"国家法律规定，男性到60岁，女性到55岁才能退休。按照《中华人民共和国公务员法》，距国家规定的退休年龄不足五年，且工作年限满二十年的，本人自愿提出申请，经任免机关批准，可以提前退休。但在该市教育局，为何许多满足这一条件的退居二线人员没有申请提前退休？该市当地一位人士说，退休后只能拿退休工资。但退居二线，工资一分不少，还能领各种津贴。反正都不上班，当然退居二线更划算。

中国行政体制改革研究会副会长汪玉凯表示："目前县乡两级部门领导干部往往刚过50岁，就要退到二线，这等于可以回家不上班，而所有工资福利按照在职对待。要解决这些问题，需要更高层级的单位从制度设计的层面来突破。""清查'吃空饷'，难的不是方法，而是决心。"该市的某基层教师这样说。

从2008年开始，该市教育局对教师占编不上岗的情况开展了大清理，将自动离职的

85 名教师辞退，并注销其事业编制。当地一位基层教师说，为什么教师“吃空饷”能清理，教育局里“吃空饷”难清理？国家行政学院公共管理教研部教授竹立家认为，清查“吃空饷”，会涉及“圈子”或某些干部的个人利益，需要很大勇气。必须引入社会监督力量，如果只是自己人查自己人，效果难免有限。

资料来源：本案例根据《新京报》、新华网、人民网等的多篇报道整合改编而成。

3.2.3　案例思考题

1. 结合材料说说湖北黄冈下辖的某市教育局“吃空饷”现象原因在哪？
2. 你认为如何才能完善我国公共部门编制体系，避免“吃空饷”现象的频发？

3.2.4　案例分析

核心提示

国务院总理李克强 2014 年 12 月 12 日主持召开国务院常务会议，决定集中治理机关事业单位“吃空饷”问题。公共部门人力资源管理的滞后性，已经暴露在机构设置不能与其承担的工作内容匹配，人员配给不能与岗位要求相匹配，人才考核、晋升、竞聘、解聘完全受限于其编制性质等许多方面，而“吃空饷悖论”案例也反映政府人力资源管理，包括人事编制管理，不仅需要从制度设计方面加大改革力度，还要加大制度层面的执行力。如果一项人事管理制度，在设计上没有动态管理的灵活度，在执行上又难以监管违规操作行为，那么就亟待改革。

观点争鸣

观点一：以编制管理为核心内容的现行人事管理制度，使得编制决定着人员的定额、职务的分配，是老百姓俗称的“铁饭碗”，是一个人在机关中的“占位”。财政资金对工资、福利、待遇的配给是跟着编制走的，无论人员是否在岗、人岗是否分离。有编制的人会将它看作永久的身份、终身的待遇和自身在机关中的合法性，这直接导致了体制内常见的尸位素餐、人浮于事、“有编不干活、临时工在一线”的现象，而想方设法离岗“吃空饷”的情况，只不过是这种倾向的极致化体现①。

观点二：在现行行政体制下，权力过于集中，一旦权力集中，人事任免和财政收支就成了某些人手中的方向盘，想往哪走就往哪走。就“吃空饷”而言，在某些地方，“红头文件”比法律还要有用，权力可以将制度改变，而不是制度将其框定，只要手中的权力没有合法有效的约束，不管你的制度有多么的严格和缜密，它都有可能被操作和改变，这就是我们平时所说的“权大于法，利大于理”。“吃空饷”者没有按照《中华人民共和国公务员法》去行政、去为人民服务，这是令人无法接受的，政府应当严格贯彻依法行政原则，限制公权力集中从而间接控制人事任免和财政收支②。

问题分析

要解决“吃空饷”的问题，恐怕不是把人都清除出去那么简单。实际上，这些年曝光

① 刘白．“吃空饷”是编制管理滞后的体现［N］．光明日报，2014-09-29（2）．

② 宋娜．浅谈“吃空饷”现象的起因及其法律规制的建议［J］．知识经济，2011（13）：21-22．

的“吃空饷”现象很多，相关部门的决心也很大，但是“挪坑型”的“吃空饷”仍然屡禁不止。主要原因在于：一是少数官员为一己私利违背党性原则，不择手段损公肥私；二是对财政供养人员管理缺位，对一些违纪违规现象熟视无睹；三是职能部门监督不力，把关不严，为所欲为。但最根本的原因是对“吃空饷”者处罚不力，人事监管制度不完善，责任追究制度缺乏足够的惩戒力和威慑力。公共部门掌握公共权力，就行政方式来看，公共权力行政就是以命令强制手段增加人民的义务和负担，问题的根源还是在转变政府职能上，政府职能不转变，政府还是去管理和“包办”很多事情，就必须要维持一个庞大而稳定的官员体系。

党的十九大报告指出要“统筹使用各类编制资源”，这为破解政府机构“吃空饷”难题提供了思路。使各类编制资源“动起来”，并灵活有效地统筹使用，是推进行政体制改革的关键环节。编制资源的统筹使用思路，要求盘活既存人力资源并激活新增人力资源，从而实现政府编制管理的优化配置。

首先要完善编制实名制，缩短政策供给的时滞。一方面，完善机关的人事考核制度。针对考核模式化的问题，必须细化考核指标，完善考核配套制度，形成定岗定责、上级延伸的考核体系。另一方面，规范日常人事工作程序。规范空编进人审核程序，加强控编减员工作，严把工资审核发放。编制部门应把好审核关，组织人事部门根据审核办理招录、调动和工资审批手续。财政部门在上述手续齐全的基础上，予以核拨经费及办理工资手续。之后，社保部门再根据编制、组织、人事部门相关手续办理社保手续。对符合调出、死亡、辞职、停薪留职、离职、开除等情况的人员要建立限期上报制度，在法定的期限内到国库支付中心办理停发工资的相关手续。

其次要完善责任机制，提高“吃空饷”的风险成本。一方面，明确责任主体。没有关系和背景的人是“吃不到空饷”的，如“无编且无岗”类的“吃空饷”者，无疑和单位某些领导关系最为接近，而兼职创业、长期病休、脱产进修的情况一般都是和相关领导“打好招呼”的，主管领导要直接问责；同时，单位“吃空饷”以获取离职员工的“管理费”，或冒领离职员工的工资，以充实单位的“小金库”，机关单位作为行政主体理应被追究集体责任。另一方面，加快对司法责任的量化工作。从法理上讲，“吃空饷”是一种非法侵占国家集体财产的刑事犯罪。但是，现有法规尚无明确条款与“吃空饷”直接对接，导致“吃空饷”查处中无法可依、惩处过轻，一般是警告处分，真正开除、辞退的很少。

最后要健全监督机制，构建动态信息监管平台。从本案例“吃空饷”的新闻曝光事件来看，它与事实的发生之间还存在一个发现与被发现的过程，由于信息不对称，人事和财政的监督成本很高，但对于组织内成员来说成本却低廉得多。因此，第一，要健全内幕举报机制。健全内幕举报机制需要把握两个重点：一是要有一定的机构和渠道来受理内幕举报，二是要防止举报人被打击报复。第二，要构建涉及组织、编制、财政、民政等多个部门的人事信息监管平台，建立信息互通、相互制约的动态人员管理平台，在人事、民政、审计、劳动保障等职能机关之间实现数据共享，消除信息不畅通为“吃空饷”者提供的可乘之机。第三，信息平台也应向社会公布，接受民众和媒体的查询和监督。民众作为纳税人，应当享有合法的用税监督权；而公共部门也应当充分尊重媒体，重视媒体的监督报道权①。

“吃空饷”现象不是维护这个体系稳定的一种隐性福利，而是对公共财政资金的蓄意贪占，严重损害了政府的形象和声誉，浪费了政府及纳税人的资源，必须严肃治理此类恶劣现象，堵上蚕食财政资金的黑洞。因此，加强编制管理工作，逐步建立与社会主义市场经济和民主法治建设相适应的廉洁高效、运转协调、行为规范的党政管理体制和工作机制，对于巩固国家政权建设、提高执政水平和政府管理能力有着十分重要的意义。

3.3 案例三 高校和公立医院是否应该取消编制?

3.3.1 背景透视

中国高校中出现“编制”最早是在 20 世纪 50 年代初，当时大量高校被收归国有，高校教师也就成为“国家干部”。公立医院则是被国家卫生部门列入事业单位，医院的正式工作人员列入事业编制，其工资和活动经费的开支渠道由国家事业费开支及单位收入组成，工作人员的工作范围及收入分配均按岗位等级决定。目前的体制架构存在了几十年，不过，由于社会环境在变化，事业单位改革是中央一直都在推行的行政管理体制改革的重要组成部分。

3.3.2 案例描述

2016 年 1 月，一位人社部官员曾对外表示，人社部等方面将重点研究编制创新改革，特别是高校、公立医院不纳入编制管理后对相关改革的影响。所谓“不纳入编制管理”，就是取消事业单位编制，但保留事业单位性质。之所以要保留事业单位性质，主要是考虑到高校、公立医院的公益属性，不能完全推向市场化，还要由财政进行差额拨款。在全部取消事业单位编制之后，未来高校、公立医院将会实行全员合同聘任制。消息一出，顿时引起轩然大波。2016 年 7 月 22 日，人社部召开了 2016 年第二季度新闻发布会，人社部新闻发言人李忠在介绍事业单位人事制度改革下一步工作安排时明确表示，要研究制定高校、公立医院不纳入编制管理后的人事管理衔接办法，配合有关部门做好经营类事业单位改革、部分城市三级甲等公立医院开展编制管理改革等工作。

众所周知，我国针对事业单位的政策、编制是岗位设置、核定收支和财政给予补助的依据，全额拨款、差额拨款都是按照在编人员的数量，由财政全部或者部分负担，业内称之为“人头费”，编制外人员享受不到国家财政的“庇护”。那么，取消高校、公立医院的编制后，业内最为关注的是国家对高校、公立医院的差额拨款政策未来将会有怎样的改变，同时也有专家担心，如果要让高校、公立医院靠创收来支付转制成本、人工成本，那么教育和医疗的费用肯定会大涨，最终会转移至普通老百姓身上。

---

① 马阳坤. 关于防治“吃空饷”问题的对策建议 [J]. 城市建设，2013 (12)：101.

有数据表明，目前中国公立医院在编人员有800多万，高校在编教职工有233万余人，对于这部分在编事业单位人员，将实行实名统计，之后随自然减员，逐步收回编制。而对于高校、公立医院的非在编人员，官方尚未统计。国家行政学院公共行政教研部主任竹立家表示，“这部分人员的数量十分庞大，编外人员多的单位有的能占到一半，少的也有20%～30%。下一步，在高校、公立医院取消事业单位编制之后，将会逐步缩小编外人员与编内人员的待遇差别，解决编外人员面临的多种问题”。

71.8%受访者找工作时看重编制

《中国青年报》社会调查中心联合问卷网对2001人进行的一项调查显示，71.8%的受访者找工作时仍看重编制，其中，20.0%的受访者“非常看重”，但在“高薪”和“编制”之间，47.8%的受访者选择了“高薪”，明显高于选择“编制”(38.0%)的人。

对于当下“编制”附带的利好与“非编制”相比差异还有多大这一问题，51.7%的受访者直言差异巨大，32.3%的受访者表示差异一般，分别仅有10.5%、1.4%的受访者认为差异甚微、没有差异。没有了编制管理的束缚，不再因行政级别而受限，相关领域人才的薪酬也将得到一定程度的提高。47.7%的受访者认为能劳者多得，不应再受编制束缚；也有44.5%的受访者担心高校、公立医院或将面临人才短缺现象。据此，64.6%的受访者赞同高校、公立医院取消编制，“打破限制，实现人才晋升发展”。还有24.1%的受访者不赞同取消高校、公立医院编制，理由是“教育、医疗是国之基础，国家应兜底”。

而天津社科院社会学研究所所长张宝义介绍，“取消编制的意思，是取消事业单位编制，但保留事业单位性质。归根结底还是为公众提供服务，需要财政的差额拨款，但仅起到辅助作用”。他还表示，“编制是计划经济体制下的产物，束缚了高校、公立医院的发展。此次取消编制的目的在于实现人才自由流动，促进公平，提高效率”。

近半受访者认为，高校、公立医院取消编制将加快去行政化步伐

调查显示，48.3%的受访者认为，高校、公立医院取消编制，将加快去行政化步伐；67.8%的受访者认为，改革在落实过程中很可能面临既得利益者的反对；58.8%的受访者则着眼于落地执行中的细节处理；另有5.0%的受访者认为，改革落实没有什么问题。

取消编制在落实过程中也会面临种种困难。谈到备受关注的已在编人员的安排，张宝义介绍，此次取消编制是“新人新办法，老人老办法”。“对于新进的员工，均采用合同制，而已在编人员则保障他们的权益，通过人员自然减少的办法逐步回收编制。当前年轻人反而比较赞成取消编制，没有了束缚，能依靠自己的能力获取合理的薪酬，也能实现来去自由。”“我国本来就存在发展不平衡问题，因此不能加剧区域不平衡，更不能造成新的不平衡。没有了编制的束缚，相对贫困或落后地区的顶尖人才会流向发达城市，造成区域间发展的不平衡，这是最大的问题。体现在个人上，因为没有编制，绩效直接挂钩收入，顶级人才的收入可能是普通人的十几倍甚至更多。”

张宝义建议，目前可先选择部分单位进行试点，试点成效好的话，再进一步推广。针对可能出现的不平衡，可通过增加补贴等留住人才。此外，取消编制后，单位内部要建立完善的聘任机制、晋升机制、管理机制，当然也涉及单位内部的工会建设。

取消编制会不会影响高校、公立医院的公益性？

取消高校、公立医院的事业单位编制后，大家最担心的是，如果要让高校、公立医院靠创收来支付转制成本、人工成本，那教育和医疗的费用肯定会大涨，到时候“看病贵”“上学贵”的问题就更突出了，老百姓将成为政府“甩包袱”的受害者。取消编外编内的限制，对编外人员来说是个好消息，但是仍有很多值得思考的问题。

对此，中国医院协会副秘书长庄一强认为，取消医生编制不会对医院公益性有影响，公益性是指政府提供给老百姓免费医疗或者是低价格的医疗，和医生是否有编制是没有关系的。“我们生活在一个二元社会里，我们喜欢把事情划为二元体，如城里人、乡下人，干部、群众，有编制的、没编制的……但是现在社会发展已经受到二元体制的约束。”庄一强说，现在在医疗行业里，大部分护士都是没有编制的，原来护士是有编制的，但是编制不够用，所以就扩招，扩招的没有编制，他们都是合同工，因此出现同工不同酬的现象，这导致一些护士集体罢工、集体辞职。现在的护士基本上没有编制了，那么，为什么护士可以没有编制，医生就不可以？护士没有编制的时候也并没有影响医院的公益性！

编制取消后，如何能做到平衡、平等，相关福利政策如何更好地分配，人员如何做到合理化的管理，是我们要事先考虑的问题。一些从事公共服务的公益性单位财政拨款问题，也值得思考。编制取消后，财政拨款只有合理适当分配，才能保证这类单位的正常运行。但那些可以由市场分配资源的单位，编制取消后，确实可以减轻财政负担，提高其工作效率，关键是要把握好这个分类。

北京首个吃“螃蟹”

2015年5月，北京市发布的《关于创新事业单位管理加快分类推进事业单位改革的意见》明确提出，对现有高等学校、公立医院等，逐步创造条件，保留其事业单位性质，但将探索对其不再纳入编制管理，对现有编内人员实行实名统计，随自然减员逐步收回编制。涉及与编制管理相关的财政经费、养老保险、户籍管理、出国交流、住房补贴等，相关部门要准确把握事业单位改革总体要求，依据有关规定加强管理。

到底何为取消高校编制管理？中国人民大学公共管理学院教授、公共政策研究所副所长杨宏山表示：“要区分政府对事业单位的编制管理与事业单位自身的编制管理，政府可以对事业单位取消编制管理，不再按照人头编制进行财政拨款，但是事业单位内部仍然需要编制。高校本身的编制管理是不可能取消的，否则会乱套的。”在杨宏山看来，高校内部如果取消编制管理，对各学院、系没有规模控制和发展规划，就失去了基本的管理规范。编制创新改革究竟该怎么改？将以怎样的模式取代现有的编制管理？对此，杨宏山表示，“目前来看，无论是从政策层面，还是在实践中，具体内容都很不清晰”。显然，取消编制管理不可能一蹴而就，杨宏山建议，“在全面推进前，先在一个或几个单位开展试点，分别探索新思路，出台新政策，进行多样化的政策试验，不同试点单位可授权采取不同的试点模式”。他表示，在推进试点的过程中，试点单位和上级都要及时总结经验，识别可复制的改革经验，加快完善制度、新机制、新措施，支持各单位、各地方互相学习，促进新政策的扩散。

对于当前的事业单位人事制度改革，人社部正配合有关部门做好经营类事业单位改革、部分城市三级甲等公立医院开展编制管理改革等工作。目前，深圳也已率先在新建市属医院全面取消编制，按照岗位管理模式采取全员聘用，成为改革试点区。

资料来源：本案例根据《中国经济周刊》、新华网、环球网等的多篇报道整合改编而成。

3.3.3 案例思考题

1. 取消编制对于高校的科研人才引进和教学质量提升有何好处？
2. 公立医院在取消编制过程中会遇到哪些阻碍？
3. 高校和公立医院取消编制后的改革发展路径可能有哪些？如何保障公共服务的质量？

3.3.4 案例分析

核心提示

党的十七大要求进一步深化事业单位的分类改革。党的十七届二中全会审议通过的《关于深化行政管理体制改革的意见》对深化事业单位改革提出了具体要求，明确“按照政事分开、事企分开和管办分离的原则，对现有事业单位分三类进行改革。主要承担行政职能的，逐步转为行政机构或将行政职能划归行政机构；主要从事生产经营活动的，逐步转为企业；主要从事公益服务的，强化公益属性，整合资源，完善法人治理结构，加强政府监管”。高校和公立医院取消编制，无疑是事业单位人事制度改革的一大举措，但是会带来什么样的影响需要进一步研究和分析。

观点争鸣

观点一：高校和公立医院的“去编制”无疑是一项利好政策。高校和公立医院不纳入编制管理，就能够适应社会人才自由流动的情况，更好地吸收优秀人才，最大限度地调动人才的积极性。对员工来说，没有了编制和非编制的区别待遇，个人能力的市场价值就能充分展现，社会自然进入良性竞争，以螺旋式上升。但是，取消编制后还需要努力完善人力资源管理机制，需要关注新老衔接、平滑过渡，要对相关事业单位进行有效的监督，保证相对公平公正①。

观点二：编制确实是我国高校和公立医院在特殊时期的产物，但是教育和医疗本应该是最基本的公民福利，例如，法国、德国和北欧诸国全面实行免费高等教育，高校教师全部是公务员待遇。将教育和医疗进行产业化和市场化，可能会导致现有公立高校和医院的人才流失，并推动相关教育和医疗费用的上涨，终将转嫁给普通公众，给公众造成利益损失。

问题分析

计划经济时代，国家对干部身份的管理采取统一核定编制的方法，所有单位包括政府机关、事业单位、国有企业等，都是根据需要定编，再按照编制由财政拨付工资。改革开放后，编制管理过于僵化、反应迟缓等弊端不断暴露。国有企业最早突破编制管控走上市场化用人道路，但是事业单位因为涉及行业复杂、人员多等，其改革推进迟缓。

---

① 王红茹，高校．公立医院或不纳入编制管理？[J]．中国经济周刊，2016（4）：54-56.

事业单位人事管理制度改革势在必行，当然改革也会带来各种各样的问题，因为它直接触动了许多人的切身利益。高校教师、公立医院医生一直是令人羡慕的职业——较高的社会地位、比较丰厚的物质待遇。但如今，事业单位改革已箭在弦上。今天的高校和公立医院的人事管理改革是一个以聘任制为主体的、市场化导向的、全新的人事管理体制。

高校和公立医院等事业单位取消编制这一措施，对于解决目前面临的人力资源数量、素质和结构上的问题，实现人力资源的合理布局和优化配置，提高教育资源的使用效率，减少闲置和浪费，也是一种大胆尝试。作为简政放权的重要一步，编制改革的实质，是把涉及高校办学和医院经营自主权最为关键的用人权和财权交给用人主体，推进“选人、用人、育人、留人”管理机制的完善，让各单位在充分的探索和尝试中，自主确定人员规模并实施动态调整。取消事业编制，就需要员工都努力取得成绩，没有成绩就不续约。不再用编制来死死捆绑员工，每几年一次考核，能够清理和淘汰一些不合格的管理人员、教师和医生，提升人才队伍的战斗力以及凝聚力①。但是，没有了编制约束，单位如何公平公正招聘和使用人才？这就需要建立与完善相应的监管机制。

以高校为例，自 1986 年国家教育委员会颁布《高等学校教师职务试行条例》决定实行专业技术职务聘任制度开始，我国高校教师人事制度改革走过了 30 多年的历程。高校亟待以编制改革为契机，大力优化治理结构，提高治理水平，真正建立现代大学制度，释放高校活力，提高高校创新能力和教育质量，推进中国大学向着世界一流大学迈进。具体说来，就是通过编制改革，完善人才引进机制、人才培养机制及人才激励机制，力争引进急需人才、发觉现有人才、培养后备人才，从而不断壮大和优化高校人才队伍；科学有效地配置学校人力资源，提升师资队伍质量，建立新式劳动分工体系，构建多元化教师科研团队。与此同时，根据不同高校的发展目标和学科特点，吸收世界一流大学和一流学科先进经验，形成各具特色的人力资源布局，并建立合理有效的教职员工考核评价体系，提高教学科研和社会服务的水平，促进科研创新和成果转化。改革必然会带来一些阻碍，首先要处理好可能带来的高校资金紧张问题。按照“取消事业单位编制，但保留事业单位性质”的说法，高校仍属二级事业单位，政府不会将其统统推向市场，公共财政仍需全额拨付经费，这与现有公立高校的差额拨款性质并无多大不同。也就是说，即使取消高校事业单位编制，高校教师的工资收入中仍然有一部分来自财政拨款。不同的是，取消编制后，财政如何对高校进行补助，是否要采取新的核算方式。其次，要处理好已有编制成员和没有编制成员的福利待遇问题。按照人社部的说法，对于有编制的教师，将实行实名统计，之后随自然减员，逐步收回编制。也就是说，事业单位已有编制人员将继续享有编制，随离职、退休或其他原因而慢慢减少。如何确保有编制和无编制这两类教师同工同酬，公平享有“五险一金”、各类补贴等福利待遇，人社部必须出台较为细化的政策规定和说明，否则高校会因为缺乏相应的操作规范而有差别地对待这两类教师②。

而公立医院取消编制实行全员聘任制，有利于清除医院传统管理体制的“行政化”弊端，建立起以专业化和公平竞争为核心的文化，消解公立医院长期以来存在的“官本位”倾向。这也意味着，医务人员将不必再通过“铁饭碗”来体现自身价值。只要努力工作，

---

①② 肖罗. 取消编制应成为高校治理改革契机［N］. 光明日报，2016-04-05（2）.

通过年资积累，就可打破职业发展的“天花板”。再者，破除医务人员“终身制”，优胜劣汰，也可使人才脱颖而出，形成“能进能出”、良性流动的氛围。当然，对医务人员实行合同管理，还需创新考评机制，形成全方位的综合考评体系。比如，实行考评规定与业务工作相结合、民主评议与工作实绩相结合、年度考评与平时考评相结合、定性考评与定量考评相结合；用实用足考评结果，与调整聘用人员职务、级别、工资、奖励挂钩，体现“老实人不吃亏、无为者无机会”的考评理念，让所有聘用人员产生紧迫感。更重要的是，完善约束机制与退出机制，明确规定多种解聘情形，真正打破聘用人员的“铁饭碗”，使医生职业回归公共服务本位。医疗行业有其特殊性，一个优秀医生的培养周期非常漫长①。一个刚从大学毕业的学生，无论资质多么的出色，都需要经过至少十年的培训，才能真正成熟。而医疗行业的特点，又决定了医生的成长高度依赖临床实践和上级医生的传帮带，高度依赖成长平台。公立医院的编制，意味着医院和医生建立了一个紧密的而且双方都不能轻易割断的联系。学生毕业后，经过严格的考核和选拔进入公立医院并获得编制，其实等同于双方签订了一个长期契约。取消编制后，如何应对该措施对现有医疗人才培养体系造成的巨大冲击？如何制定出有效的措施？这也是改革需要思考的问题。

总之，取消编制是对事业单位人事制度改革的大胆尝试，但是还需要后续配套政策的补充与完善。政府的投入保障功能不能弱化、打折扣，需要继续加大力度、优化结构，以体现和完善公益属性。应当针对公立医院和高校建立成熟、稳定的公共财政投入保障机制，包括成立公立医院拨款委员会、高校拨款委员会等第三方监管机构，应从完善财政预算编制和预算监督入手，推动政府切实履行对公益事业的保障责任。

---

① 汪昌莲. 公立医院“取消编制”值得肯定［N］. 经济日报，2016-08-01（9）.

第4章

公共部门职位分析和分类管理

知识提要

职位是指组织成员所承担的一系列工作职责和任务的集合，是组织最基本的构成单位。公共部门人力资源管理的规范化和制度化，首先要通过职位分析明确每个职位的工作内容、所承担的责任及任职资格，其次按照一定标准对职位进行登记和科学的类别划分，这成为公共部门人力资源管理活动的起点，也为其他工作提供了客观而有效的保证。特别是在新的经济社会发展推动下，我国公共部门中不断催生出新的职位，淘汰老的职位，因此职位分析和分类管理的动态跟踪与调整也必不可少。

4.1 案例一 浙江大学教师分类改革的大震荡

4.1.1 背景透视

建设世界一流大学是党和国家在新时期对高等教育的希望和要求，也是高校自身发展的必然需要。高等教育要实现新一轮的跨越式发展，实现从以数量增长为特征的外延发展模式向以质量提升为核心的内涵发展模式的转型，必须坚定不移地深化和推进高等教育体制机制改革，特别是以教师队伍建设为核心的人事制度改革。从高校自身角度、人才培养角度以及教师未来发展角度，部分高校相继推出了名为“教师岗位分类管理”的人事制度改革，浙江大学、清华大学、上海交通大学等高校分别开展了关于教师岗位分类管理的改革探索，结合教师自身情况，瞄准世界一流大学建设方向，对教师岗位进行分类设置和分类管理，实施不同的学术考评和收入分配制度，从而实现多通道职业发展，以进一步激发教师创造力，为世界一流大学建设注入新的动力①。

4.1.2 案例描述

目前我国共有普通高校2 000多所，专任教师150多万。高校已经发展成为一个多目标、多任务的大型组织，成为一个人员众多、专业领域广泛、结构复杂的组织体系。在高校的发展中，教师是核心力量，教师的管理也一直是我国教育改革的重中之重。

根据《关于高等学校岗位设置管理的指导意见》的规定，目前国内高校的专任教师按不同等级的专业技术职务分为四层十二级。比如，将教授岗位分为一、二、三、四级，将副教授岗位分为五、六、七级，将讲师岗位分为八、九、十级，将助教分为十一、十二两级，这仅仅是一种纵向的根据教师贡献度不同进行划分的办法。

国外的高校，如英国的高校将教师岗位设置按职责大致分为两类：一类是学术性岗位，一类是研发类岗位。国内高校，清华大学将教师岗位分为教学科研类、科研类、教学类等，上海交通大学将教师岗位分为教学科研型岗位、教学为主型岗位和科研为主型岗位等，山东大学将教师岗位分为教学科研并重型岗位、教学为主型岗位、科研为主型岗位和应用技术开发型岗位。

浙江大学是中国高校中最早实施人事管理改革的高校。作为高校教师职务改革方面的引领者，浙江大学在应用人力资源理念重新认识高校教师队伍建设、规划教师队伍布局、改革人事管理制度和薪酬制度、重构适应现代大学组织的新型教师群体等方面做出了许多有益的尝试。

在高校职务分类改革方面，浙江大学从2005年10月开始酝酿教师岗位分类管理，进行摸底调研。在2008年深入学习实践科学发展观活动试点的工作中，学校提出今后要重点抓好的“八大行动计划”和20件实事，而改革教师考核评价机制、实施岗位分类管理就是其中的重要内容。2010年5月，学校发布了《浙江大学教师岗位分类管理实施意见(试行)》，标志着浙江大学教师岗位分类管理改革全面启动。浙江大学于2015年5月实质性推行了教师岗位分类管理的人事管理制度，不同于国内其他高校的两分法（如广西大学，教师岗位分为教学科研岗位和专任教学岗位）或者三分法（如清华大学，教师岗位分为教学科研岗位、教学岗位和科研岗位），其改革的力度更大，根据教学和科研工作的职业特征和教师职业分类发展的需要，将教学科研人员分为教学为主岗、教学科研并重岗、研究为主岗、社会服务与技术推广岗、团队科研/教学岗五类进行管理，建立分层次、分类别的人事管理和考核晋升制度。

浙江大学实施教师岗位分类改革时，教学科研并重类岗位要求教师具有承担高水平

① 乐园罗，朱益民，张扬，等. 高校教师岗位分类管理的价值认同［J］. 高等工程教育研究，2015（5）：59-64.

的科学研究和高质量的本科或研究生课程教学工作的能力，这类教师是大学教师尤其是研究型大学或者教学研究型大学教师的主要组成部分，约有70%的教师归为此类岗位。研究为主类岗位要求教师具有承担国家重大任务或科学问题研究的能力，重点是基础研究和重大国家（地方）项目、国际合作项目研究，能做出创新性研究成果，或解决国民经济、文化建设和社会发展中的重大理论和现实问题。教学为主类岗位要求教师具有丰富的教学实践经验和较高的专业水平，承担高质量本科或研究生课程教学工作，领衔开设本科生重要通识课程、大类课程，每年保证相当的教学工作时数，教学工作量饱满、教学效果优良、教书育人成效突出，在教学研究与改革、教材编写与科学研究等方面有一定的造诣。在学校岗位聘任中，根据不同岗位教师的工作任务要求，明确学院（系）教学科研并重岗教师特别是教授、副教授所应承担的基本的本科生或研究生课程教学工作时数，明确教学为主岗教师所应承担的最低的本科生或研究生课程教学工作时数。为配合实施教师岗位分类管理改革，2010年学校适当扩大了社会服务与技术推广岗、团队科研/教学岗的高级职务评聘名额。对于研究为主岗、社会服务与技术推广岗、团队科研/教学岗教师，由各学院（系）根据实际需要安排承担相应的教学工作任务。

学校根据不同岗位教师职业特点设置不同的考核评估要求。比如，社会服务与技术推广岗教师晋升高级职务，学校主要考核其为社会区域经济和学校发展所做出的重要贡献。考核内容主要包括：研究开发、技术创新、技术管理方面的成果，为政府和社会提供优质的政策咨询和人才培训服务，成果转化后形成的产值、利润和经济效益等。成果表现形式可以是论文、专利、成果奖励、总结报告、咨询报告等。同时，学校合理布局重点建设农业技术推广、工业技术推广等六大服务体系，学院（系）积极构建社会服务平台，拓展教师发展空间，为社会服务与技术推广岗人员提供展示才华和能力的舞台。各学院（系）可根据需要安排承担应用技术开发与研究等工作，以及一定的教学工作任务和人才培养工作。对社会服务与技术推广岗教师，学校将根据他们所在平台为社会和学校所做的贡献、所取得的具体成效核定相应的聘岗经费。

2010年年底，全校共有3 400余人参加了分类管理，约占应参加教师岗位分类人数的97%。通过实施教师岗位科学分类，破解人才队伍建设中存在的瓶颈问题，教师岗位分类管理以岗位分类为切入点，通过为教师队伍设置不同职业发展通道，优化学术评价和收入分配机制，促进现有师资队伍的素质提升：在有限的岗位资源内开展高水平师资的持续引进，推动学校教学科研事业新的发展；同时，通过调整岗位，使得一部分教师转移到其他岗位，为新引进高水平师资预留了空间。学校、学院（系）还专门设置了100个左右的党政管理、实验及图书管理等岗位，以聘任部分转岗的教师，充分发挥其个人技能。对经批准转入学校机关的管理人员，对其中具有副高级专业技术职务的人员，其岗位津贴参照机关副科职人员的岗位津贴标准执行。同时，学校还允许各学院（系）为教师转岗设置少量管理岗位。教师岗位分类管理改革对学校教学科研事业的推动作用已经初步显现，通过设置特聘教学岗和教学为主岗等政策，营造了更好的重视教学、支持教学的氛围环境和政策导向。

到实质性推进阶段，学校对外一直很低调，但还是引来了外围很多双“眼睛”的关注。

“浙江大学正在做一件国内很多大学想做，但又觉得没法做的事情。”一位沪上名牌高校的副校长认为，浙江大学明显是想通过人事改革，改良学校的师资。和很多“985”“211”高校一样，浙江大学提升师资队伍质量的愿望异常迫切。浙江大学校方并不讳谈此次人事改革与师资建设之间的关联。在解释启动人事改革的根本原因时，校方的阐述十分直白：“对照学校建设一流大学的目标，学校教师队伍建设还有很大差距。”其中，拔尖优秀青年教师人才规模偏小、学术领军人物等高端人才的数量与学校的队伍规模不相称、师资队伍的国际化程度偏低以及教师教学热情与教学水平有待提高等问题，都被浙江大学认为是抑制学校发展的瓶颈。

当然，为了建设一流大学，师资要“换血”，而“换血”带来的人事变动，必然动了一部分基层教师的“奶酪”，引发一部分教师的抵触情绪。学院里不少被“分流”的教师，年龄基本在45岁至55岁。正是这一点，让很多教师耿耿于怀甚至心寒。对于学校原本计划的30%的“分流”指标，浙江大学的各大学院几乎完成不了。以浙江大学人文学院为例，此次聘任共提供5大类共计160个岗位，但后来该学院设置的科研并重岗比例就占据八成，填报科研为主岗和教学为主岗的教师也极少，最终只有个别从事艺术教育的教师填报了社会服务与技术推广类岗位，“分流”比例不足5%。改革方案的一个重要设想是，各学院内大约30%的教师将被“分流”到社会服务与技术推广类岗位，告别学生和学术。在我国现实条件下，这种分类管理总体上符合高等教育的发展趋势和建设高水平一流大学的发展需求，但有些地方还需商榷。

资料来源：樊丽萍．教授下课　浙江大学师资大换血［N］．文汇报，2010-12-03（9）；孙琳．高校教师岗位分类管理改革实践探析［J］．知识经济，2015（8）：143-144．

4.1.3　案例思考题

1. 高校教师岗位分类的目的是什么？
2. 岗位分类成功的标准和前提条件是什么？
3. 分析浙江大学岗位分类改革的利弊。

4.1.4　案例分析

核心提示

高等学校肩负着培养人才、科学研究和社会服务等多重职能，对师资队伍的要求也存在目标的多元化，因此必然要在科学分类的基础上对教师实行分类管理、规范管理与人本管理。近几年，国家主管部门先后出台了《关于高等学校岗位设置管理的指导意见》（简称《指导意见》）、《国家中长期教育改革和发展规划纲要（2010—2020年）》等政策及规定。《指导意见》提出：“学校可根据教师在教学、科研等方面所侧重承担的主要职责，积极探索对教师岗位实行分类管理。”“鼓励高等学校后勤服务社会化，已经实现社会服务的一般性劳务工作，不再设置相应的工勤技能岗位。”而浙江大学等高校也开始根据本校实际情况对教师工作岗位分类、聘任制度等人事制度进行探索，希望以此促进师资队伍建设水平的提升，为建设一流大学战略目标的实现提供人才保障。

观点争鸣

观点一：浙江大学师资队伍与建设一流大学的目标还有很大差距，其中，拔尖优秀青年教师人才规模偏小、学术领军人物等高端人才的数量与学校的队伍规模不相称、具有国际视野和国际水平的教师人才不足、教师教学热情与教学水平有待提高等问题，都是抑制学校发展的瓶颈。为了建设一流大学，师资要“换血”；一些新兴学科尤其是交叉学科的发展，确实亟须引进一批年轻的领军人才。着重引进“海归”，不只因为“海归”能带来“新知识”，更重要的是年轻“海归”身上有着老教授们难以企及的“新气息”①。

观点二：急功近利的改革以及大“换血”带来的人事变动，给学校造成了巨大动荡，影响了现有师资队伍的稳定，特别是直接触动了大部分基层教师的“奶酪”，引发部分教师的抵触情绪。部分教师甚至认为，此次改革必将成为中国高校改革的反面教材。近三成教授“下课”，让位于年轻的“海归”，不再走上讲台授课，转岗为社会服务型人才，这留给后人的是一个待解剖的失败案例，并不利于学校的发展建设。

问题分析

实现中华民族伟大复兴的中国梦是每个中华儿女的共同心愿，高等院校作为人才培养和科学研究的重要阵地，对于这一伟大目标的实现具有不可替代的作用和意义。2015 年 10 月 24 日，国务院印发了《统筹推进世界一流大学和一流学科建设总体方案》，根据方案的规划，到 2020 年，若干所大学和一批学科进入世界一流行列，若干学科进入世界一流学科前列；到 2030 年，更多的大学和学科进入世界一流行列，若干所大学进入世界一流大学前列，一批学科进入世界一流学科前列，高等教育整体实力显著提升；到本世纪中叶，一流大学和一流学科的数量和实力进入世界前列，基本建成高等教育强国。

“双一流”战略目标的实现离不开高质量的高校教学与研究队伍。因此，高校人事制度的改革势在必行，这就对高校管理体制的顺利转变提出了挑战。高校人事管理工作涉及的内容范围十分广泛，包括了人员定编定岗、聘任、薪资福利、社会保险、奖惩考核、晋升、退休审批、人才引进等等。同时，高校人事工作又具有一定的特殊性，一旦制度形成，将关系到每一位教职工的切身利益。正因为高校人事制度具有特殊性，制度的改革关系到大局，将牵涉整个社会，是整个社会关注的热点，因此一定要慎重考虑。由于教师岗位分类制度是一次深刻的人事制度改革，涉及广大教职工的现实利益和未来发展，触及整个收入分配制度和学术评价机制的调整。因此，教师岗位分类管理从一开始就引起校内外的强烈关注和激烈讨论，其中不乏尖锐的批判和强烈的反对意见。在这样的背景中，如何处理改革与发展、稳定之间的关系，动员和引导广大教师和各级院（系）组织围聚到改革大局中来，就尤为重要。

除浙江大学以外，还有许多高校也进行了教师岗位分类改革。各高校岗位分类情况如表 4-1 所示：

---

① 樊丽萍．教授下课　浙江大学师资大换血［N］．文汇报，2010-12-03（9）．

表 4-1　　各高校教师岗位分类表

学校名称	岗位分类
清华大学 北京科技大学 上海交通大学	教学为主型、教学科研型和科研为主型
山东大学 哈尔滨工业大学	教学型、教学科研型、科研型和应用技术开发型
哈尔滨工程大学	教学为主型、教学科研型、科研为主型、实验教学型、学生思政教师

浙江大学教师岗位分类管理已取得了初步的成效，但要巩固和深化改革取得的各项成果，有的放矢地为不同岗位建立完备的职业发展体系，进而形成新型的人事文化和人才发展环境还需要长时间的深入实践和探索。

人事制度改革是一把利剑，在破除影响科学发展顽症痼疾的同时也会留下伤痕。要解决分类管理的关联问题，抢渡改革的深水区，必须跳出分类管理本身，以科学发展观为指导，统筹兼顾，做好一系列人事制度改革和多种职业发展平台体系的建设，健全完善的教师分类发展职业体系①。

4.2　案例二　我国新闻发言人制度的建立

4.2.1　背景透视

新闻发言人制度是指国家机构任命或指定专职新闻发布人员在一定时间内就某一重大事件或时局的问题，举行新闻发布会，或约见个别记者，发布有关新闻或阐述政府部门的观点立场，并代表有关政府部门回答记者提问。新闻发言人制度作为国际通行的新闻发布制度，是沟通媒体、社会公众与政府部门的桥梁，是一种政务公开的良好运行机制，已经越来越受国家及地方政府的重视。20 世纪 80 年代改革开放早期到 2003 年抗击“非典”前，是我国新闻发言人制度的起步阶段。到抗击“非典”后期，中央政府调整了战略部署，国务院新闻办公室举办八场新闻发布会，政府新闻发言人频频出现，开始扭转了初期的被动局面。从那以后，政府开始全面推广新闻发言人制度建设，修改保密法，制定信息公开条例。

4.2.2　案例描述

镇江市网络新闻发言人制度的试水

随着网络舆论的兴起，规范网络舆论监督，提高政府的执政水平，引起了政府的高度重视。作为一种新型的政府发言人形式，政府网络新闻发言人的出现受到了公众的高度认

① 朱晓芸，徐晓忠. 实施教师岗位分类管理　推动教师职业分类发展——以浙江大学教师岗位分类管理改革实践为例 [J]. 中国高校师资研究，2012 (4)：1-4.

同。政府网络新闻发言人不再是传统新闻发言人在网络上的简单延伸，也不是政治作秀，而是政府沟通社会公众、实现与公众互动的新形式。网络新闻发言人通过网络向公众介绍政府政策、发布政务信息、说明某些事件的情况和进展等，并就网络媒体和公众关心的相关问题进行答复，以此增加行政事务和公共信息的“透明度”，充分保障公民的知情权。一方面，网络新闻发言人可以通过新闻发布、与公民对话等形式，传播政府的执政理念、表明价值追求、为政府树立高效有为的形象；另一方面，网络作为信息公开的一种新渠道和形式，体现了政府面对社会、公众的开放心态，可以充分保障人民赋予的权力，使权力在阳光下运行。同时，公民也可以对国计民生、社会建设等问题发表自己的观点和看法，提出中肯的具有建设性的意见，与网络发言人形成良性互动，构筑政府与公众之间的对话沟通平台，推动政治体制改革和社会进步。镇江市网络新闻发言人制度充分证实了这一点。

为有效引导网络舆论，营造积极向上的网络舆论环境，形成政府各部门在线回复、及时疏导网民诉求、化解负面反应的良性循环，2009 年 1 月 13 日，镇江市在全国率先推出了网络新闻发言人制度。该制度依托政府门户网“镇江论坛”。由与群众日常生活关联度高的公安、市委、城管、环保等 56 个部门带头，率先设立发言人，这 56 个部门各明确一名专人作为网络新闻发言人，在各部门子论坛上对公众所提的意见和建议实行在线办理和回复。

镇江市委宣传部专门出台了《关于进一步加强全市网络宣传管理工作的意见》（简称《意见》），对相关部门及部门网络新闻发言人提出了总体要求：(1) 为做好在线回复工作，各级各部门要明确分管领导和责任部门，授权一名工作人员以“单位实名”上网的形式，担任“镇江论坛”相应板块的“版主”，承办在线回复，负责板块管理。部门网络发言人必须具有较强的政治素质、责任意识和一定的专业技术素质，定期接受业务培训。(2) 各部门、各单位要按照规定职责、细化在线回复办理程序，制定完善工作制度，切实做到“反应即受理，受理即跟踪，件件有反馈，问题有落实”。

该《意见》还明确规定了网络发言人在线回复的操作流程，即“三五七”操作流程。各部门网络发言人要每天登录“中国镇江”门户网站“镇江论坛”栏目，发现本单位职责范围内的群众投诉、意见和建议，发帖 3 小时内（非工作时间顺延）做出初步回应、下载、整理，按程序办理并提出意见，经部门或单位主要负责人审定后予以回复，回复意见直接以发言人名义提交上网。在线回复的时限为群众上网投诉及提出意见、建议后 5 个工作日内（遇节假日顺延），对确需延长办理时间的帖子，有关部门在 5 个工作日内上网做出说明，最长办理时间不得超过 7 天。有关涉法、涉诉经审核不宜公布的公众留言，需按有关规定转达有关单位处理。

镇江市网络新闻发言人工作的指导协调由市网络宣传管理办公室（设在市委宣传部）负责，依据“镇江论坛”的管理规定进行操作。市政府办公室负责对在线回复的监督与检查，对超过 5 个工作日未做出处置反馈的帖子，将通知有关部门和单位办理并做出说明；对超过 7 个工作日既未做回复又未做说明的部门，将在“镇江论坛”栏目集中发帖通报。同时，在线回复工作也被作为全市政务公开、机关作风和效能评议考核内容之一，回复率、满意度和落实情况等指标是在线回复考核内容的主要依据。全市每年还将组织开展论坛在线回复工作先进集体和先进个人的评选活动，这些活动及种种规定、措施说明了镇江市政府对各级部门政府网络新闻发言人的重视程度，也体现了政府亲民爱民的实际行动。目前，镇江市政府网络新闻发言人主要担任着两方面的职责：一是主动发帖，满足公众的知情权；二是对公众所提意见和建议进行在线回复和处理。

"7·23"交通事故中新闻发言人的"高铁体"

中国新闻发言人制度建设取得的成绩是很明显的。从无到有建立了新闻发言人制度，这对于增进政府和公众信息沟通、提高民众知情权、改善政府形象、构建透明政府起了很大作用。但是在制度建设过程中也暴露出不少问题，如缺乏相应的经验、缺乏系统的培训与实践、制度的不完善、新闻发言人素质有待提升等。甚至一些地方新闻发布也只是形象工程，发言人名单和电话是公布了，但并无后续，甚至新闻发言人成为某些政府官员拒绝媒体采访的盾牌。一些新闻发言人并没有达到预期的作用，甚至带来相反的效果。最典型的事件是2011年"7·23"甬温线特别重大铁路交通事故新闻发布会铁道部新闻发言人王勇平的表现，当时引起了社会公众的强烈不满。

在这场被誉为"史上最混乱"的发布会上，王勇平在回答"为何救援宣告结束后仍发现一名生还儿童小伊伊"时说"这只能说是生命的奇迹"。之后，被记者问到为何要掩埋车头时，他转述了现场铁路部门的解释："环境非常复杂，下面是一个泥潭，施展开来很不方便，所以把那个车头埋在下面盖上土，主要是便于抢险。目前他的解释理由是这样，至于你信不信，我反正信了。"

温州动车事故深深触痛了国人。可是在事故新闻发布会上，这位铁路系统的高级官员却面带微笑，特别是说"我反正信了"时还用力甩了甩头，他的表现立即引发网友和媒体的不满。"至于你信不信，我反正信了"随后成为网络流行语，有人还将该句式称为"高铁体"。

资料来源：陈洁．政府网络新闻发言人研究［D］．苏州：苏州大学，2014；郑萱，沙艳秋．镇江探路"网络发言人"制度成效初显［EB/OL］．人民网，2009-10-02.

4.2.3 案例思考题

1. 新闻发言人任职的条件是什么？
2. 新闻发言人岗位具有什么样的权力和责任？

4.2.4 案例分析

核心提示

以新闻发言人为核心的新闻发言人制度是政务公开、依法治国的重要载体和形式，对于促进我国社会主义精神文明建设具有重大作用。新闻发言人这一职业的诞生，是政府与民众进行"零距离"接触的一种有益尝试，也是政府对民众诉求进行正面回应的方式之一。因此，对人员选择的要求要非常高，对工作职责、工作关系等方面的界定要清晰明确，而职位分析作为人力资源管理的一项基础性和应用性较强的工作，也是公共部门人力资源其他环节管理的重要依据，对促进公共部门的精细化管理发挥着重要的作用。

观点争鸣

观点一： 作为一项制度化的传播活动，政府新闻发言人制度的设立促进了政府与公众之间的交流与反馈，而新媒体的蓬勃发展给其带来巨大影响。以互联网和微博为代表的新媒体，信息来源更加多元、传播路径更加复杂、互动平等交流的影响力更加显著，这些媒介特性给中国政府新闻发言人制度带来了机遇和挑战，改变了政府与公众的交流状态。同时，新媒体也带来复杂的舆论环境：渠道的去中心化增加了网络舆情的不确定性，“把关人”角色淡化导致了舆论环境的难控性，表达的自由化增加了网络舆情的偏向性，新媒体和传统媒体舆情一体化趋势加强。这对中国政府新闻发言人制度来说既是挑战，也是进一步完善自身的机遇①。

观点二： 网络是现阶段政府公关的重要手段：一方面，通过网络发布新闻、与公民对话等，可以传播政府的执政理念、表明价值追求、树立高效有为的政府形象；另一方面，网络作为信息公开的一种新渠道和形式，体现了政府面对社会、公众的开放心态，可以充分保障人民赋予的权力，使权力在阳光下运行。新闻发言人制度的实现方式和建设模式有自己的特色和优点，但是各地政府在制度建设模式上没有统一的标准，且大多形式比较单一，功能简单，不能充分发挥新闻发言人发布政务信息、引导社会舆情和回应民众诉求的作用。

问题分析

新闻发言人和新闻发布制度已有 150 多年的历史，而我国具有现代意义的新闻发布制度是 2003 年才从西方发达国家引进的。我国的新闻发言人制度从无到有，从稚嫩逐渐走向成熟，从早期基本局限在中央一级人民政府到向地方政府推广，无论是从机构组建方面来说，还是从各级领导重视程度方面来说，都迈出了可喜的一步，全国发言人以及全国发言人机构的数量也翻了几番。由于新闻发言人制度的功能是政务公开和解释政策，因此这项制度对于巩固中国共产党的执政地位有着不可低估的作用。

近几年，党中央和国务院多次发文要求各地和各部门重视并加强新闻发言人制度，习近平同志明确要求党员领导干部要提高用新闻传播渠道同媒体打交道的能力。党的十六大、十七大、十八大分别把新闻发言人建设写进党的文件中，国务院先后颁布了信息公开条例。2013 年 10 月 15 日，国务院办公厅发布了《关于进一步加强政府信息公开回应社会关切提升政府公信力的意见》（简称《意见》），对各级行政机关依法公开政府信息、及时回应公众关切和正确引导舆情提出了更高的要求。《意见》还具体指出：“回应公众关切要以事实说话，避免空洞说教，真正起到正面引导作用。有关主管部门要进一步加大网络舆情监测力度，重要舆情形成监测报告，及时转请相关地方和部门关注、回应。”

作为一种新型的政府发言形式，政府新闻发言人的出现受到了公众的高度认同。国务院新闻办公室前主任蔡武曾经说过：“对政府新闻发言人，第一要给他充分的授权，第二要给他能够掌握充分信息的机会。”新闻发言人在政府部门应具有较高地位和权限，有权及时解决公众诉求。政府与公众在网络上进行信息和观点的交流，指向的依然是某个特定

---

① 吴慢慢. 新媒体环境下中国政府新闻发言人制度研究 [D]. 南京：南京师范大学，2013.

问题的解决，政府相关部门要赋予发言人相当的自主权力，使之能够将文字的表述转化为解决问题的切实手段，而不要让新闻发言人成为形同虚设的招牌，或者作为应付新兴舆情的工具。如果新闻发言人权力不够，收到任何信息都要打报告向领导汇报，待领导批示后再处理或回复，必然会错过处理的最佳时机，特别是发生公共突发事件时，反应稍微迟缓就会谣言四起，最后发展到无法控制的地步。只有充分授权，才能敢说；只有充分掌握信息，才能说得恰如其分、恰到好处；只有切实解决这些问题才能保持该制度的长期性和实效性，才能不偏离设立新闻发言人的初衷①。

传统的政府与公众之间的信息交流是单向流动模式，政府掌握了大量信息，公众与政府间的信息严重不对称。随着互联网技术的发展，这种单向流动模式逐步朝着双向、平等的信息流动模式转变。公众已不单是信息的被动接受者，更成为信息的主动创造者和推动者。例如，从“天价烟”“躲猫猫”“钓鱼执法”“邓玉娇案”等一系列舆论事件中可以看出，公众希望从政府获取信息的诉求加大，更成为推动事件形成强大舆论浪潮的助推手②。正是由于网民的广泛关注形成了强大的社会舆论，在舆论的监督下，公民权利得以保护，从而对现实的民主政治发展产生了一定程度的影响。这种信息流动的双向性、平等性，就要求网络发言人转变传统的“单向思维”，在互联网上建立政府与公众平等交流、信息互动的新型关系。面对公众对信息的获取、质疑等，网络发言人要有科学疏导交流对象心理的技能，随时关注网络舆情，做到真诚、坦然、客观全面地发布信息和新闻，创造与公众沟通交流的良好氛围③。

2009 年镇江市在全国率先推出了网络新闻发言人制度。在镇江市政府网络新闻发言人的模式中，传统的信息传播者和接收者所代表的角色功能已经变得模糊，政府和公众在操作过程中实际上扮演着既是传播者又是接收者的角色。这种信息双向沟通的特征正应和了人际传播中“一对一”式的传播特征。政府过去被动延迟发布消息的模式，已经不能适应当前网络时代舆论传播的新形势。特别在面对一些重大网络舆论事件和突发事件时，网络新闻发言人可以及时了解事态进展，在第一时间发布事件新闻，抢占舆论制高点，建构媒体报道框架。严谨核实权威性言论的发布，有利于避免谣言、流言的泛滥，促进社会稳定。这对于处在社会转型期、人口众多、自然环境复杂的中国来说，尤其重要。

网络新闻发言人也不再是传统新闻发言人在网络上的简单延伸，也不是政治作秀，而是政府沟通社会公众，实现与公众互动的新形式。基于对镇江市政府网络新闻发言人发展状况的分析，镇江市政府网络新闻发言人在实现引导劝说功能与告知功能的同时，也产生了回帖时间滞后、回帖质量低、交流载体使用少、新闻发布功能弱化等问题。推行网络发言人制度虽然取得了可喜的成绩，但由于是新生事物，在实践中应注意如下一些问题：如何有效地收集信息，调动相关部门；如何提高回复质量，确保答复实效；如何调整政府角色，保证政府自身公信力；如何正确引导网络舆论和处理突发危机；等等。以上几方面成

① 李昌兵．我国网络发言人制度的现状及建设模式分析 [J]．信息化建设，2009 (11)：44-48.

② 童婷婷．政府网络新闻发言人面临的挑战与应对 [J]．今传媒，2012 (7)：26-28.

③ 雷彩艳．对网络发言人制度的思考 [J]．网络财富，2009 (21)：131-132.

为网络新闻发言人制度必须面对的问题和考验①。

新闻发言人的背后是一套完善的制度，涉及信息的收集、整理、汇报、交办、回应、跟踪等环节。只有建立一套集民意与舆情的收集、分类、交办、督查、反馈于一体的联动的制度保障体系，形成听民意、汇民智、聚民心的长效监督机制，并在实践中不断健全完善，才能促进政府与公众的沟通与互动通畅、充分、有效，新闻发言人制度才能取得持续、长久的发展。

① 李昌兵. 我国网络发言人制度的现状及建设模式分析［J］. 信息化建设，2009（11）：44-48.

第5章 公共部门人力资源胜任素质

知识提要

胜任素质是指能将某一工作中表现优秀者与表现一般者区分开来的隐性或显性的动机、特质、自我形象、社会角色以及知识与技能水平等个体特征，最早源于20世纪50年代美国对外交官的选拔。胜任素质是判断一个人能否胜任某项工作的起点，是决定并区别绩效差异的个人特征。对于公共部门而言，员工在知识、技能、社会角色、自我概念、个人特质、动机等特征上的差异会直接影响公共部门服务公众的能力，产生绩效的差异，进而影响组织自身的声望。而在麦克利兰的素质“冰山模型”中，越深层次的素质越重要，决定一个人高绩效的关键素质往往隐含在水面下而不是显现在水面上。胜任素质模型是指为了完成某种工作，达成某一绩效目标，要求任职者应具备的一系列不同胜任素质的集合，其中包括不同的动机表现、个性与品质要求、自我形象与社会角色特征以及知识与技能水平等。

5.1 案例一 求索优秀，源于水面下的“冰山”

5.1.1 背景透视

公共部门人力资源胜任素质则是从公共部门发展战略的需求出发，可能提高员工实际工作绩效的隐性或显性的关键知识 、技能、能力、特质、态度、动机等特征的总称。国家治理体系与治理能力现代化的提出对于政府、事业单位等公共部门工作人员的素质能力提出了更高的要求，这种素质与能力的提升不局限于知识与技能的更新与提升，更多的是源于对“素质冰山”之下的现代化思维观念的转变与提升。公共部门工作人员胜任素质的建立与完善能够提高选人用人的准确性，推动公共部门工作人员对于优秀的追求，更好地服务于公众，提升我国治理能力的现代化水平。大学生优秀村官的代表——张广秀、小岗村原第一书记——沈浩等广大公共部门普通岗位上的优秀员工生动地诠释了“素质冰山”下个人特质、动机对于求索优秀的重要性。

5.1.2　案例描述

山东省十佳大学生村官张广秀

张广秀，山东省临沂市罗庄区人，2009 年 7 月毕业于鲁东大学政法学院，2009 年 8 月，张广秀考取大学生村官，被分配到烟台市福山区福新街道坫上村担任村委会主任助理。虽然一开始张广秀对工作不熟悉，但她注意观察和积累，每次村里开会、调解村民矛盾纠纷，张广秀都在一旁边听边记，学习工作方法。自担任大学生村官以后，张广秀利用自身电脑技术专长，帮助村里将所有的资料进行电子量化整理，最终建立起全村的“电子档案”和村民的“健康档案”。此外，张广秀还在基层党建、惠农服务、计划生育、综合治理、农村账务管理等方面，充分发挥了一名大学生村官的作用。村里有大量的报表需要统计录入，每次白天的工作干不完，张广秀都会带回宿舍处理以保证当天录入工作能够当天完成。张广秀在日记中写道：“作为大学生村官，最重要的就是把自己当成农民的一分子，虚心向农民学习，先当‘村民’后当‘村官’。”在短短一年多的时间里，张广秀走访了村内大部分村民，详细了解了村民的所思所盼，用自己的所学所知，积极为民排忧解难。在坫上村的樱桃园里时常有张广秀帮着群众干活的身影，村民遇到问题，首先想到的就是向她请教。她成了一名大樱桃种植“专家”、帮助村民解难题的“大管家”。

2010 年 8 月，张广秀患感冒，晚上睡觉时脖子疼得厉害，身上还出现紫点。平日体质很好的她没把病痛放在心上，依然坚持工作。9 月 17 日福新街道工委征得张广秀及家人同意后安排她由父亲张玉欣陪同回临沂，到临沂市人民医院住院治疗。之后，天津血液研究所专家对张广秀的病情进行研究，最终确诊为急性白血病。即使在医院里，张广秀依然惦记着工作，病床上的她一谈起自己的“村官”生活，精神好像也变得好起来了。张广秀非常感谢关心爱护她的人们，她说：“看到有这么多好心人为我的事操心，真的非常感动，我相信自己会很快好起来的！病好了，我还回去做‘村官’！”

2011 年 2 月 13 日，张广秀进入北京大学人民医院接受治疗。2 月 14 日，习近平同志指出，大学生村官张广秀同志的事迹很朴实、很感人，她全身心为村民服务，身患重病不忘本职，用真诚赢得了大家的认可。习近平要求有关方面组织医疗专家对张广秀同志进行精心治疗。3 月 7 日，张广秀顺利接受了移植手术，5 月 31 日，张广秀出院。一般白血病在做完骨髓移植后，需要三年的观察时间，其间一定要照顾好身体，在三年观察期内如果回村工作，一次小小的感冒发烧都有可能让张广秀失去宝贵的生命。然而，2013 年 6 月 17 日，张广秀就重返阔别了 33 个月的坫上村。在重返工作岗位后，张广秀每天早上 7 点左右起床，晚上下班回来总是拿着笔记本电脑忙活着，很晚才熄灯。

2014 年 1 月 15 日，张广秀致信习近平总书记，详细汇报了自己的工作生活情况，表示一定不辜负习总书记的殷切期望，努力工作，服务群众，勤奋学习，不断进步，为实现中国梦做出自己的贡献。2014 年 1 月 28 日，习近平总书记复信张广秀，对张广秀康复良好、重返工作岗位感到欣慰和高兴，希望大学生村官热爱基层、扎根基层，增长见识、增长才干，促农村发展，让农民受益，让青春无悔。

2015年，病魔再一次缠上了张广秀，生病住院或在家休养期间，张广秀依然牵挂着福新街道。2016年8月21日下午4时，与白血病抗争了6年后，年仅30岁的全国三八红旗手、山东省三八红旗手、山东省十佳大学生村官张广秀在山东临沂人民医院离开了人世。被誉为“最坚强大学生村官”的张广秀给我们留下一个坚强而乐观的背影。

安徽凤阳小岗村原第一书记沈浩

张广秀并非个例，中国还有许许多多甘于奉献、坚持不懈为人民服务、为人民谋幸福的人。安徽凤阳小岗村原第一书记沈浩就是其中之一。

沈浩，1986年6月毕业于铜陵学院。1986年7月，他加入中国共产党，同年在安徽省财政厅工作。2004年2月，作为优秀年轻党员干部，他积极响应安徽省委的号召，作为全省第二批选派到农村任职的干部来到凤阳县小岗村，任小溪河镇党委副书记、小岗村党委第一书记、村委会主任等职务。

2004年2月，沈浩刚到小岗村时，这个中国农村改革第一村的家底还很薄，发展还较滞后，虽然一直在探索发展的路子，但那时小岗村的发展思路还不甚明晰，村民对他的到来并没有抱太大希望，有的人甚至投来怀疑的目光。他花了一个多月的时间把全村100多户跑了两遍，和村民促膝谈心，了解情况；与村“两委”成员和“大包干”带头人深入交心，谋划小岗村发展路子。

在担任小岗村党委第一书记期间，沈浩致力于改善小岗村基础设施、提高村民生活水平，先后为村里修建公路、为散居的26户村民集中盖了住宅楼，并在村里成立了“大包干”纪念馆，修复自来水和广播电视等设施，兴建党员活动室、卫生服务中心和档案室。为了实现小岗村的科学化健康发展，2006年沈浩从安徽科技学院首批引进3名大学生到小岗村创业，发展双孢菇生产，先后成立蘑菇、葡萄等产销合作社，不仅给村民们带去先进的理念，推广种养技术，还解决了销售难题。同年，沈浩在村民大会上提出了酝酿已久的发展思路：把土地集中起来，以“安徽省凤阳县小岗村发展合作社”为龙头，整合资源搞适度规模经营。全村1 800亩耕地，扣除前些年办的400亩葡萄园，村民以土地持股的形式成立合作社。2007年年初，小岗村被授予“安徽省乡村旅游示范点”称号，一个美丽、和谐、富裕、文明的社会主义新小岗向世人展示着它独有的魅力。

沈浩牺牲了陪伴与照顾家人的时间，帮扶村民，推动小岗村发展。沈浩的付出，小岗村村民都看在眼里。2006年年底与2009年，在两届任职即将期满时，小岗村村民用按下红手印的方式挽留沈浩。2009年11月，在沈浩因过度疲劳而心脏病突发逝世后，小岗村村民第三次按下红手印强烈请求将沈浩同志的骨灰安葬在小岗村公墓。

习近平总书记评价沈浩同志是深入实践科学发展观活动涌现出来的生动典型，是我们党员干部的一面镜子，我们所有的党员干部都应该和他对照，想一想应该怎样对待群众，怎样对待组织，怎样对待责任，怎样对待人生。

资料来源：本案例根据大学生村官网、中国网、中国青年网、《经济日报》、人民网、网易新闻、新华网等的多篇报道整合改编而成。

5.1.3　案例思考题

1. 结合胜任素质的相关知识，分析张广秀、沈浩为何能在平凡的基层岗位上做出不平凡的贡献。

2. 结合案例材料，分析如何借助胜任素质提升公共部门人力资源管理水平。

5.1.4　案例分析

核心提示

1973年，麦克利兰提出了著名的素质冰山模型，该模型将素质划分为表象的素质和潜在的素质，知识和技能是胜任素质最表层的内容，社会角色、自我概念、特质和动机则是胜任素质中深层次的内容。在冰山模型中，越深层次的素质越重要，越难发现和培养，决定一个人成功的关键素质往往隐含在水面下而不是显现在水面上。对于各类型组织工作人员的招募、选拔、培训等人力资源管理工作，素质冰山模型中深层次内容显得更为重要，对于高绩效工作的追求更源于深层次的胜任素质。自身思维观念作为胜任力素质的重要指标，能决定工作人员的外显行为。

观点争鸣

观点一：胜任素质是组织员工高绩效产生的关键所在，而作为胜任素质冰山深层次内容的社会角色、自我概念、特征以及动机则更是员工高绩效与良好工作表现的重要影响和推动因素。在人员选拔与培养过程中应该注重对员工深层次胜任素质的考察与培养。公共部门是为公众服务、提供公共产品的部门，基层部门一线工作人员直接接触公众，提升一线工作人员服务公众的水平与工作绩效，重点在于加强对工作人员社会角色认知、自我概念、特质以及动机的识别与培训，转变思想，增强人员工作动机，从而提升员工工作绩效和工作表现。

观点二：胜任素质理论对于人力资源管理水平的提升具有重要的意义。胜任素质最深层次的动机，即那些决定外显行为的自然而稳定的思想，是促使组织成员产生优秀工作表现的决定性因素。但是，相比较私人企业部门，公共部门对于胜任素质的理解、掌握以及运用都存在较大差距①。相对于处于胜任素质表层的知识与技能，位于胜任素质冰山深层次的社会角色、自我概念、特质以及动机四个方面因素的考察、培养需要长期学习和强化，非常费时。因此，公共部门胜任素质在公共部门人力资源管理方面的认知与应用依然有较长的路要走。

问题分析

麦克利兰提出的素质冰山模型将个人的胜任素质划分为两大部分：漂浮在水面上的冰山，即知识与技能；潜藏在水面下的冰山，即社会角色、自我概念、特质以及动机。社会角色、自我概念、特质以及动机，作为胜任素质中潜在的、深层次的素质，相较于漂浮在水面上的知识与技能两项素质来说，对于个人绩效的影响程度更大。在各类组织中，具有优秀绩效表现的员工，其产生高绩效往往是由深层次的胜任素质所决定的，即

---

① 代郑重，安力彬. 胜任力理论在人力资源管理中的应用［J］. 软科学，2013（7）：115-117.

受到社会角色、自我概念、特质和动机四个方面的影响。特别是位于冰山最底层的动机作为决定外显行为的自然而稳定的思想，对于个人绩效的作用更为显著，这得到心理学、管理学等众多学科的验证。转变组织内个体员工的思想，提高组织员工的工作动机已经成为提升组织内员工工作绩效的关键所在。公共部门相比较于私营部门，其价值取向具有明显的公益性，公共管理追求的更多的是公共利益。对于公共利益的追求以及为人民服务的宗旨使得我国公共部门对于其工作人员，特别是在思想境界、道德素质及政治性等方面的要求更加严格，这种严格要求会对个体行为产生深远影响，对个人工作绩效起决定性作用。

大学生村官张广秀、凤阳小岗村原第一书记沈浩能够得到国家领导人的称赞、受到当地人民群众的爱戴、赢得全国人民的尊敬与赞扬，都源于他们对自身工作的真诚奉献，这种奉献深深地根植于他们自身的思想之中。张广秀利用自己掌握的知识和计算机技能帮助坤上村建立了“电子档案”和全体村民的“健康档案”，在基层党建、惠农服务、计划生育、综合治理、农村账务等方面积极发挥一名大学生村官的作用。张广秀在坤上村所做的这些工作以及先当“村民”后当“村官”的思想理念体现出她自身的动机、特质，展现出她对自我概念和社会角色的认知与定位。同样，作为小岗村的第一书记，沈浩深入了解小岗村的发展现状，带领村民改善基础设施、发展现代农业和旅游业、成立合作社，这一系列事件的背后凸显出其先进的发展理念、优秀的能力素质和高尚的思想品质。正是这种服务群众、奉献社会的思想才促使张广秀在患病期间依然不忘群众、不忘工作，一心一意想着履行自己的职责和使命，在康复不久就回到岗位上继续自己的工作；也正是这种思想才会促使沈浩牺牲与家人团聚的时间，不断为小岗村解决发展难题，破解发展困境，带领小岗村走向致富之路。张广秀和沈浩的事迹表明了思想的重要性，证实了冰山之下“动机”对个体行为的影响、对个体工作表现的作用。

一名优秀的公共部门一线工作者必须具备服务人民群众、甘于奉献的思想，这是基石与源泉。同时，还需要具备优秀的个人特质，准确的、符合社会主义价值主流的自我概念认知和社会角色定位，以及符合实践需求的先进知识和技能。具体看来，新时期农村一线工作者的胜任素质至少应该包括以下几点：个人特质（毅力、吃苦耐劳、积极主动、自信、责任感、团队精神）、动机（理想信念、奉献精神）、政治素质（清正廉洁、公仆意识、求真务实）、知识（农村政策法规、政治理论、公共管理知识、农业综合知识）、能力（业务能力、写作能力、创新能力、沟通协调能力、执行能力、适应能力、新技术应用能力、市场意识、建言献策）①。

面对全球化进程的不断加快、西方思想的不断涌入、社会发展过程中出现的社会矛盾以及我国全面深化改革的推进，公共部门工作人员胜任素质的提升显得尤为重要，特别是要重视对胜任素质深层次的动机素质的培养。通过培养公共部门工作人员的动机素质，进而促进其特质、自我概念、社会角色的层级式变化，提高工作人员外在显现的知识与技能，最终推动公共部门工作人员在工作过程中产生高质量的工作业绩，为公众提供更加优质的公共服务。只有从深层次上解决个体的动机素质问题，提升个体的胜任素质，才能打

① 陈怡萱. 基于胜任素质模型的大学生村官素质提升研究［D］. 湘潭：湘潭大学，2014.

造一支高质量、高素质的公共部门工作人员队伍，才能从深层次上提高我国公共部门工作效率和工作水平，推动我国改革的全面深化，助力我国现代化发展的大战略。

5.2　案例二　优秀教师是怎样炼成的?

5.2.1　背景透视

我国经济发展和社会进步离不开高校的发展，高校是为国家培养出一批批专业人才的重要教育基地，同时也是高级知识分子的集中营，但高校目前在教师的评聘工作方面依然存在不足，特别是在对教师胜任素质的把握上存在偏差。对于教学为主型的教师，在晋升、考核等方面也设置学历、职称论文等条件限制，导致高校教学型人才发展极不顺畅，2015 年河南大学聘任致力于教学工作 30 多年的常萍老师为副教授、2005 年上海交通大学熟稔教学的晏才宏老师直到因病逝世也未能获得副教授的职称等一系列事件，引发了高校对教学型人才选拔中关键胜任力的考量与思索。对于高校教学人员关键胜任素质的重视与考察有助于破除额外的非胜任力指标的限制，更好地辨别和选拔人才，进而吸引更多的人才，推动“双一流”战略的实现，促进民族和国家更好发展。

5.2.2　案例描述

一场高规格的副教授聘任仪式

2016 年 1 月 7 日，河南大学专门举行了一场特殊的高规格聘任仪式，这场聘任仪式的特殊之处在于其是由校人事处处长主持的，由教务处副处长致辞，主管教学的副校长颁发聘书，而这仅仅为了聘任一个副教授。这样的事情在河南大学从未有过，在其他高校并不多见。确实，对比以前，一般是聘任“黄河学者”等专家学者，才会由校长或副校长颁发聘书，单独给一个老师举行聘任副教授的聘任仪式，这还是第一次。这场特殊聘任仪式的主人公，就是河南大学新闻与传播学院的退休教师常萍。

长久以来，河南大学校园内有关常萍老师的传说从未停止过，其不出书、不发论文、不申报职称，课堂却堂堂爆满，甚至有人驱车数百千米只为听她一节课，但其退休之时还是一名讲师。这些传说绝非空穴来风，听过常萍老师课的人都会被常老师所震撼，都会感受到一种超越世俗的洗礼，即使是其他院系的学生在多年之后依然对当年常老师的讲授记忆犹新。她的学生，也就是后来留校任教的黄鑫认为，常老师把对人生的感受、想法都贯穿到自己的教学中，不只是教授知识，更是在传递人生的感悟，常老师是用自己的生命在课堂上舞蹈。

在高校，讲师和教授的工资差距是很大的，晋升高级职称是需要有论文和专著的，很多熟悉常萍的老师和学生都感慨，常老师的每一堂课整理出来都是一篇论文，但是常老师并没有这样做。常老师的内心那么平静、那么淡然，她曾自评：“我的世界里，只不过黑白二色。”常萍老师教导她的学生们在当代社会要学会“诗意地生活”。她在努力实现回归本然的愿望，她已经达到了一个很高的境界，可以不在意论断，自由自在地活着。她越是低调，“江湖”上关于她的传说也就越多。渐渐地，不仅是河南大学的学子和校友，河南大学之外的人们，也对她有无限的好奇和企盼，想要亲耳聆听她那“黑白两色，粗细线条，无彩无色”的讲课。

常萍只是一名普通的教师，她从1983年开始在河南大学讲授古代文学课，直到退休依然还是个讲师。2015年6月19日，她上完了退休前的最后一堂课。那堂课，除了她当时教的学生，她多年前的学生和同事也专程去听了她的“最后一课”。课程结束时常萍老师向讲台下的学生们鞠躬致意，课堂上响起了经久不息的掌声，常萍老师只好再鞠躬微笑着示意大家停下来。这样重复了几次，掌声才慢慢地停了下来。2015年10月，常萍以讲师身份正式退休。“金杯银杯不如口碑。”在河南大学广大学子的心目中，只有讲师职称的常萍老师，是“口碑教授”，是真正的教授。

2014年到2015年的寒假，主管教学的河南大学副校长刘志军从微信朋友圈了解到她的事迹。这时，距常萍老师退休只有不到一年的时间了。开学后不久，刘校长专门“点名”听了常老师的课。通过现场考察，不仅验证了寒假期间其在微信朋友圈看到的文章，而且使刘校长对常萍老师的认知更加立体化、形象化。

在常老师以讲师职称办理了退休手续之后，经学校研究，决定聘任常萍老师为副教授，继续为本科生授课，这是对常萍老师迟来的认可。刘志军校长在聘任仪式上表示，这个聘书不仅仅是发给常萍老师个人的，实际上是发给以常萍老师为代表的、长期以来耕耘在教学第一线、长期潜心研究教学、全身心投入教学，同时又得到老师特别是同学们高度认可的老师们的。在常老师看来，是学校给她提供了成就教书梦想的舞台，正是河南大学百年老校独有的宽松环境和厚重的人文底蕴，才使她能够坚守梦想。常老师依然希望这只是一个聘书，而不是压力，也希望自己不辜负它背后的所有含义。更重要的是，她希望自己还有众多关注她的人，能把职称放下，因为她仍然坚持认为自己只是一个喜欢在空旷的天地间静悄悄行走的过客。

两位教学型大师的悲情遭遇

与常萍老师的喜剧反转相对，在当下中国高校中一些教学型人才的境遇就不尽如人意了。

2005年，上海交通大学老师晏才宏因患肺癌逝世，引起了学生和社会人才的广泛热议。晏才宏上课已达到了这种境界：一杯茶、一支粉笔随身，从不带课本和教学参考书，知识早已烂熟于胸，例题信手拈来，讲课条理清晰、自成体系。加上一手俊秀的板书、洪亮的嗓音，他的电路课被誉为“魔电”，几乎场场爆满，座无虚席。一道例题，他竟接连给出了20种解法，让学生从中领悟不同的思维方法。有学生依然记得第一次去听晏才宏老师的课，那一次他整整一个学期都学不大懂的内容，经过晏老师两小时的讲解茅塞顿开。但是，这么优秀的老师，由于没有发表一定的科研论文，在逝世时依然是一名讲师，连副教授都没有评上。

学生在校园论坛的悼文中说：“他的课充满了激情，从头到尾都扣人心弦，简直像一部精彩的电影。”“书本上那些枯燥的字句，到了他嘴里就像活了一样，那些原本晦涩难懂的公式、定理，经过他的讲解，就变得非常简单明白。”“不知道天堂里是不是也会有人学习电路呢？如果有，他们真的很幸运。”

这样一位深受学生喜爱的老师为什么至死连个副教授也评不上？主要原因是他没有论文。根据高校现行考核体制，教师评职称主要看科研论文的数量，而晏才宏几乎没有发表过一篇“像样”的学术文章。上海交大一位负责人这样解释：在中学，这样一个老师可被评为特级教师；但是大学要求教学、科研并重，教师既要传播知识，又要创新知识，两者不能偏废。以此衡量，晏才宏就不够全面。

另一位境遇较差的老师是浙江大学人文学院哲学系的一名普通讲师朱淼华，他名气很大，被学生称为“是讲师职称却有着教授水平”的老师，开设的公共选修课“西方艺术史”在全校有口皆碑。他的课是浙大一景，每次上课，能容纳200多人的教室总是坐满了人，有同学自带凳子去教室，还有的学生站在过道听完两个半小时的课。他的课内容非常丰富，伴着他沙哑的声音，学生仿佛进入艺术的殿堂：古希腊、中世纪、文艺复兴、古典主义、浪漫主义，达·芬奇、伦勃朗、德拉克洛瓦、莫奈、凡·高……在朱淼华的激情讲课中，学生陶醉于璀璨的艺术世界。每次上完课，教室里都会爆发出热烈的掌声，期末最后一堂课还有人献花。

在偏重理工科的浙江大学，一门人文类选修课如此受欢迎的现象并不多见，而朱淼华的这门课受欢迎竟达十年之久。正如一名学生所说：“朱淼华的课是浙大的一道风景线。”朱淼华上课很有特点，一瓶水、一张光盘就是上课的全部用品。他说上课是跟学生聊天，聊艺术、聊人生，让他们在学习理工科的时候别忘了还有人文精神。在课堂上，他向来是兴之所至，讲到激动时，还会手舞足蹈。开课十年，知识点早就烂熟于心，但他上课前总要留两个小时调整心态，每次课都加入新内容和新见解。他说话语速很快，学生记不下来就带录音机听课。在期末考试的试卷上，一名学生写道：“印象最深的是老师丰富的感情、对日常生活的细致体察和他身上体现出来的批判精神，这给我带来一种迥然不同的视野。”

2003年，在以学生打分为主的全校老师综合考评中，朱淼华排名第七，前六位都是名望很高的教授，作为讲师的朱淼华排名如此靠前，多少显得有些“突兀”。同年，他的“西方艺术史”被评为全校精品课之一。但就在这一年，朱淼华却“下岗”了。按浙江大学岗位聘任的有关规定，教学科研岗位分为本科教学主讲岗位、研究生教学岗位、科研岗位等不同种类，由一级到九级。各岗位的聘用标准虽有所不同，但无一例外都要求有论文发表。在2003年的岗位聘任考评中，因为没有论文等原因，朱淼华在哲学系排名最后，被淘汰“下岗”。

按学校规定，连续两次未聘岗者必须调离学校或交校人才开发中心管理。到2005年6月，朱淼华已经两年没签合同了。但9月朱淼华又被安排继续上课，而且是在三个校区同时开设“西方艺术史”。“人气”又一次让朱淼华留了下来，朱淼华很高兴，但对自己的身份更加莫名其妙：按规定应该被“挂”起来，但他还在上课；可如果算是“上岗”了，却还拿着“下岗”的工资。在浙大网站的论坛上，有许多关于朱淼华的帖子：“现在的理工科太需要朱老师这样的老师和‘西方艺术史’这样的课了。”学生需要朱淼华上课，学校也排了课。但是没被聘上教学科研岗位，按理就不能承担教学任务。朱淼华凭什么身份上课，学校没有明确的说法。学生说：“朱老师凭‘人气’上课。”朱淼华上课总感觉时间不够，他不知道在“人气”和制度面前，到底谁能给他一个堂堂正正的教师资格，也不知道自己到底还能上多久的课。

有学生劝朱淼华说："朱老师，你就不能写写论文，评个职称吗？"朱淼华笑笑说："我的思考还不成熟，绝不会发'不达标'的论文。"朱淼华的桌上放着厚厚的"西方艺术史"这一课程的样稿，他说这本书稿已修改了四年，但自己仍不满意，出版社催了多次，他硬是没交。有人说他认死理儿，有人说他想不开。"有论文就有职称，有职称就会有好待遇。"谁都知道的事儿，朱淼华却反复说："我并没有放弃学术，试想一位人文学科的教师如果没有学术研究怎么能在课堂上激扬文字呢？"他说在今后的时间要把书稿完成，给自己一个交代，也会开始写论文，但他绝不会单纯为了申请职称而应付。朱淼华说："学生是我生活的全部。"他从不看工资单，生平也没有打过职称报告和住房报告，唯一看重的是学生的评价。每次期末考试，都有一道题是关于对"西方艺术史"的看法和意见，每份意见朱淼华都认真阅读，并且好好保存，至今已经保存了好几千份。面对清贫的生活，朱淼华说他的精神财富是丰富的；面对尴尬的处境，朱淼华依然坚持站在讲台上……

2010 年 12 月 21 日，在浙江大学紫金港校区讲解"西方艺术史"的时候，53 岁的朱淼华突然眼前一黑，一头栽倒在了讲台上。脑梗死引起的中风，致使朱淼华左边身体瘫痪。对此，他的学生这样说："他是用生命在讲课。"在倒下的那一瞬间，他自己这样想："这一天终于来了！"朱淼华在倒地中风后半身不遂，不禁令人唏嘘。

资料来源：本案例根据《东方今报》、人民网、百度百科等的互联网资料整合改编而成。

5.2.3 案例思考题

1. 结合案例内容，从人力资源胜任素质的角度出发，谈谈你对高等院校人员聘用、晋升过程中"重科研，轻教学"的看法。

2. 结合案例，利用胜任素质相关知识，分析人力资源胜任素质对于公共部门人员聘用、晋升有何作用和影响。

5.2.4 案例分析

核心提示

胜任素质是指从组织发展战略出发，可以提高员工实际工作绩效的隐性或显性的关键知识、技能、能力、特质、态度、动机等特征的综合。但其并不是所有知识、技能、能力等特征的总和，而是特指那些能够使员工获得卓越绩效的关键性知识、技能与能力等，是造就绩效优异者和绩效平平者之间差异的最显著的那部分特征，是区别绩效优异者和绩效平平者的有效尺度。相较于基于职位的人力资源管理，基于胜任素质的人力资源管理应用于知识经济时代，适用于结构扁平化的知识型组织，在人力资源招聘、选拔、晋升、培训、考评等领域应用胜任素质，关注人员胜任素质的考察、培养对于提高人力资源管理各领域的管理效益与管理水平具有重要的作用与影响。

观点争鸣

观点一：高校教师胜任素质的构建应对教学型、研究型等不同类型的人才予以区分，在人员的选拔与晋升过程中更多地关注人的胜任素质，而非过度追求更高的学历、更多的论文发表数，杜绝评聘标准中“一刀切”现象的出现[①]。这样更加有助于摆脱传统标准对人才发展的限制，更加充分地“挖掘”和培养人才，更加有利于人才价值的充分发挥。

观点二：高校人员现有的评聘标准与评聘方式虽然有不完善之处，但是，就目前阶段而言，现有的评聘标准和评聘方式依然有其存在的基础与合理性。高学历与更多的论文数在很大程度上能够代表一位高校教师的学术能力与水平，能够较为客观、公正地评价高校教师的研究进展以及研究价值，从而确定高校教师的绩效。此外，基于胜任素质的人力资源选拔、晋升还存在不完善之处，推广与应用起来也存在一定的困难。

问题分析

以政府、事业单位、国有企业为主体的我国公共部门正面临着改革的全面深化，人才关键性作用的发挥已是毋庸置疑的。胜任素质是个人隐性或显性特征的总称，它与工作绩效密切相关，其指标是衡量绩效的重要尺度。在人才的选拔过程中运用胜任素质有利于发掘潜在人才，更大程度上发挥人才的效用，推动公共部门的改革与发展。

高校作为公共部门的重要组成部分，相比较政府部门，对于人员的评、聘具有更大的灵活性和柔性度。同时，也能给予各类人才应有的尊重、理解与支持。但是，高校教师在选拔与晋升过程中仍然过于注重个人的学历、科研成果、工作年限等。个人学历、科研成果虽然能够在很大程度上反映出个人的能力与素质，但是，这种考察方式依然不全面，在实施过程中也会存在漏洞，可能出现诸如学历造假、论文抄袭等不良行为；科研成果与绩效、晋升、薪酬等直接挂钩，也容易导致学术研究趋向功利性，不利于科学研究的长远健康发展。正如案例中所描述的那样，由于高级职称的评定需要以论文和专著为评选条件，所以一心用于教授知识、传递人生感悟的常萍老师最终在讲师的岗位上退休，专注教学的晏才宏老师直到逝世依然没能获得更高的职称，用生命在讲课的朱淼华老师即使有着教授水平却仍然是讲师。

近年来，高校对于教学型教师的关注度在逐渐加强，职称评审中唯学历、唯论文的倾向也在逐渐地弱化。在 2015 年 5 月，山东省进行高校职称评定改革，政府部门将评定权力下放，高校教师职称评定由学校说了算。在下放评定权力一年的时间里，各高校陆续制定出台职称评定办法，不少高校的职称评定向教学倾斜。这意味着，课讲得好也能评上正教授。例如，任教于山东财经大学的王辰（化名）就凭借教学成绩拿到了副教授的职称；2016 年，山东大学首次试点教学型教授、副教授评定，并且已经有 5 名教师获评。

2016 年 8 月 25 日教育部印发了《教育部关于深化高校教师考核评价制度改革的指导意见》（简称《意见》），在《意见》中，教育部提出教师考核评价要以师德为先、教学为要、科研为基、发展为本为基本要求，坚持社会主义办学方向，坚持德才兼备，注重凭能力、实绩和贡献评价教师，克服唯学历、唯职称、唯论文等倾向，切实提高师德水平和业务能力。在高校内运用胜任素质理论进行人员选拔与晋升，破除非关键性指标的“藩篱”对人才的限制，可以创造一个有利于各方面人才显现与发展的良好机制与环境。虽然胜任素质相关的方法与技术在实际应用方面依然存在些许不足，但是，胜任素质的应用能够更好地提升组织的人力资源管理水平和管理效率，推动组织良好健康发展。

---

① 何齐宗，熊思鹏．高校教师教学胜任力模型构建研究 [J]．高等教育研究，2015 (7)：60-67.

在对高校研究型人才和教学型人才进行区别管理的同时，高校人员对于自身工作、研究的热爱与坚持，是这个冰山模型深层次的动机因素，是最为重要的，是高校人员胜任能力的决定性因素。正如案例中所描述的，源于回归本然的愿望和对内心真实的守护，常萍老师长期潜心研究教学、全身心投入教学，把知识和自己的人生感悟教授和传递给课堂上的每一个人。她30多年的精彩讲授、深厚的文学研究功底得到了广大师生的认可，成为河南大学广大学子心目中真正的教授，学校副教授的职称聘任仅仅是对其工作的一种肯定与鼓励；国家对于高校教师考核评价制度的改革、山东省对于高校职称评定的改革都显示出国家、社会、公众对高校教师的关注，对高校教学型教师的职称认定及高校教学型教师付出的肯定。随着国家对公共部门人力资源胜任素质的重视，对高校不同类型教师分类管理制度的优化，我国人才发展环境必将进一步优化，这更加有助于“双一流”战略的实现、人才强国等国家战略的实施①。

① 王勤奋. 中国公共部门人力资源选拔模式研究 [D]. 上海：华东师范大学，2007.

第 6 章

公共部门人员招募和甄选

知识提要

招募是指为了适应组织发展的需要，依据人力资源战略与规划，通过多种渠道吸引候选人来填补组织职位空缺的过程；而甄选是指根据组织的职位需求，综合运用多种测评技术和方法，从某一职位的所有候选人中挑选出合适的职位填补者的过程，是人力资源进入公共部门的重要入口。公共部门招募和甄选的制度设计，一方面关系到能否将社会中的精英人才选拔进来，能否体现公共部门人力资源管理政治价值、管理价值的平衡；另一方面也关系到任用的人员在知识、能力和技能上能否满足公共部门的要求的问题。采取公平、公正、公开的方式，吸收更多更高水平、专业能力强的人员加入公共部门，有利于提升人才队伍素质，提高公共服务效率。

6.1 案例一　江西公务员考试“泄题门”事件

6.1.1 背景透视

在经济飞速发展、竞争日趋激烈的今天，人力资源作为第一资源的作用日益凸显，公共部门要在竞争中适应社会发展的需要，势必要把拥有一支文化素质高、创新能力强的人才队伍作为体现组织竞争力的核心要素。公共部门特别是政府对专业人才的需求越来越大，人员招聘作为公共部门人力资源管理中的首要环节，如何吸引优秀人才、选择最佳的招聘方式获得合适的人才就显得尤为重要。我国公共部门选拔国家需要的人才主要是采用公务员考试制度，公务员考试制度作为甄选人才的方法发挥了很大的作用，但是也存在不少弊端，如何完善公务员考试制度值得我们探索。

6.1.2 案例描述

2016 年 4 月 23 日，江西省举行了公务员笔试，据该省公布的信息，报考人数达 13.6 万，而录取人数仅为 3 367，考录比超过 40∶1①。然而，考试结束后不久，便有网友发帖称试题被泄露，申论考试一结束，考点外就有人散发行政职业能力测验答案。同时，还有网友上传了一份与申论试卷一样的图片，并晒出了部分行测试题。一名网友在微博发帖称："人家 2 000 块就买回来答案！80%的题目一样，申论更是一模一样！"也有网友质疑说，该图可能为考场拍照带出。不过有网友回应："考场拍出来也是有问题的，考生拿到试卷时，不是不允许带手机等电子设备吗？"江西省人社厅官方微博发布信息称："今天，我们在微博上发现，有网友和考生反映 2016 年江西公务员笔试考试出现泄题情况，江西省人社厅高度重视，正在对有关情况进行核实。"同时，在江西省人社厅的相关微博中还公布了考风监督举报电话和邮箱，并称："江西省人社厅欢迎社会各界对此次考试的考风考纪进行监督、举报。"

4 月 23 日，九江阴雨绵绵，上午 9 点至 11 点为行测考试，申论考试下午在 2 点开始，4 点 30 分结束，考试期间考生不能随意离场，只有到规定时间后考生方可离开考场。早上 8 点，各路考生赶赴考点，在九江一中考点外，某教育机构已开始派发宣传单。在九江，培训市场以华图、中公两家独大，"致成教育"看起来"很面生"。九江一位公考培训机构负责人介绍，"他们每次'公考'开考前都会进行相关市场调研，此次公考前这一教育机构突然出现，很令人惊讶，还曾和我们在考点外因宣传物料而发生轻微冲突。"这些工作人员年纪不大，学生模样，大概 4 至 5 人。下午 3 点半，申论考试结束前，这一教育机构工作人员开始向考点旁等候的家长派发"真题"资料，派发材料的 A4 纸还是热的，九江一位公考培训机构的工作人员回忆。申论考试结束后，王某、蒋某和其他多位考生，在九江一中、三中、柴桑小学等数个考点外收到了这一教育机构派发的"真题"。大部分考生不以为意，随手搁置。晚上"九江公考泄题"消息开始刷屏时，王某和蒋某找出了那份"真题"，惊奇地发现该份真题与其当日考场上见到的行测题型高度一致，除了顺序几乎一字不差。王某和蒋某很震惊。"是不是考前就泄题了呢？如果是这样，就太不公平了！"随着网上舆情发酵，当日 21 点，江西省人社厅通过官微表示，"将核实'江西公务员考试泄题'情况"。

4 月 29 日，国家公务员局考试录用司发布了通报。据通报披露，江西公安机关已初步查明某教育考试培训机构通过互联网组织考试作弊牟利，并已对相关人员采取强制措施。通报指出，九江市公安局专案组经过两天多奋战，抓获主要犯罪嫌疑人石某，其妻刘某。经确认，这一教育机构考点外发放题册上印的手机号为刘某所有，而注册的多个 QQ 群，其中群主均为石某。多位与石某有过交集的相关人士称，石某此前供职于中公教育，2013 年前后曾担任教师，培训学员理科相关的行测题，2014 年考上公务员后辞职离开。调查结果显示，在九江此次事件中，泄题环节出现在"行测考试中"。当时，石某在浔阳区一

---

① 万仁辉，宋茜. 争 3 367 个职位 13.6 万人将"省考" 平均报录比 40∶1 [N]. 江西日报，2016-04-07 (C2).

网吧与多名考生联系，相互发送考题和答案。石某又将试卷照片发给妻子制作了某教育机构的“真题”资料，在考场门口发放，九江考生将“真题”拍照并上传微博，引发舆论。当地业内人士指出，九江公考培训市场饱和，这一教育机构考场发放行测真题内容，是为了打响知名度，证明自身实力，争取当地的考生市场。

资料来源：本案例根据《新京报》、腾讯网、网易新闻、新华网等的多篇报道整合改编而成。

6.1.3　案例思考题

1. 公共部门人力资源招募和甄选的方法主要是哪种，有何弊端？
2. 案例曝光的泄题事件屡见不鲜，泄题事件的根源是什么？
3. 结合案例分析公务员考试过程中如何保证公开、公平、公正？

6.1.4　案例分析

核心提示

在人力资源的开发与使用的选、育、用和留四个环节中，选是第一个环节，也就是人员招聘，是选拔人才的关键环节，招聘质量的高低对政府部门工作人员的素质水平有着深远的影响。公务员考试制度是我国的公务员考试选聘制度的简称，是指国家行政机关依据有关法律和法规的规定，按照一定的标准和法定程序，采用公开考试、严格考察、择优录取的办法，将符合条件的人员录用为公务员的制度。公务员考试制度执行中的公开公平公正性，不仅直接关系到人才选拔的质量，也影响到政府部门的运行效率以及在公民中的权威。

观点争鸣

观点一：公务员考试录用制度是我国公务员制度的核心内容，它的发展与完善对于选拔人才，建设“高素质、专业化”的公务员队伍，提高管理国家事务的效率具有重要意义。公务员考试是推行公务员制度的基本入口，只有采取公开考试、严格考察、平等竞争、择优录取的办法，体现公开公平公正原则，才能吸引更多更优秀的人才报考，真正实现为我国政府部门选拔优秀人才的目的，促进我国政府人才队伍素质的改善和治理能力的提升。

观点二：随着时代和社会的发展，公务员考试录用制度已经暴露出许多问题，还有很多地方需要完善。比如，公务员招考成本过高。目前，全国公务员考试还没有统一，除了每年的国家公务员考试，各省、自治区、直辖市都还要自行组织“省考”，且考试时间不统一，成绩也不能互认，许多学生在各地不停奔波，财力、精力等都耗费颇大，增加了就业成本。再如，政府机关占据了大量的优秀人才资源，会造成人力资源配置的失衡，不利于淡化“官本位”思想。优秀人才进入机关后，大多数也不是从事自己所学的专业，这就造成了优秀人才极大的浪费，形成社会人才资源配置的严重不平衡①。

问题分析

2005 年 4 月 27 日，《中华人民共和国公务员法》于十届全国人大常委会第十五次会议顺利通过，该法首次明确了列入公务员范围需要同时具备三个条件，即依法履行公职、纳

① 姜丽丽，姜俨洧．浅析官本位对公共部门人力资源管理的消极影响［J］．才智，2008（8）：26.

入国家行政编制、由国家财政负担工资福利，从而也结束了公务员选拔的非制度性、非程序性和随意性。公务员考试制度在正式确立之后，经过多年的发展不断完善，逐渐形成了比较稳定的人才录用选拔方式，为我国政府机关选拔了大量的干部人才。

公共部门的招聘是一项系统工程，包括招募和甄选两大模块。招募是指政府发布招聘信息，吸引求职者的注意，把组织所需要的潜在员工吸过来，同时达到劳动力供需双方的信息交流与沟通的目的，招募是招聘工作顺利完成的基础和前提。甄选是指根据组织的职位需求，综合运用多种测评技术和方法，从某一职位的所有候选人中挑选出合适的职位填补者的过程，是人力资源进入公共部门的重要入口。

公务员考试选拔原本是国家为了招聘人才实行的考试制度，然而案例中所提的泄题事件，违背了选拔制度的公平性，触犯了国家法律法规，造成了非常恶劣的社会后果。第一，泄题阻碍了优秀人才的脱颖而出，一部分人可能通过作弊进入公务员队伍。第二，违背了我国公共部门招聘的公平性，公共部门的诚信会大打折扣。第三，部分考生可能会产生公务员考试不公平的想法，选择放弃报考公务员，减少了公共部门招聘的生源。

另外，公务员面试的透明性也饱受争议。首先，群众对面试公正性存在质疑且公务员面试的群众满意度不高，严重影响了公务员择优录取的公信力；其次，面试题目科学化、专业化水平不高，程序过于单调，少数人不是努力提高自身的能力素质，而是致力于提高应试技巧；最后，公务员考官的水平也参差不齐，公务员考官的整体素质是公务员面试质量控制的关键，并且其所掌握的专业性知识与技能在很大程度上也影响了人才选拔的质量与结果。

因此，加快与公务员制度相关的法律、法规建设，一方面是社会主义法制建设的要求，另一方面也是公务员管理客观性、公正性和科学性的内在需要。要杜绝这些不良现象的发生：首先，要坚持和完善“凡进必考”的制度。“凡进必考”作为公务员录用制度的第一道门槛，要规范考试录用程序，严格考试纪律，严格把好考试这一关。其次，要完善公务员考试录用监督制度，加强组织监督力度。在地方政府的考试录用工作中，要建立完善的公务员考试录用监督体系，采用党内监督、行政监督、群众监督和舆论监督等多种监督形式，构建多层次、多方位、多角度的公务员考试录用监督体系，重点通过制度予以监督。最后，要严格考官资格选拔制度。要挑选素质强、业务精、作风硬的人员担任考官，并进行必要的考官资格培训，优化考官组合，使考官组成既有组织、人事部门参与，又有社会上聘请的各学科的专家、学者，甚至心理学家等，充分考虑考官队伍的多元化，提高人才选拔的公正性和准确度①。

综上所述，随着社会进程的不断发展，公共部门的招聘制度势必会向规范化、合理化、专业化、科学化发展，这既是提高公共部门行政效率的前提和保证，也是迎接知识经济挑战的基础，更是大势所趋、人心所向。只有不断完善我国公务员考试录用制度，才能使我国的公务员制度更好地适应我国政治、经济体制改革的需要，为我国的社会主义现代化建设提供人才保证，因此，我国公务员考试录用制度改革任重而道远。

---

① 蒋麓．浅析我国公务员选拔制度的缺陷及其对策［J］．辽宁行政学院学报，2011（5）：14-16．

6.2　案例二　各种人才计划为何填不满西北高原的人才洼地?

6.2.1　背景透视

2002 年 3 月，中共中央办公厅、国务院办公厅印发了《西部地区人才开发十年规划》。党的十六届三中全会通过的《中共中央关于完善社会主义市场经济体制若干问题的决定》再次强调，要“加强西部和民族地区人才开发，建立促进优秀人才到西部、基层和艰苦地方工作的机制”。国家在加大对西部地区人才政策倾斜的同时，西部各省、直辖市政府也相继出台了一系列围绕引进人才、留住人才的政策。西部人才队伍建设工作中“关键在引，核心在留”，但是人才“引进难、留不住”的原因是什么？当前人才政策有哪些不足？西部地区如何摆脱引智难、留人难的“魔咒”？怎样避免与减缓人才大量流失？如何采取有效的政策引进优秀的科研人才以及留住科研人才为西部地区经济建设和社会发展服务？这些都是当下西部发展首先要深入研究和解决的严峻问题。

6.2.2　案例描述

“人才洼地”困境仍未缓解

2014 年 4 月中旬，北京的街头早已春意盎然，而远在 2 000 多公里之外的青海果洛藏族自治州却还是白雪皑皑。此时，中科院西北高原生物研究所副研究员赵亮又开始打点行囊，准备从青海西宁出发，前往位于果洛的三江源草地生态系统定位观测站采集数据。果洛地处青藏高原腹地，平均海拔 4 200 米以上，冬季漫长而严寒。恶劣的自然条件让人望而却步，而赵亮和同事们却要在这里长期工作。从 2005 年开始，他们每年往返于西宁和果洛几十次，从未间断。

跟记者交谈时，赵亮鲜有谈及自己。比起在高原恶劣自然环境下的艰辛，他更担忧西部科研人才接续的问题。“西部地区要想吸引到优秀人才十分困难，特别是领军型科研人才。目前，我们研究团队和科研项目还可以，有事干，如果过几年我们团队的首席科学家退休了，培养不出自己的领军人才，团队的科研项目肯定会减少，甚至科研工作都可能无法维持下去。”赵亮所担忧的，正是西部地区各研究所长期普遍存在的现象。

“西部大开发战略实施以来，尽管国家在人才政策方面对西部已有很多倾斜，但西部人才引进难的现象依旧难有改观。”中科院西北高原生物研究所研究员索有瑞说：“从‘985’大学和‘211’大学引进人才很难，引进博士更难。”中科院西北高原生物研究所所长张怀刚说：“我们所里近 5 年引进的 37 位博士中，只有 4 位来自此类高校，招生也不容易，与东部地区研究所‘师少生多’不同，西部则恰恰是‘师多生少’，有些研究员不得不两人带一个学生。”与此同时，科研骨干严重流失与人才引进难两大问题并存。谈及这个问题，张怀刚心情沉重。他告诉记者，1982 年与他一起分配来所里的 10 多位大学毕业生，现在留在研究所的只有 5 位。此外，中科院实施“百人计划”近 20 年，所里到目前为止没有从国外引进过一位“百人计划”人员，而从国内引进的“百人计划”人员中，完成工作的5位已全部离开。对此，中科院青海盐湖研究所组织人事处处长马忠汉也深有体会："特别是优秀和拔尖的人才更容易流失，我们所2010年至2013年累计招聘博士、硕士56人，而辞职和调出的7人都是博士。"

在西部科研院所，"近亲繁殖"不鲜见，师生档、夫妻档也不少。有统计显示，西部研究所每年留下来的人才，80%以上都是自己培养的，不少科研人员表示，这很可能会导致研究队伍失去创新活力。

"三缺"相互制约

去还是留？这几乎是西部科研院所里每个科研人员都会面临的问题。有些人毅然选择了离开，有些人艰难地留了下来，还有些人徘徊在去留之间。

乌志明选择离开前，曾在盐湖所里待过12年。调走时，他已是副高职称和硕士生导师。"我们这个年纪的人正面临'上有老下有小'的境地，之所以下定决心选择调离，主要还是考虑到照顾老人和孩子。"乌志明说，"我的父母已经70多岁了，远在内蒙古，我在西宁很难照顾到。如果让他们来高原住，根本无法适应。我到北京就好多了，周末坐车回去，周日再返回，不耽误。另外，西宁的基础教育太薄弱，孩子很难接受到良好的教育。"

自然环境恶劣的确是阻碍科技人才来和留的重要因素之一。"西宁海拔2 300米，野外工作地大多都在3 000至4 500米，主要的问题就是高寒缺氧，缺氧对人体机能伤害严重，高原病的发病率高，一些科技人员在50岁左右就去世了。高海拔地区，饭都做不熟，野外科研有时只能吃生饭，风沙大、紫外线强、气候干燥等也会对人体造成伤害。"张怀刚说。

子女教育，是困扰西部引人留人的另一个因素。当前，西部地区基础教育落后，高考中非西部地区的重点高校对西部地区录取率偏低，马忠汉说，许多骨干人才为了下一代，不得不咬牙狠心离开。另外，工资待遇低，甚至退休金都普遍低于内地和东南沿海地区，而且在短时间内也无法得到大幅度提高，这也是影响人才去留的因素。索有瑞说："工资待遇低也罢了，可是物价又很高。就拿我们青海来说，由于地处内陆高原，农产品与生活日用品大多来自内地或沿海，所以商品价格就贵了很多。"

不少科研人员向记者表示，与高海拔、干旱、风沙大等严酷的自然条件相比，西部科技人才流失最主要的原因还是科研环境方面的问题。在他们看来，西部地区本身就存在经济体量小、人才缺乏、信息流通慢等问题，在与东部地区同台竞争科研项目时，多数情况下都少有大的斩获。"由于西部研究院所的研究对象和研究目标与东部发达地区的着力点存在巨大差异，因此我们关注的问题很少进入相关项目的组织和申报指南中，因而也就很少有机会获得国家级科研项目的直接支持。因此，重大科研项目的缺乏，也是造成西部人才流失的重要原因。"中科院青海盐湖研究所研究员周园说。

张怀刚告诉记者，缺乏科研平台、科研设备和保障体系，缺乏高素质的科研团队，缺乏获得大项目的机会，这是西部科研院所普遍存在的问题，简称"缺设施—缺人才—缺项目"。"这'三缺'已经成了一个怪圈，相互制约，导致不少干劲十足的科研人员萌生去意。"

人才缺口依然巨大

"优秀的人才引不来、留不住，难以形成强大的研究团队，争取项目就非常困难，而一旦缺少项目，团队就很难持久。长此以往，恶性循环。"马忠汉说："现在，人才问题已在制约西部前进的脚步了。”

针对西部人才困境，近年来国家采取了多个支持人才向西部流动的政策和措施。比如，从 1996 年至今，“西部之光”项目已先后向西部地区输送了 2 000 多名高科技人才；中科院“百人计划”等引智项目也为西部人才队伍建设提供了有力支撑。然而，与巨大的人才缺口相比，项目的作用仍然有限。

究其原因，马忠汉认为：“很多政策没有完全得到落实。此外，缺乏系统的谋划，政策难有连续性。人才工程是一个系统工程，目前有关的制度改革、政策调整、用人机制和法律法规等‘硬件’设施还不够充分和完善。”张怀刚也认为：“对引进人才，东西部支持力度一样，真正优秀的人才能到东部，谁愿意来西部？另外，对原来就在西部的人才，没有支持的政策，反而加剧了原有人才的流失。造成新的引不来，原有的人才又留不住。”

在记者采访中，很多科研人员反映，以前研究所很难给年轻人分配到一张床位，更不要说其他待遇了。而现在，研究所兴建宿舍楼，为人才配偶解决工作，尽力免除他们的后顾之忧。然而这些努力仍没能缓解研究所的竞争劣势，也没能改变骨干人才流失的现实。“感情留人对现在的年轻人来说也不太管用了。”中科院青海盐湖研究所研究员王敏说。

该怎么引和留呢？张怀刚认为，可以从两方面下功夫：一是提高西部地区人员的待遇，不要求高于东部，起码要相当，即待遇引人留人，这是关键；二是加大区域科技平台建设，尽可能让西部地区的科技人员牵头实施，让西部科技人员有用武之地，即事业留人，这是核心。马忠汉建议，首先应该正确处理好引进人才和使用现有人才的关系。西部研究所的财力有限，无法与东部发达地区、国外相比，自然较难吸引外面的高层次人才。所以，要用好现有人才，决不能为了引进一个或几个人才而伤了一大批人才的心，出现“招进女婿气走儿”的现象。其次，西部研究所要通过提升软实力来增强竞争力，通过搭建平台，解决“我能做什么”“给我提供的平台有多大”等，这是高级人才最关心的问题，要“筑巢引凤”。

“根本还是应该改革科研体制。西部地区研究工作基础性的偏多，本身出成果就慢，再加上人才少，条件又差，发表的论文自然就少。在这种情况下采取‘一刀切’的评价体系，对西部科研人员来说本身就是不公平的。同时，在科研项目分配上也是一样的道理，应该多给西部分配一些科研项目，用项目留人。”周园说。

资料来源：吴月辉. 西部，想说爱你不容易 [N]. 人民日报，2014-04-25 (20).

6.2.3 案例思考题

1. 针对本案例，分析导致西部地区人才“引进难、留不住”的主要原因有哪些。
2. 根据本案例，谈谈如何解决当前西部地区人才队伍建设所面临的困境。

6.2.4 案例分析

核心提示

人才是西部经济社会发展最重要、最宝贵的战略资源，是西部大开发战略顺利实施的关键。大力推进西部发展，解决东西部发展不平衡的问题，关键在于人才。西北高原的

"人才洼地"危机只是西部地区人才队伍建设过程中存在问题的一个缩影，西部地区需要建设和完善人才生态环境，应该重视和改善人才管理体制和制度建设，也需要构建系统的人才服务公共政策体系，通过人才生态环境、人才管理机制和人才服务公共政策构建，吸引和留住更多优秀的科研人才。

观点争鸣

观点一：西部大开发战略实施至今，国家不断加大对西部地区人才开发的支持力度，在政策、规划、资金和项目等方面向西部地区倾斜，在一定程度上取得了明显的效果：人才规模稳步增长，人才素质逐步提高，人才结构不断优化，科教事业较快发展。西部人才队伍建设要通过构建科学合理的人才队伍管理体系，重点把握人才吸引、培养和使用三个环节，在提高效率的基础上兼顾公平，才能实现持续有效的发展。

观点二：作为地理意义上的高地，西部地区正面临"人才洼地"的困扰。近年来虽然西部地区取得了不少国家级、省级重大科研成果，但一直受困于领军型人才的匮乏以及青年人才的无法接续问题。西北高原所暴露的人才危机是西部诸多科研院所和高等院校的一个缩影。和东部地区相比，西部地区人才队伍发展在教育水平、能力素质以及人才吸引力等方面的差距也在进一步拉大，人才的数量和质量依然难以满足经济社会发展的需求。与此同时，人才引进难、留不住等问题日益突出，"三缺"问题是当前西北高原人才工程亟须解决的主要难题。

问题分析

西部大开发战略实施以来，国家陆陆续续出台了不少人才政策，但西部地区仍旧摆脱不了"人才洼地"的困扰，西北高原的这些现象在西部地区科研院所中广为存在。目前西部地区人才队伍建设存在着许多困难：人才队伍规模不大，总量偏少；整体素质不高，创新能力不强；地区、行业之间分布不合理；结构不合理，高层次人才紧缺；人才管理体制和管理模式不能完全适应社会主义市场经济体制的要求；科技教育比较薄弱，人才建设基础不够雄厚；等等①。

对于科研人员来说，工作环境是第一位的，然而，西部科研院所和高校在这方面一直不尽如人意，在缺乏科研平台、科研设备和保障体系，缺乏高素质的科研团队，缺乏获得大项目的机会的"三缺"背景下，科研人才引进难，科研项目申请经费也非常困难，不具有吸引外面优秀人才的优势，科研人才更倾向于科研环境好的东部地区，可供西部地区选择的人才存量少。与此同时，已有的科研人才的使用开发能力不足，导致其才能无法充分施展；生活条件没有改善，科研骨干严重流失，缺乏优秀的后继领军人才。优秀的人才难以引进，现有的人才留不住，难以形成高素质的科研团队。缺乏高素质的科研团队，科研人才资源得不到有效的整合，在申报科研项目时缺乏竞争力，又导致获得重大项目的机会减少；缺乏高素质团队、重大项目难以获得，进一步加剧了人才引进难、留不住的困境，形成恶性循环。

为解决西部地区的人才危机，一方面需要改善科研条件，以事业吸引和留住人才。例

① 郭澄，李建军，顾华详. 西部人才队伍建设的现状与对策［J］. 西北民族大学学报（哲学社会科学版），2003（4）：49-54.

如，西北高原地域辽阔，拥有冰川、草原、沙漠、戈壁等独特的地形地貌，生物多样性和矿产等资源异常丰富，是名副其实的科研富矿，具有不可替代的科研价值，需要大量的科研人员进行开发，科研人才需求量大。国家和当地政府可以围绕本地区重点产业、重点领域、重大项目，组织实施人才建设工程，建立人才专项基金，加大人才队伍建设资金投入，完善科研设备，积极为各类人才施展才干搭建平台，以项目引导人才开发，建成一批"人才高地"；通过政策扶持和资金补贴的方式，让西部地区与东部地区高校和科研机构的人才进行对接交流，建立重大项目人才对接交流平台，吸引优秀的高级人才，与此同时注重培养西部地区自身优秀科研领军人才，牵头开展科研项目，提高西部科研团队的总体科研素质。当前不合理的科研体制，制约了西部地区科研团队对重大科研项目的申报，如西北高原的科研工作中基础性研究较多，研究成果产出慢，在进行科研人才评价时要因地制宜，制定符合该地区的科研评价体系，让优秀人才脱颖而出，得到肯定。针对西部地区缺乏高素质科研团队的问题，在重大科研项目的分配上，应通过政策扶持的方式给予更多的科研项目，用项目引人、留人。在科研保障方面，采用精神激励和物质激励相结合的方法，不仅要在思想上动员人才，对科研人才取得的优秀成果给予表彰和奖励，而且要制定合理的薪酬制度。另一方面，应该进一步建立健全现有的人才资源管理机制。需要从引人、留人两方面提出相应的对策，必须坚持吸引、培养和使用三个环节的统筹兼顾，以培养、用好本地人才为主，以吸引国内外高层次、高素质和急需人才为辅。人才的引进是前提和基础，但是人才的保留、人才的使用和人才的开发等环节也不容忽视，其中人才保留则是目前西部大开发过程中最重要的一个环节①。要提高对人才工程的重视程度，在保障基本生活的前提下，改善科研人才的学习条件，提高他们的生活待遇，妥善解决科研人才的子女教育问题，通过采取一系列有效的措施，保证各项政策落到实处并且贯彻执行，减缓与避免人才大量流失，这样才能更好地为构建西部人才体系奠定牢固的基础。

---

① 文湘. 论西部地区人才资源的开发 [J]. 攀登，2007（6）：116-119.

第 7 章

公共部门人力资源的职务任免和升降

知识提要

职务任免是指有任免权的机关依照法律规定和任免条件，通过法定程序和手续，任用和免除公职人员所担任职务的管理活动；职务晋升是指公职人员的管理机关依据国家有关法律、法规的规定，基于工作需要和公职人员的工作表现与业绩，将符合条件的公职人员由较低的职务升任至较高职务的管理活动；职务降级是指公职人员的管理机关依据国家有关法律、法规的规定，基于工作需要和公职人员的工作表现与业绩，将符合条件的公职人员由较高的职务降至较低职务的管理活动。公共部门人力资源通过职务任免和升降，真正做到“能上能下、能进能出”，从而实现组织成员的优胜劣汰，保持组织活力。职务任免和升降有利于激励组织成员积极学习、努力工作，不断提高自己的素质和能力；也有利于稳定人力资源队伍，吸引优秀人才。

7.1　案例一　“跳崖式”降级的冲击

7.1.1　背景透视

党的十八大以来，在以习近平同志为核心的党中央坚强领导下，中央巡视工作领导小组扎实推进巡视全覆盖，全党以零容忍态度惩治腐败。查处力度是前所未有的，到 2016 年年底已有 150 多只“老虎”落马，20 多万只“苍蝇”被处分，超过 800 只“狐狸”归案。此外，《中国共产党党员领导干部廉洁从政若干准则》和《中国共产党纪律处分条例》的重新修订，将党的十八大以来关于作风、纪律等方面的新要求转化为党内法规，实现纪法分开、纪在法前、纪严于法。此外，各种反腐途径正不断增多，如网络反腐、实名举报、媒体曝光、信息公开等，广大群众也日渐积极地、自觉地参与到反腐的浪潮中。

7.1.2　案例描述

截至 2018 年 7 月，省部级及以上落马官员（不含企业任职）已达 100 多人，其中多人被“双开”。但是也有例外，2014 年 7 月 17 日，中纪委通报了对江西省委原常委、秘书长赵智勇和昆明市委原书记张田欣的处理结果：张田欣降到副处级非领导职务，赵智勇则降为科员。两个副省级干部的处理被媒体解读为“跳崖式”降级：赵智勇被连降七级，张田欣连降四级。

1982 年从昆明师范学院中文系中文专业毕业的张田欣，于当年进入云南省玉溪地区行署办公室工作。张田欣从任玉溪地区行署办公室科员开始，直至任云南省委常委、昆明市委书记，从底层摸爬滚打到省级高干，他一共花费了 32 年。其中，从副处级到副省级，张田欣花了整整 25 年！可是仅用 4 天就被降为副处级。而赵智勇，1970 年开始参加工作，曾任江西省人民政府副省长、中共江西省委常委等职，从参加工作到副省级，历经 44 年。此外，他于 1973 年就已经入党，到 2014 年 6 月被免去江西省委秘书长职务以及 7 月被开除党籍，他不仅从副省级干部被降为科员，而且还失去了已经拥有的 40 多年的党员资格。

高官落马绝大多数被指出“利用职务上的便利谋取私利”，因而被“双规”。但是，为什么张田欣、赵智勇只是被降职？原来，在调查结果通报上，“利用职务上的便利谋取私利”的“后缀”有所区别。其他落马高官在“利用职务上的便利谋取私利”后，还涉嫌“索取、收受巨额贿赂”等，而张田欣和赵智勇都未提到收受巨额贿赂等问题。

张田欣和赵智勇的降级处理，如同重磅炸弹，公众的态度是一边倒地赞扬。他们认为，这打破了在公务员队伍中“能上不能下”“只进不出”的魔咒。据媒体统计，截至 2013 年年底通报的近 300 个违纪案例中，只有 5 例是降级处分，而这种“跳崖式”降级属首例，对于严重违纪但又尚未构成犯罪的，给予“降级处分”是一种公正且能起到严惩作用的方法。然而，在对于二人判处的热议中，也存在质疑的声音。一是质疑对严重违纪的定性是否有界限以及依据，二是质疑这样的“跳崖式”降级是否能封死官员“复出”之路，三是质疑对于降级官员、接收的单位以及职位安排是否又会暗藏机密。

资料来源：本案例根据《新京报》、《北京青年报》、网易新闻、新华网等的多篇报道整合改编而成。

7.1.3　案例思考题

1. 针对案例，你是如何看待降级处分对于打破公务员“能上不能下”魔咒的作用的？

2. 根据公共部门职务任免和升降的内容来分析张田欣、赵智勇二人“跳崖式”降级事件。

7.1.4　案例分析

核心提示

职务升降制度是保证各公务员机关职位获得合适人选、合理使用公务员的主要方式。各级公务员机关要正常运转，必须将合适的人选放到合适的职位上，以达到人尽其才、人事相宜。过去，体制内公务员在较大程度上存在着“能上不能下”“只升不降”“只进不出”的人员管理困境，导致公务员队伍和内部整体结构得不到优化，张田欣、赵智勇二人的事例反映出这种状况的转变。职务升降制度与任免机制的日益完善与科学化，能够在公务员体制内形成“能者上、平者让、庸者下”的优胜劣汰机制，使公务员“能上能下”，同时也是增加公务员内部动力、外部压力，促进公务员努力提高工作水平和自身综合素质，进而提高机关的运作效率和服务、管理质量的有效方法。这种体制机制的完善对于优化公务员队伍、提升公务员整体素质与行政部门工作效率、推动行政体制改革的深化、促进治理能力现代化具有重要作用。

观点争鸣

观点一：职务升降制度有利于优化公务员队伍和机关内部整体结构，是选贤任能的重要手段。通过升降制度可以把大批政治素质好、业务能力强、管理水平高的公务员及时提升到更高的职位上发挥作用，同时可以把一部分在思想品德、专业化程度、管理能力和身体状况等方面不合实际工作要求的公务员降到适宜的、较低的公务员岗位上去工作，这样一来，就有利于优化公务员队伍，实现组织内部整体结构优化。

观点二：张田欣、赵智勇二人“跳崖式”降级的发生在一定程度上不具备普遍性，并且，其在相关的处理标准、程序上存在欠缺并受到公众的质疑。二人降级的原因在于，二人“利用职务上的便利谋取私利”，这只是众多职务降级影响因素中的一个，职务升降具体指标体系的构建应该提上日程。面对公共部门人力资源改革的全面深化、治理体系与能力现代化的要求，职务升降制度与任免体制机制必然需要进一步完善与优化，但这一过程会充满艰辛，需要坚持不懈的努力与破除艰辛的勇气①。

问题分析

行政部门公务人员职务升降制度与任免机制是影响公务员队伍结构优化与素质提升的重要因素，现行制度机制下“能上不能下”“只进不出”的状况依然存在，并在很大程度上影响着我国公务员积极性、主动性的提升，不利于人才的显现与才智作用的发挥，在一定程度上阻碍了公务员整体素质的提升。

落实公务员“能上能下”制度，是国家治理能力现代化、行政体制改革全面深化对我们提出的迫切要求，建立公务员干部“能上能下”的制度，实质上是解决干部队伍中新陈代谢、择优汰劣的问题②。只有建立起正常的新陈代谢机制，适时地将“德”“能”“勤”“绩”“廉”各方面表现优异者提升到更高的职位上来发挥才能，把不够称职、难以胜任本职工作的干部调整下去，改变公务员制度中一贯“能上不能下”的局面，建立健全公共管理部门的人事升降与任免制度，才能使我们党和政府充满生机与活力。

“能上”与“能下”是密切联系、辩证统一的。“能上”是入口，“能下”是出口，出口不畅必然导致入口堵塞。一部分人的“下”正是为了另一部分人的“上”，现今公务员“能上能下”这一人力资源管理制度改革的落实，是一项艰巨而复杂的工作，要做好这项工作，既需要智慧，更需要创新的勇气。

---

① 赵勇．浅析公务员职务升降中存在的问题及对策［J］．科技与经济，2001（5）：43-44．

② 刘俞成．“能上能下”促进干部队伍新陈代谢［EB/OL］．长江网，2015-07-30．

昆明市委原书记张田欣连降四级，降到副处级非领导职务；江西省委原常委、秘书长赵智勇则连降七级，降为科员。两个副省级干部的"跳崖式"降级表明我国"能上不能下"的公务员制度慢慢往"既能上也能下"的方向转变，虽然结果存在质疑的声音，但这终究是一个好的开始，也意味着我国公务员职务升降制度、管理制度更加科学化，对于提升公务员队伍素质、提高行政部门工作效率具有十分重要的作用，有利于推进我国现阶段行政体制改革的全面深化、国家治理体系和治理能力的现代化。

7.2　案例二　基层公务员晋升"天花板"的突破之路

7.2.1　背景透视

在我国中央、省、市、县、乡镇五级行政层级中，全国 700 多万公务人员中 70%以上在县和乡镇。县以下公务员即基层公务员是我国公务员队伍的主要组成部分，是面向广大老百姓提供公共服务的人群。在我国公务员管理制度中，职务与职级并行制度是最重要的组成部分，是确定公务员工资及其他待遇的依据。过去想进入更高职级只有晋升职务，而县乡一级领导岗位有限，职数少之又少，晋升难上加难，造成基层公务员工资非常低，而晋升空间小、难度大，"天花板"现象层出不穷，由此也产生了一种"副科病"。2018 年 12 月 29 日，十三届全国人大常委会第七次会议表决通过了《中华人民共和国公务员法（修订草案）》。修订后的公务员法明确规定国家实行公务员职务与职级并行制度，对于打开基层公务员晋升与职业发展通道意义深远，有利于调动基层公务员的积极性，改善基层公务员队伍的不稳定状况。

7.2.2　案例描述

2006 年 1 月 1 日《中华人民共和国公务员法》正式施行，将 12 个职务层次分别与 27 个职级相对应，科员只能对应 18～26 级，科长对应 16～22 级。但是在县级机关只有县委书记、县人大常委会主任、县长、县政协主席这四套班子的一把手等少数几人为县处级，县级各委办局则为乡科级，此外绝大多数公务员是在科员、办事员两个级别之间，晋升空间极为有限①。

按照 2008 年施行的《公务员职务任免与职务升降规定（试行）》，晋升乡科级正职领导职务的，应当担任副乡科级职务两年以上；晋升乡科级副职领导职务的，应当担任科员级职务三年以上；而晋升科员职务的，应当任办事员三年以上。这意味着，从办事员到正科，至少需要八年时间。但是，事实上大多数基层公务员都没有机会升到副科级以上，缺乏升迁机会是基层公务员群体面临的最大问题。据统计，中国公务员从科员到县处级干部的升迁比例仅为 4.4%，从县处级升为厅局级的比例更是低至 1%，有的人甚至工作几十年还是副科长。因此，在基层公务员队伍中，副科成为职级"天花板"，

① 侯莉媛. 浅析我国公务员职务与职级并行制度的改革困境及对策 [J]. 中国劳动关系学院学报，2015 (4)：110-113.

绝大多数人没有晋升空间，如果职务与工资挂钩的话，艰辛的晋升之路让很多基层公务员的待遇长期处于较低水平。

2014年年初，中组部、人社部联合召开全国公务员管理工作会议，人社部部长、国家公务员局局长尹蔚民指出，年度工作重点是推进公务员分类改革，建立公务员职务与职级并行制度。其后，安徽、山东、江苏、河北、辽宁等5省份开展了推行公务员职务与职级并行制度的试点工作。从试点的情况来看，基层公务员的状况改善了许多。一是工资待遇提高了。在并行制度下，只要公务员工作能力突出和工作表现合格，就能提高职级加薪。二是晋升机会大大增加。过去，绝大多数公务员由于各种限制，晋升机会较少。现在，只要有能力，只要努力工作就有晋升的机会。三是减少了人才流失。待遇的提高使基层公务员的生活得到了保障，并增加了其对组织的归属感，在一定程度上降低了人才的流失率。

2014年12月2日召开的中央全面深化改革领导小组第七次会议审议并通过了《关于县以下机关建立公务员职务与职级并行制度的意见》。该意见旨在改善乡镇公务员职务晋升空间小、待遇不高、乡镇留不住人才的现状，为基层公务员在职务之外开辟了职级晋升通道，实现公务员职务与职级并行，实现职级与待遇挂钩。该意见提出，将对县以下机关公务员设置5个职级，由低到高依次为科员级、副科级、正科级、副处级和正处级。该意见还规定，低级别公务员在满足一定条件的情况下可以获得职级的晋升，从而改善相应的工资待遇：晋升科员须任办事员满8年，级别达到二十五级；晋升副科级须任科员级或科员满12年，级别达到二十三级；晋升正科级须任副科级或乡科级副职、副主任科员满15年，级别达到二十级；晋升副处须任正科级或乡科级正职、主任科员满15年，级别达到十九级；晋升正处级须任副处级或县处级副职满15年，级别达到十七级。

据《瞭望》新闻周刊记者的调查结果，在陕西省合阳县，改革前约50%的基层干部以科员身份退休，改革后占县公务员和参照公务员管理的事业单位人数总数的近37%的公务员职级得到晋升，而澄城县职级晋升人数占总数的42.15%①。类似这样的例子还有很多，这表明职务与职级并行之后，基层公务员的“挤压”状况得到了明显的改善，但是局限性依然存在。首先，在缺乏相应的考核制度下，容易出现“买级跑级”行为。如果没有统一科学的考核制度，考核拉不开档次，基层公务员的工作积极性无法提高，可能会存在当不上官员，却拿着一定级别官员工资的现象，依然无法改变“只进不出”终身制的现状。其次，基层公务员的工资均属地方财政支出，晋级工资将会加重县级政府的财政负担。最后，同酬不同工的现象混淆了责权利对等原则和按劳分配原则。

2016年12月25日，十二届全国人大常委会第二十五次会议决定，授权国务院在天津市市级机关及和平区、西青区各级机关，山东省省级机关及青岛市、潍坊市各级机关，湖北省省级机关及宜昌市、襄阳市各级机关，四川省省级机关及绵阳市、内江市各级机关，以及教育部、国家质量监督检验检疫总局（现为国家市场监督管理总局）、国务院台湾事务办公室、国家统计局本级机关（不包括直属机构）开展公务员职务与职级并行制度试点

① 王海鹰，陈晨，帅才．基层公务员晋升“双车道”怎么走［J］．《瞭望》新闻周刊，2016（6）：28-30.

工作，暂时调整适用公务员法关于非领导职务管理的有关规定。

2017年6月，经报党中央批准，中央组织部、人力资源和社会保障部、国家公务员局正式启动公务员法修订工作。向各省区市公务员主管部门征求意见建议近700条，向社会公开征求意见56 778条，其中显示公务员身份的网民提出的意见占69.6%。多次经历法律公开征求意见的全国人大常委会法工委国家法室负责人感慨："这样高的参与度、这么大的意见量，在法律修订草案中是罕见的。"这不仅反映出公众对公务员法修订的关注，更反映出公务员对自身晋升与职业发展的关注。

2018年12月29日，十三届全国人大常委会第七次会议表决通过了《中华人民共和国公务员法（修订草案）》，将原"领导职务""非领导职务"的设置调整为"领导职务""职级"，明确规定，公务员职级层次在厅局级以下设置，综合管理类公务员职级序列由高至低分为4等12级，即一级巡视员、二级巡视员、一级调研员、二级调研员、三级调研员、四级调研员、一级主任科员、二级主任科员、三级主任科员、四级主任科员、一级科员、二级科员，相较原来的非领导职务增加4个层级，并且对领导职务与职级的任免、升降以及与此相关的条文进行了修订，标志着我国正式全面推行公务员职务与职级并行制度。

职务与职级并行，而职级与待遇挂钩，有利于解决非领导职务设置存在的属性界定不清晰、不科学不合理等问题，能调动广大公务员的积极性、主动性和创造性，拓宽公务员尤其是基层公务员职业发展空间，实现对公务员的持续激励，有利于稳定基层公务员队伍，也有利于基层公务员更好地发挥自己的才能。公务员只要做出成绩，就可以获得更大的提升空间，其工作积极性和潜能就能被激发出来。通过职务与职级两条线，可以让公务员有比较清晰、明确的晋升渠道，改善以往'千军万马过独木桥'的状况，使公务员走上一条更加专业化的发展道路。

资料来源：本案例根据人民网、网易新闻、天涯论坛、新华网、《法制日报》等的多篇报道整合改编而成。

7.2.3　案例思考题

1. 结合案例，谈谈你对职务与职级并行制能提高公务员工作积极性的认识。
2. 如何看待这种职务与职级并行制？并谈谈其利弊。

7.2.4　案例分析

核心提示

随着职务与职级并行制度的全面实行，基层公务员上升的"天花板"将会逐渐被打破，基层大部分公务员的待遇也将有所提高，积极性将会被调动，晋升和职业发展路径也一定会得到拓展，从而形成竞争择优机制。这一竞争择优机制有利于激励工作人员忠于职守、热诚服务，充分发挥他们的积极性、主动性，使他们努力学习、增加知识，不断积累工作经验、提高工作技能。这样一来，决定公务员晋升的主要条件就是他们的工作态度、工作成绩、工作能力。对那些工作太慢、不求进取的人给予降职，就可以起到鞭策督促作用，从而有利于形成集体奋发向上的风气。

观点争鸣

观点一：职务晋升通道狭窄、职务与待遇挂钩、较高的人员流失率之前一直都是基层公务员管理中不得不面对的问题。当前职务与职级并行制度的实施对于推进公务员工资待遇从由职务决定转向由职级决定具有重大意义，能够在很大程度上调动基层公务员的工作积极性和主动性，有助于消除基层公务员在面对职务晋升通道狭窄、相关工资待遇难以提升时导致的工作懈怠、工作效率低下等状况。同时，基层公务员职级上的提升有助于基层工作单位留住人才，降低基层干部人才流失率，为基层治理与发展提供人才储备。

观点二：职务与职级并行制度的推行对于提高基层公务员工作积极性、主动性具有重要作用。但是，现行公务员考核机制在考核标准上所依据的“德”“能”“勤”“绩”“廉”等考核标准的内涵界限模糊，很难进行具体衡量，“自我考核、内部考核”色彩浓厚，没有将公务员服务对象——社会公众的满意度作为对公务员工作评价的参考指数，考核缺乏客观公正性，同样无法提高基层公务员的积极性。此外，基层公务员职级提升后，工资待遇也会随之增加，在一定程度上加重了地方财政负担，同时，同酬不同工也易造成公务员心理的不平衡，对责权利对等、按劳分配等原则也造成了挑战。

问题分析

职务升降是公共部门人力资源管理中十分重要的组成部分，是实现人岗匹配，调动组织成员工作积极性、主动性，提升人员工作效率和组织绩效的重要行为，极大程度上影响着公共部门人力资源管理水平的提升。基层公务员是政府行政机关人力资源的主体，直接面对基层群众、服务基层群众，为我国的经济建设和社会建设做出了重要的贡献。过去，我国基层公务员上升通道较为单一、狭窄，使得“副科病”现象出现，公务员工资待遇与其职务挂钩致使基层公务员工资待遇水平长久得不到提升。这些问题进一步导致基层公务员工作积极性与主动性不高、工作效率难以提升、自身价值难以实现、基层单位难以挽留优秀人才等基层公务员部门人力资源管理困境。

2006 年实施的《中华人民共和国公务员法》对公务员的录用、培训、考核、晋升等方面做出了明确的规定，但是由于基层机构本身的级别低，基层公务员晋升空间十分有限，对于如何进行基层公务员职业生涯规划，使其顺利实现晋升和职业发展，公务员法还没有明确规定。2008 年的《公务员职务任免与职务升降规定（试行）》明确了职务晋升资格条件，但是事实上大多数基层公务员没有机会升迁到副科级以上，缺乏升迁机会是基层公务员群体的最大问题。直到 2014 年初，安徽、山东、江苏、河北、辽宁等 5 省份开展公务员职务与职级并行制度的试点工作，基层公务员现状才获得较大改善，工资待遇提高、晋升机会增加、人才流失减少。在试点成功的基础上，2014 年 12 月 2 日中央全面深化改革领导小组第七次会议审议并通过了《关于县以下机关建立公务员职务与职级并行制度的意见》，为基层公务员在职务之外开辟了职级晋升的新通道。2018 年 12 月 29 日通过的《中华人民共和国公务员法（修订草案）》规定职务与职级并行制度自 2019 年 6 月 1 日起全面推行。

对广大基层公务员来讲，“职务与职级并行制度”改革是一大好消息。职务与职级并行等制度的创新和完善有助于改善我国基层公务员的待遇水平，激励我国基层公务员的工作积极性与主动性，为基层单位留住优秀人才，改善基层工作单位的人才储备状况。职务与职级并行制度的推进，对于改变“论资排辈”的状况，由以往晋升的“独木桥”向现行条件下的“双车道”转变，提升基层单位工作效率和绩效水平具有重要影响，有利于我国高素质基层公务员队伍的建设，有利于国家整体治理能力与治理水平的优化与提升。

但职务与职级并行这项改革，不应是“涨工资”那么简单，公务员的职务与职级并行还须完善配套机制，最重要的是民主考评和监督机制。首先，县乡两级参公管理的事业单位数量受到严格限制，但是存在不少事业单位虽未参照公务员管理，事实上却在履行一定的公共管理和行政职能，成为此次改革范围之外的不平衡与失落主体。其次，干部年度考核应更加科学合理。职务与职级并行后，干部年度考核的重要性凸显。受访的基层干部表示，目前的干部评议比较简单，是“优秀”“称职”“基本称职”还是“不称职”，主要看群众投票。应借此次改革契机，参照科学发展指标建立综合考核体系，对干部个人制定量化考核办法，推动干部树立正确政绩观。最后，职务与职级并行制度在设计中并未考虑到男女干部退休年龄的差别，女性公务员退休一般比男性早五年，事实上造成了部分女干部在职级晋升机会上受到影响。

因此，推行基层公务员职务与职级并行制度的同时，还需要创新公务员管理制度，切实解决基层公务员晋升难、工资待遇低的状况，完善基层公务员考核晋升标准，不断深化公务员制度改革，健全和完善公务员的职务升降和退出机制，改变公务员“只进不出”“能上不能下”“晋升难”的现状。这就需要：一是应营造出有利于公务员退出的社会环境；二是破除中国人传统固有的公务员“铁饭碗”思想，实行公务员强制退休、辞退机制，把那些不适宜或不愿意在政府机关工作的人员分流出去；三是完善公务员培训机制，提高公务员队伍的整体素质；四是对部分干部公务员实行聘期制、任期制，打破终身制；五是配套严格的监督机制，对公务员的监督不能仅仅依靠上级领导的评价，更多的应该是由公众来监督，由公众的满意度来决定①。

① 王思仁，施春兰，郑正根．完善公务员职务与职级并行制度的思考［J］．机构与行政，2014（2）：36-37.

第 8 章

公共部门人力资源教育培训与开发

知识提要

教育培训与开发是指为了达成组织的战略目标，有计划地通过各种项目改进员工的胜任素质，进而提升员工绩效和组织绩效的一种连续性的活动。培训旨在使员工获得目前工作所需的知识和能力，帮助员工完成好当前的工作；而开发则是以未来为导向，使员工获得未来工作所需的知识和能力，帮助员工胜任工作，并通过提高其能力来使其承担未来的工作。公共部门人力资源培训和开发是改善员工工作态度，提升工作能力，增进工作绩效，促进组织发展和员工成长的连续性工作，是公共部门人力资源管理的重要模块，也是提高公共部门人力资源质量的重要途径。

8.1　案例一　美国的政府雇员培训中心

8.1.1　背景透视

公务员是政府政策的具体执行者，是公共服务、公共产品的具体提供者，他们的综合素质和能力，直接决定了政府行政效率和公共服务、公共产品供给的回应性和质量，进而影响到社会公众对政府的满意度。公务员培训是政府部门有意识、有计划地促进公务员学习的行为，旨在提高公务员的工作能力、技能，丰富其知识，并改善其行为方式，从而达到提高政府整体绩效的目的。公务员培训作为加强公务员队伍素质以及提高其能力的有效途径，不仅直接关系国家政权基础的巩固，还影响着国家重要智力资本的开发与储备。

8.1.2 案例描述

在美国，公务员一般被称为政府雇员。1958 年，美国政府根据《政府雇员培训法》，专门在公务员事务委员会中设立了培训司负责公务员培训计划的制订与协调。总体而言，美国公务员培训是一种以政府为导向、依托市场机制运行的培训架构，且十分注重资源的合理利用。例如，美国政府在很早以前就开始借助高等院校以及社会上的其他培训机构等资源来开展公务员培训工作，从而建立起包括政府权威培训机构、高等院校和社会培训机构在内的全方位、多层次的培训网络。目前，美国公务员培训的主要渠道有三类：

第一类是隶属于政府的专门培训机构。美国联邦政府历来重视领导人才的培训和教育，并于 1968 年设立了美国联邦高级公务员学院（Federal Executive Institute，FEI），专门培训联邦政府与地方各级政府的高级行政官员以及表现出色的 GS-15 级别以上的公务员。其首要目的是通过对学员进行培训，组织学员研究政府政策与制度，交流现代化管理的知识与经验，以此来加深学员对美国政府制宪系统、社会公共服务以及自身价值的理解，并对高层级政府官员的领导技能与行政效率逐步进行提高。联邦高级公务员学院内部设有高级公务员领导中心，不仅提供有利于组织发展的针对性强的短期培训（2～5 天），还提供有关应对挑战的变革管理技能的部际培训，并可根据受训部门的特定需要制订个性化培训计划，开展一对一的咨询。

除此之外，美国公务员大学是美国第一所政府的公务员培训学校，致力于培养能够效忠于国家，并有志于为国家公共事业奉献终身的高级公务员。作为政府培训机构，美国公务员大学不仅非常重视知识的创造，更重视知识在美国乃至全世界公共服务领域的分享。每年美国公务员大学接收数千名来自美国各地和世界各国的有志向成为公共部门领导者的优秀学员，他们的教师团队由众多经验丰富的学者组成，向学员提供涉及面广的公共服务培训及与国际社会接轨的特色培训课程，在这里学员将掌握应对新世纪挑战所必需的理论知识和实践经验，实现从学员向领导者的转变。

第二类是高等院校。《美国法典》中规定，美国的公务员培训既可以由政府完成，也可以借助社会力量。之前，美国联邦政府大力倡导政府各部门和机构自主开办培训，但是因为自办培训存在许多问题，现在美国政府已将培训市场向社会开放，充分依靠各高等院校的力量来完成。高等院校在培训场地、培训方式、培训设备等方面都占据一定优势，并且师资力量雄厚，美国多所大学都建立了行政管理学院，专门致力于培养政府公务员。同时，这些学校也可以通过开办公务员培训来筹集办学经费。例如，哈佛大学肯尼迪政府学院就是政府培养高级公务员的外部专业机构，为历届美国政府培养了大批优秀人才。又如，美国锡拉丘兹大学马克斯维尔学院，它的公共行政管理专业独树一帜，数年排名全美第一，位居著名的哈佛大学肯尼迪政府学院之前，也是高校公务员培训的杰出代表。卡尔文森政府学院是目前美国规模最大的公务员培训机构，与美国各级政府和公共部门联系密切，主要是对美国中高级公务员进行培训，学院课程设置贴合政府工作的需求。肯尼迪政府学院还为公务员提供两年制公共政策硕士课程、一年或两年制 MPA 课程、博士课程以及在职短期培训课程。

第三类是社会培训机构。目前，美国的公务员培训呈现市场化培训趋势，许多学会已经逐渐参与到公务员培训的工作中，这些社会培训机构的作用不容小觑。比如，位于加州萨卡拉门托的CPS人力资源服务（CPS Human Resource Services），位于华盛顿的美国人力资源管理学会（American Society for Human Resource and Management），美国培训与发展协会（American Society for Training & Development，ASTD）。美国人力资源管理学会成立于1948年，是世界上最大的致力于人力资源管理服务的协会。美国培训与发展协会目前是世界上最大的职场学习和绩效专家学会，它有7万多名会员，遍及全球100多个国家，通过136个美国地方分会和25个全球网络相互联系。会员在上千个不同规模的组织和政府机构中担任顾问和提供培训，它的专业领域已经拓展到将学习绩效与个人及组织成果相联系的方方面面，并对重大公共政策提供权威意见。这些社会性的培训机构在美国的公务员培训中做出了较大的贡献。

以下详细介绍美国休斯敦政府雇员培训中心，以加深对美国政府雇员培训的了解。

一、休斯敦政府雇员培训中心的基本情况

休斯敦政府雇员培训中心是全美国唯一的培训政府职工的“大学”，建于1996年，历史上是属于市政府工程局的场所，最初只供政府工程局培训人员使用。1998年市政府发现这个培训场所并未得到充分使用，所以扩大到对政府所有部门雇员进行培训。到2001年，经过与工程局协调由人事局接手管理。

2012年年初，休斯敦市政府大约有23 000名工作人员，其中包括文职人员、消防和警察局所属的雇员。休斯敦市政府对这些雇员的培训很重视，目的是使他们处在同一起跑线上，最终确保政府有一支高素质的队伍，做到培训有素、训练有素、报酬丰厚和对未来感到稳定。因此，该培训中心为此提供了相应的服务。培训中心由一个理事会管理，理事会由工程局局长任主席，人事局局长任副主席，其他成员由市长任命。理事会的4名理事，由市政府4个不同部门的负责人组成，即规划发展局局长、消防局局长、图书馆馆长、公园管理局局长。理事会设有秘书，由技术人员担任，如大学教授、工程师等。

理事会要做以下工作：每季度开1次会议，批准培训计划，讨论一些问题以及未来的目标，评估培训质量，鉴定培训中心的工作表现，保证日常运行符合法律规定，审核收费，审核中心设立的项目等。

二、休斯敦政府雇员培训中心的硬件配套

休斯敦政府雇员培训中心具有很好的硬件设施，包括12个教室、3个实验教室，可以分别进行不同项目的培训；另外，还有1个可容纳50人的大教室以及停车场等。

三、休斯敦政府雇员培训中心的软件建设

（一）培训课程

该培训中心提供的课程一般是以需求为基准进行设置，具体有面授、网授、场所授课、招聘员工、警员提升的考试等。同时，还划分为多个学系，如管理、商业、电脑、各种执照、安全学系等。这些课程并非一成不变，中心的主要负责人会根据市政发展的需要，及时更新各种课程。

（二）师资力量

培训中心会综合多方面的学科聘请师资，具体包括1位教育学博士、1位公共管理硕士、5位商业管理硕士、5位自然科学硕士、1位文学硕士、13位自然科学学士和4位文学学士。教师的专业涉及心理学、经济、商业管理、工业与组织心理学、城市研究、电脑联网、政治学、教育学和化学工程学。

（三）培训对象

培训中心所接纳的学员已经不局限于政府雇员，也接受政府以外的其他单位选送的学员或者其他国家单位选派的人员。培训中心会向接受培训的各部门或国家收费，但不对个人收费。

（四）培训理念和思想

培训中心提出了很多新的理念和思想，这是该培训中心的核心。比如培训中心的校训是：学习（learning）、充电（empowering）、执行（executing）；培训中心的使命是：把休斯敦市政府工作人员建设成有责任的队伍，提供受用终身的机会，使他们更好地生存和工作；培训中心的愿景为：成为全国出名的培训中心，满足多科需求，成为社区不可分割的部分，满足在学习和发展上的需要；培训中心的价值观是：注重学习、致力于优异、公众责任感、建立合作伙伴关系、诚实、鼓励创造性思维；培训中心的角色是：催化剂（进步）、引导变化、做评估者与鼓动者角色；培训中心的哲学是：帮助员工提高自身素质，使员工提高技能、提高个人表现素质、营造不断学习的氛围、满足政府更好更快更聪明工作的要求。

（五）培训方式

美国政府的雇员包括各部门的文职人员和警察、消防员等。休斯敦市政府对雇员的培训有其独到之处。平时开展培训课的时候，这里的每个教室基本是一个10人左右的小组在进行学习和讨论，据介绍是按照接受不同的培训项目组织起来的，比如有的小组是做一个社区服务的规划项目，有的可能是做一项社会调查等。除此之外，该培训中心一般会在雇员经过一定的理论培训之后，让其在教师的指导下进行实地调查、汇总表格以及开展各抒己见的讨论，尽可能让每位学员从中学习到管理技能和理论的运用，其方式比较灵活、不刻板，每期培训一般为1～2个月。

一般而言，美国各级政府部门对行政经费的预算和开支控制得很严格，所以它们更加注意对雇员工作胜任能力的要求和培训，以提高工作效率，而休斯敦政府雇员培训中心起到了很好的作用。另外，休斯敦市政府十分重视管理人员的业务技能培训，因为他们认为管理人员做好管理工作是需要具备管理理论知识和掌握管理技术的。休斯敦政府雇员培训中心的课程完全是根据政府的职能要求和社会实际需求安排的，理论和实际应用紧密联系，针对性强，培训方式灵活，有很高的趣味性，能够激发学员学习的主动性。通过一次培训，可以使学员掌握好某项管理理论和技能的应用，其培训效果非常明显。

资料来源：李建英．美国休斯敦政府雇员培训中心和惠普公司总部考察印象［J］．医院院长论坛，2012（5）：59-63．

8.1.3　案例思考题

1．美国休斯敦政府雇员培训中心有什么特色？

2. 我国公务员培训机构与美国政府雇员培训中心有哪些异同？
3. 比较我国培训机构的设置模式，最需要从该案例的哪些方面来进行借鉴和改进？

8.1.4 案例分析

核心提示

中国为实现国家的现代化事业，十分重视公务员的培训工作，不仅在这方面不断做出努力与探索，也谦虚地向国外学习，结合本土实况的同时借鉴一切有价值的经验。上述案例中美国休斯敦政府雇员培训中心是政府建立的专门培训机构，具有完善的组织结构，成立了专门的理事会，并配备相应的成员来负责相关的培训工作。另外，无论是硬件设施还是软件配置，该中心都做得相对完善，包括培训课程如何设置、培训对象有哪些、师资力量如何、培训理念是什么以及选用怎样的培训方式等。这为中国公共部门人力资源的教育培训与开发工作提供了可借鉴的模式，为公务员培训机构的完善提供了一定的参考。

观点争鸣

观点一：美国成功的公务员培训模式非常值得我们学习和借鉴。首先，案例中以项目为载体的课程设置模式开展小班（10 人左右）培训教学，更能促进培训成果的转化，提升公务员工作的技能水平，改善服务质量。其次，重视培训需求分析。公共管理实践遇到的各类新问题并不能说明培训就是解决问题的正确途径，只有通过组织分析、人员分析和任务分析才能准确定位培训的方向和重点，正确识别哪些公务员需要参加培训以及培训学习的内容是什么，明确培训后在知识、技能和行为方式方面达成的具体目标①。

观点二：中美公务员制度存在较大差异，绝不能简单复制美国公务员培训模式②。首先，美国公务员培训制度是伴随公务员制度的建立而产生的。经过 100 多年的发展完善，已经形成了一套具有美国特点的雇员培训制度，政府对整个雇员队伍培训工作的宏观调控以及微观指导、监督落实等都相对完善、到位。其次，美国的公务员制度强调公务员“政治中立”原则，加上行政经费的预算和开支控制得很严格，政府雇员培训内容更侧重于对雇员工作胜任能力的要求和培训，以提高工作效率、改善服务质量。最后，在培训投入上，美国各级政府、各部门都把公务员培训经费列入年度预算，一直保持较高的投入规模，并及时划拨培训专项经费，保障了培训工作的顺利开展。而中美政治体制与国情存在巨大差异，只要结合我国的实际情况而有所学习即可。

问题分析

公务员作为公共管理者，是政府执政和施政的载体，代表着政府行使公共管理的责任。在一定程度上，公务员能力水平的高低直接关系到公共管理责任的落实与担当。公务员培训，是公务员实现业务能力提升与自我开发的机会和权利，更是与时俱进、胜任岗位要求的基本义务。公务员培训是一项严谨有序、有组织的行政人力资源开发工作，它不仅需要专门的培训机构作为载体，还需要一定的理论以及技术作为基础，对培训内容、培训

---

① 侯荣. 企业员工培训需求分析［J］. 天津职业院校联合学报，2008（2）：129-132.

② 李潇. 中美公务员培训制度比较研究［D］. 太原：山西大学，2012.

形式、培训手段、培训评估等多个方面进行规划与实施，最终形成一套科学、完整、协调的培训管理制度，而这些理论与技术主要包括公务员培训的学习规律、培训需求理论、培训评估理论等。

美国政府雇员培训中心的许多突出特点值得我们学习与借鉴：

（1）高度重视公务员培训，公务员培训呈现战略化趋势①。美国政府把公务员培训作为一项面向未来、建设未来和塑造未来的重要战略投资，不断总结经验，加强规划，注重全面开展、落实培训工作，使政府拥有一支高素质的、训练有素的、高效率的队伍。譬如，休斯敦雇员培训中心的理事会以及其他工作人员会每季度开1次会议，主要是制定培训规划、讨论存在的问题以及计划未来的目标；立足于培训评估理论，鉴定培训中心的工作表现；等等。

（2）构建了全方位、多层次的培训网络体系。从联邦政府到州、郡政府，甚至基层的市政府和社区都建立了专门的公务员培训机构，具体负责公务员培训任务。特别是各级地方政府对基层公务员培训非常重视，配备专门人员，设有专门机构，安排专项预算，制订专项计划，经常性地举办培训活动，轮训基层公务员，提高基层公职人员的从业技能。

（3）培训理念先进，注重人的全面发展。美国政府始终秉承人力资源是政府核心资源的理念，从校训、使命、愿景、价值观、扮演的角色以及哲学等多个方面，展现科学合理规划公务员培训工作的价值导向，体现了美国政府把雇员培训作为一项面向未来、建设未来和塑造未来的重要战略投资，其清晰明了的目标确保了培训工作的顺利进行以及培训质量的不断提升。"以市场为导向"的公务员培训课程设置以及极其雄厚的师资力量，能够真正地从各方面提高公务员的综合素质并促使其适应新变化，掌握各门各类的新知识、新本领，提高解决问题的能力。

（4）以培训需求分析为依据，科学设计课程内容，培训方法灵活、多元，注重培训质量的评估，促进培训成果的转化。受"新公共管理"运动的"绩效导向""客户导向""结果导向"等理念影响，美国公务员培训从课程设置、培训方法选择到培训评估选择都比较灵活，更注重培训的问题导向，课程安排完全是根据政府的职能要求和社会实际需求，理论和实际应用紧密联系，针对性强，培训方式灵活，有很高的趣味性，能够激发学员学习的主动性，更能促进培训成果的有效转化，体现了绩效导向的培训服务理念。

我国公务员培训实践中需要不断探索创新培训方式。随着我国政府行政职能的转变、知识更新速度的加快和公务员人数的不断增加，仅仅依靠政府建立的专门培训机构已无法满足现在公务员培训的要求；同时，不同地区、部门公务员对培训的要求也具有多样性、地域性、层次性等特点，这些都决定了承担公务员培训的组织机构应该是多元化的，需要除了政府培训机构外的多元培训主体共同合作。目前，我国承担公务员教育培训任务的培训机构有5 000多家，主要分三种类型：第一，各级党校、行政学院和干部学院，是培训的主渠道。在国家层面有中共中央党校、国家行政学院、中国浦东干部学院、井冈山干部学院、延安干部学院及大连高级经理学院。在地方层面有33个省、部级党校，以及数以千计的市、县级党校。全国可同时培训130多万名干部，每年参加各级各类教育培训的公

① 徐东华，王洋. 中外公务员培训发展趋势及相关思考［J］. 北京电子科技学院学报，2007（3）：24-27.

务员多达1 600万。第二，部门和行业的培训机构。全国中央一级的部门所属培训机构有75家，此外还有中央企业所属培训机构53家。它们主要负责基层公务员和企事业单位、从事一般管理工作和技术工作干部的培训。第三，高校和科研院所。因公共管理面临日益复杂、多变、专业性问题，政府的专门培训机构已难以独自承担繁重的培训任务，因而高等院校、科研院所、社会专业咨询与培训机构等逐渐成为公务员培训的重要来源。全国包括北京大学、清华大学、中国人民大学、复旦大学在内的13所重点大学，以及中国社科院等国内一流的科研院所，均针对公务员专门开设基础性、学术性的课程供各级公务员选修①。

通过比较发现，中美公务员培训供给主体是相似的：第一，中美两国的公务员培训机构都是由国家专门培训机构和高等院校这两大类培训机构组成，而且国家专门培训机构的设置都具有层级性。我国国家级行政学院和地方各级行政学院分别培养所属层级的公务员，美国也分别设立了中高级公务员培训机构，比如，联邦高级公务员学院负责培训联邦政府与地方政府高级行政官员，美国联邦人事管理总署下设置了专门的进修中心负责中级行政官员的培训。第二，培训机构都从单一功能向多功能转变。目前，中美两国公务员培训机构不仅为公务员开办公共管理、公共行政和公共政策教育的课程，还为他们开设各种非学分制的短期培训和学位教育。比如，美国锡拉丘兹大学马克斯维尔公民与公共事务学院和我国的各类高等院校都开设了学历教育等。这些机构都注重将培训、科研和咨询三者结合起来，呈现从单一功能向多功能转变的趋势。

美国休斯敦政府雇员培训中心对雇员的培训虽然有可取之处，但是将其完全搬用于我们国家是不可能的，也是不切合实际的。首先，美国高等院校注重建立具有自身特色和优势的公务员培训课程。比如，上述所提到的美国锡拉丘兹大学马克斯维尔学院在美国名声虽然并不显赫，但是它的公共行政管理专业非常突出，着重从事公共行政硕士学位教育及公共行政博士学位教育；而卡尔文森政府学院的课程设置注重实战性与个性化。其次，美国公务员培训的市场化趋势较中国更明显。在美国，政府采取对培训机构放宽限制的政策，广泛吸纳私立培训机构等社会力量加入公务员培训市场，形成了一个完整的国家公务员培训网络。而中国公务员培训的社会机构除了个别高等院校加入外，社会私立培训机构几乎没有加入，市场竞争机制不明显②。

8.2 案例二 新加坡公务员培训模式一瞥

8.2.1 背景透视

党的十八大以来，结合新形势新任务，习近平总书记针对干部教育培训提出，要加强对干部的教育培训，开展精准化的理论培训、政策培训、科技培训、管理培训、法规培训，增强适应新形势、新任务的信心和能力。这是培训理念上的一大创新，对加强当前的

① 徐美珠. 我国公务员培训制度的困境及其出路 [J]. 陕西省经济管理干部学院学报，2006 (3)：40-43.

② 李向东，李永红. 中美公务员制度之比较 [J]. 陕西省经济管理干部学院学报，2001 (2)：31-33.

公务员培训工作具有重要指导意义。精准化培训是传统培训的升级版，它可以避免从上到下“依葫芦画瓢”的形式主义，使公务员培训更加具体化、实用化。综观国际，新加坡分类别、分层次、重实践的公务员培训模式可谓精准化培训的成功典型，值得借鉴。针对新形势、新任务、新挑战，要把公务员教育培训摆在更加突出的位置来抓，做到思想上更加重视、措施上更加务实、保障上更加有力，不断提高公务员教育培训工作水平，充分发挥公务员教育培训的作用①。

8.2.2　案例描述

新加坡是个土地面积小、人口少的岛国，除了有港口条件优势以外，基本没有令人羡慕的自然资源。但自20世纪80年代以来，新加坡经济高速发展，并创造了亚洲经济奇迹，成为新兴的工业化国家，成为当今世界发达国家之一。新加坡建国之初，秉承的是“以人举政”“以政促经”的理念，通过输送优秀的年轻人到世界一流的大学培训，培养了一支廉洁、高效、训练有素的公务员队伍，这批公务员队伍保障和促进了新加坡经济的迅速发展。李光耀曾在回忆录中写道，“新加坡最为关键的发展因素，在于部长能力高强，并拥有一群高素质的公务员做后盾”。新加坡现在已经形成了一整套满足管理国家行政事务、适应当今世界发展潮流要求的公务员培训制度和做法，培养了一支公正廉洁、敬业高效、富有创新意识的国家公务员队伍，值得我们借鉴学习。

新加坡公共服务学院（Civil Service College，CSC）创立于1971年，是新加坡唯一一所重点培训公务员的学院，学院不仅承担着建构一流公共服务开发人才的重要使命，更在新加坡公共服务人力资源管理与开发战略中扮演着举足轻重的角色。整个学院只有一座六层楼的建筑，现有职员200人左右，没有专职教师，经费自筹，但是每年开发实施的培训项目有500多个，2006—2007年度培训国内外的学员47 000人次，在亚洲乃至世界公务员培训领域享有盛誉。取得如此大的成就，主要原因之一就是其分类别、分层次、重实践的培训模式。

一、根据培训对象的不同，分类别设置课程

新加坡公共服务学院主要以政府管理、公共政策开发和领导力等能力培训为主。总体来说，培训课程可以分为政府治理、领导力、行政管理、政策开发四类。具体课程模块的设置根据培训对象而有所区别。在新加坡公共服务学院，负责公务员培训的有三个职能部门分别是：公共行政与管理学院，负责新加坡所有公共服务机构普通员工的进修类培训；政策发展学院，负责新加坡处级以上高级公务员的任职类培训；国际司，负责外国公务员培训。

公共行政与管理学院课程最为丰富，因为该部门负责新加坡所有公共部门的处级以下公务员培训，这部分培训是学院盈利的主要来源，市场化运作的痕迹非常明显，因此它的课程变动最大，需要根据市场需要不断地增加、修订。总体来说，该部门课程分五大块，模块下设置子模块，子模块下设有具体的培训项目。每年该部门有400多个培训项目，占新加坡公共服务学院所有项目的80%以上。模块一：“政府管理”，子模块两个，即国家管

① 中共中央办公厅印发《中央组织部关于加强和改进基层干部教育培训工作的意见》[EB/OL]. 新华网，2011-11-14.

理、公共政策。模块二："领导力"，子模块三个，即L.E.A.D里程碑课程（L.E.A.D分别代表Leadership，Execution，Administration & Public Management，Development，表示该课程主要从领导力、执行力、行政管理能力和开拓能力等方面开展培训）、公共部门领导力与管理、公共部门管理技巧。模块三："公共行政"，子模块五个，即法律、行政、金融、人力资源、沟通。模块四："21世纪的公共服务与优秀管理行动计划"，子模块有三个，即组织优化，创新与进取，开放、责任与投入。模块五："个人发展与效率"，子模块有两个，即个人提升、多彩人生规划。

政策发展学院的培训对象是新加坡公共服务署提名的高级公务员，因此这里的培训项目属于计划内班次，是公务员任职的必修课，称为"里程碑课程"，不以营利为目的。这些课程不仅代表着新加坡公务员培训的高水平，也是新加坡公共服务学院的品牌所系。模块一："里程碑课程"，下设六个培训项目，即行政领导培训、高级管理人才培训、政府管理和领导力培训、管理基础培训、执行力开发培训、公共政策开发研讨。模块二："研讨班"，下设四个培训项目，即远景规划研讨、工作经济学研讨、策略眼光研讨、管理视野研讨。模块三："论坛和报告"，下设两个类别，即政策论坛、新观点系列报告。

国际司主要以介绍新加坡的公共服务和管理经验为主，分为五个模块。模块一："公共管理"，下设六个培训项目，即公共部门服务管理优化——反对腐败；政策制定所遇到的挑战；打造电子政府，优化公共部门；公共服务部门的管理变化；公共部门的绩效管理；新加坡的公共管理与行政。模块二："财政管理"，下设三个培训项目，即良好的财政管理、公共资源管理、优化程序管理节约资源。模块三："人力资源管理"，下设四个培训项目，即公共服务部门的人力资源管理、公共服务部门的人力资源规划、人力资源开发与培训；培训者培训：如何设计课程以及优化课程。模块四："综合管理"，下设五个培训项目，即如何解决问题和决策、有效计划管理、创新与革新、管理技巧研讨、团队领导力培训。模块五："交流技巧"，下设七个培训项目，即有效人际沟通、有效谈判技巧、有效演讲写作、如何应对媒体、如何记录、如何演讲、新闻写作培训。

二、根据公务员的级别，分层次设置培训项目

新加坡实行的是精英治国策略，体现在公务员培训领域就是，分层次选拔、培训人才。总体来说，新加坡的公务员可以根据学历层次分为四类：一类公务员，要求是大学及以上学历；二类公务员，要求是大专学历；三类公务员，要求是高中学历；四类公务员，要求是初中学历。

以一类公务员培训为例，一类公务员根据其潜力的高低，分为三个层次：普通公务员、高潜能人才、精英人才。每个层次的公务员，晋升的路线各不相同，所需要参加的培训项目也各不相同。

普通公务员的课程是一个系列课程，称为L.E.A.D系列培训项目。该项目根据公务员级别分为三个层次：新进公务员参加"入门培训班"，经理和高级经理级别参加"经理领导力培训班"，处长和副处长级别参加"策略领导力培训班"。针对高潜能人才的有两个相互贯通的培训项目："执行力开发培训"，针对有潜力的年轻公务员；"治理与领导力培训"，针对的是处长级别的有潜力人才。针对精英人才的有四个相互贯通的培训项目。精英后备人才参加“公共政策开发论坛”。所谓精英后备人才是指新加坡政府每年从高中选出优秀者，给予国家奖学金，来定向培养的国家管理人才。这些后备人才从大学开始参加上述培训，大学毕业后直接进入公务员行列，参加“基础课程培训班”，工作表现优秀，考核合格，就可直接晋升处长级别，参加“高级管理课程培训班”，升职到常任秘书（新加坡公务员最高级别）或者副常任秘书后就可以参加“行政领导培训班”。

三、培训内容和培训方法密切联系实际

新加坡公共服务学院的培训以能力培训为主，反映在课堂培训中，就是非常注重联系实际。下面我们以学院“第十四期高级管理人员培训班”为例做分析。“第十四期高级管理人员培训班”的培训对象是新加坡处长级别的高级公务员，为期六周。培训目的是提高公务员正确制定与实施政策的能力。

第一，该班的具体培训内容与实际密切结合。课程围绕四个主题“确保良好治理：愿望和责任”“打造新的社会契约”“确保安全”“全球化和超竞争”展开，涉及新加坡公共服务政策的几乎所有领域，包括社会福利、就业、劳工关系、医疗卫生、国家安全、宗教、社会流动、新兴产业、国防外交、应对恐怖主义、媒体关系管理、法治和宪政、高新技术发展、人口发展、人力资源开发、港务管理、财政、全球化、领导力等。

第二，培训教师多数来源于实践层面，以高层领导为主。该班多数课程，都邀请了相关部门的行政领导，而且多数是高层领导来给学员上课。比如：在“中央公积金政策的未来”案例教学中，邀请了中央公积金委员会负责人来授课；在有关“医疗卫生政策”的座谈一课，邀请了新加坡卫生部一位副常任秘书授课。这些政府官员在课堂中，或直接传授管理经验，或与学员一起座谈交流，有力地保证了教学的实践性。

第三，培训方法以讨论和座谈为主。在这个培训班中，运用了座谈、讨论、学员论坛、现场教学、案例研讨、简短报告等多种教学方法，课堂培训以学员交流、师生交流为主，讲授法仅仅占了非常少的一部分。

资料来源：王修娥. 新加坡公务员培训模式一瞥［J］. 人才资源开发，2010（2）：57；杨欣，林春丽. 公共组织人力资源开发与管理案例精析［M］. 南宁：广西人民出版社，2011.

8.2.3　案例思考题

1. 新加坡公共服务学院在培训公务员方面有哪些特点？
2. 结合新加坡公务员培训模式，谈谈我国实施公务员培训过程中应该注意哪些问题。
3. 今后我国公务员精准化培训改革在借鉴新加坡公务员培训模式的基础上，应当立足于哪些方面？

8.2.4　案例分析

核心提示

公务员参加培训，属于一种学习行为。从行为角度看，学习是指一种获得知识的过程，得到的经历导致持续的行为改变，换言之，学习是通过经历体验导致持续的行为改变。学习理论是指导公务员培训、提高培训成效的重要理论依据，因而培训课程的设置，教学方法、教学活动的选择与安排都应当基于认知主义、行为主义和建构主义学习理论，关注信息和理解、反馈和刺激以及角色模型和任务①。成人学习理论强调成人广泛的实践经历、自我强化和问题解决的兴趣，以及主动参与的偏爱和学习中的一些控制练习。新加坡政府十分重视公务员的培训管理，其培训机构的设置、培训内容的安排、培训方式的选取等方面体现了一定的科学性，并构建和完善了科学、系统的国家公务员培训制度。

观点争鸣

观点一：新加坡公务员培训模式具有前沿的培训理念、前瞻的培训导向、精细化的培训内容以及应用型的培训方法等，从科学设计课程到培训后的成果转化，有效确保了培训目标的顺利达成。这些特点都为我国公务员培训工作指明了方向。我国可以借助全球公共管理改革的浪潮，重新审视国家公务员的培训工作，向其他国家的先进做法看齐，尽可能更全面地完善我国的公务员培训体系，进一步提高政府的管理水平以及公务员的工作能力与效率。

观点二：新加坡是一个"城市国家"，其国家公务员培训规模有限、人数较少，结构也相对简单，政府对整个公务员队伍培训工作从需求分析到培训评估，相对容易做到精准化管理。新加坡公务员培训的经验虽然值得我们学习与借鉴，但因国情不同，我国庞大的公务员队伍在短期内难以实现精准化培训。目前，我国在公务员培训的实际工作中尚面临许多困难，其范围的广泛性、资源的有限性以及工作的复杂性，决定了我国公务员培训的发展需要一个过程，应当逐步完善。我们应当实事求是，从具体实际出发，在向其他国家学习的同时，还应注意避免盲目效仿，努力探索出符合我国实际情况的公务员培训发展途径。

问题分析

精准化培训的要义是因人施教、因需施训，让受训者填补知识空缺、消除经验盲区、解决思想困惑、提高履职担责的能力②。新加坡公务员培训分类别、分层次、重实践，充分体现了培训设计的科学性与精准性。

首先，新加坡在公务员培训模式中将不同学历、不同级别的公务员分类，根据对象的不同，分层次设置培训项目，实施分级分类培训，实现了培训需求与供给的精准匹配，满足了每一类型公务员群体的学习需求。比如，针对精英人才有四个相互贯通的培训项目，更好地促进了培训项目与公务员晋升资格紧密相连，充分展现了公务员培训项目本身的激励作用。

其次，新加坡公务员培训在课程设置上，分类别、按模块，细化培训项目，突出培训项目的问题导向，注重理论学习与工作现实问题的紧密关联性。将具体培训内容和培训方法与实际密切联系，以问题为导向，很好地利用了相关性和转化理论，充分尊重了成人学习规律和特点，更好地促进了培训成果的转化。成人学习理论强调，大部分成人是参与型的学习者，他们更喜欢通过参与的方式来学习。成人广泛的实践经历、自我强化和问题解决的兴趣，以及主动参与的偏爱和学习中的一些控制练习，有

---

① 罗海波. 公务员培训课程设置与教学模式的思考 [J]. 新东方，2016 (2): 71-74.

② 李明. 培训要讲精准化 [N]. 人民日报，2016-04-21 (7).

利于所学知识、技能的转化；当培训是为了解决具体的问题时，就能加强相关性和有效性。

最后，培训教师多数来源于实践层面，以高层领导为主，或直接传授管理经验，或与学员一起座谈交流，有力地保证了教学的实践性，更利于创造良好的社会支持氛围；培训方法以座谈、讨论、学员论坛、现场教学、案例研讨、简短报告等教学方法为主，课堂培训以学员交流、师生交流为主，讲授法仅仅占了非常少的一部分，这些方式无不体现着开放、平等，注重启发及参与的理念，更能调动学员的学习积极性和主动性①。

当前，我国的一些公务员培训，没有完全以需求评估为出发点来设计课程内容和课程体系，没有不断地营造良好的学习环境、氛围和建设教学基础设施；在培训方式上，以传统的大班、理论知识传授为主的教学方式仍然占主导，这种培训方式在学习新理论、拓展理论视野和工作思路、降低培训成本、提高培训效率等方面具有优势，但在实践中仍然存在我说你听，只管讲授、不管效果，为培训而培训的现象，比如存在部分培训中一项内容、一篇稿子、一个调子从省讲到市、从市讲到县、从县讲到乡，一些开大班、上大课的“大锅烩”公务员培训；在效果转化上，由于培训工作缺乏受众意识和问题导向，培训的内容与干部的需求不适应、相脱节，学员缺乏深度参与，培训师与学员缺乏足够的互动频率和后续的成果转化指导，培训后受训者的行为方式并没有发生明显的改变，培训成果较难实现转化。究其根源，若要改变这种状况，必须着眼于更好满足公务员的实际需求，因此新加坡公务员培训模式的科学性与精准性，对于现阶段我国公务员培训模式的完善具有重要的借鉴意义。基于新加坡公务员分类别、分层次、重实践的培训模式，我国的公务员培训需要注意以下三方面的内容：一是坚持以人才为第一资源的根本原则，实施公务员持续性、经常性的培训政策，使公务员培训常态化；二是培训课程的设置要专业化与具体化，使培训更具有针对性以及更容易凸显有效性；三是建立培训对象的能力指标体系，使培训目标细化，从而保证培训的效果。

在全球化日益彰显的今天，面对新公共管理领域在世界多国掀起的浪潮，作为发展中国家的中国，应当抓住这一机遇。但是，我国与新加坡存在的差异也需要注意：第一，新加坡是一个“城市国家”，国家公务员培训规模有限、人数较少，结构也相对简单，政府对整个公务员队伍培训工作从需求分析到培训评估，相对容易做到精准化管理。第二，新加坡作为发达国家，政府每年拨款约 2 亿新币用于包括政府公务员在内的各行业员工的培训，每年为公共服务学院开发公务员培训新课程就要投入高达 3 000 万新币的经费，而我国庞大的公务员队伍，加上有限的财政投入，难以达到相当的人均培训投资比。第三，新加坡的公务员培训机制已进入成熟的“以市场为导向”的运作模式，其各级、各类公务员完全可以依据个人所需自主选择培训机构、培训内容及不同的培训方式。由此可见，在一定程度上我国在公务员培训方面还面临许多困难，必须从实际出发，在向其他国家学习的同时，还应注意避免盲目效仿，以逐渐探索出符合我国实际情况的公务员培训发展模式。

---

① 王修娥. 新加坡公务员培训模式一瞥 [J]. 人才资源开发，2010 (2)：57.

8.3 案例三 中国共产党的干部教育培训

8.3.1 背景透视

习近平总书记曾强调，办好中国的事情，关键在党，关键在人，关键在人才。在建设中国特色社会主义的新形势下，党面临的任务更加繁重，新情况、新问题层出不穷。由此，基于新常态的发展背景，对党的路线方针政策的具体执行者——干部队伍提出了新的更高的素质能力要求。因此，针对新形势、新任务、新挑战，要把干部教育培训摆在更加突出的位置，做到思想上更加重视、措施上更加务实、保障上更加有力，不断提高干部教育培训工作水平，充分发挥公务员教育培训的作用。

8.3.2 案例描述

中国共产党既是中国工人阶级的先锋队，同时也是中国人民和中华民族的先锋队。截至 2017 年 12 月 31 日，它拥有 8 947 多万党员，其中包括了中国社会各个领域的众多先进分子，特别是党的各级干部，汇集了大量的政治、经济、文化等社会各行各业的骨干。为了提高和维持这支队伍管理社会和国家的素质和能力，我们党建立了一个庞大的干部教育培训体系，对广大党员干部密集地进行政治教育、文化教育和技能训练的培训。

一、中国共产党的干部教育培训体系

重视对党员，特别是党员干部的教育培训，是我党的历史传统。中国共产党从建立开始，这一传统一直延续，并且日益制度化和规范化。改革开放后，为了适应中国共产党新的执政需要，邓小平强调干部的“四化”，即革命化、年轻化、知识化和专业化，干部教育培训不仅受到更大的重视，而且培训的内容和方式也随之发生了实质性的变化，呈现出以下几个明显的特征：

其一，为满足建设学习型社会和学习型政党的需要，中国共产党的干部培训机构大量增加。1980 年，中国共产党的各级党校和干部党校数量达到历史最高，最多时达 8 800 余所。1990 年后，全中国各级各类党校和行政学院大体维持在 3 000 多所，从业人员 8 万余人。除了党校系统外，还组建了行政学院系统。1988 年中国共产党开始筹建国家行政学院，1994 年国家行政学院正式成立。目前地市级政府以上均设有行政学院，其中多数与党校合为一体，但也有不少是单独组建的。21 世纪后，中国共产党新组建浦东、延安、井冈山三所高层次的全国性干部培训学院和一所大连高级经理培训学院。据粗略统计，目前各类各级党校、行政学院、干部学院（校）大约有 5 000 所。

其二，除了党校和行政学院等专职干部培训机构外，部分高校也承担了干部培训任务。从 2009 年开始，北京大学、清华大学、中国人民大学、北京师范大学、复旦大学、西安交通大学、哈尔滨工业大学、浙江大学、南京大学、四川大学、南开大学、武汉大学、中山大学等 13 所重点高校正式被中共中央组织部列为国家干部培训基地，干部培训已经成为高校继续教育的重点内容。

其三，适应对外开放需要，开始境外干部培训。1993年，中组部派出第一批赴香港培训的人员，此后，境外干部培训成为常规性的培训。目前，哈佛大学、耶鲁大学、牛津大学、剑桥大学等多所世界著名高校都有中国官员的培训项目。除了中共中央组织部组织全国性的海外干部培训外，一些地方也单独组织当地干部赴海外参加培训。

其四，干部教育培训已经制度化。中共中央和国务院相继颁布了一系列条例和法规，形成了比较完备的制度体系，就培训机构、培训课程、培训教材、培训对象、培训要求、学员管理、教员资格和经费保障等制定了详细的规则。

其五，干部教育培训的内容发生了重大变化，除了继续重视政治教育外，知识性和技能性的内容大大增加。科学知识、法律法规、经济管理、对外贸易、金融管理、应急管理、信息技术等专业性培训，成为干部教育的基础性内容。

其六，教育方式多种多样，除了传统的课堂教育外，开始广泛应用实地调研、场景模拟、案例教育、互动讨论等新的方式。

其七，网络平台日益重要，全国干部教育信息管理系统基本形成。到2011年，全国有24个省市、59个部委、42家中央企业和23所中管高校建立了干部培训网络。

中共中央印发的《1996—2000年全国干部教育培训规划》提出要建立有中国特色的干部教育体系，并且勾画了这一体系的基本框架：(1) 在党中央领导下，建立由中央组织部主管，中央和国家机关有关工作部委分工负责，中央、地方和部门分级分类管理的干部教育培训管理体制；(2) 建立以党校、行政学院、干部学院为主阵地，高等学校和其他培训机构积极参与，网络培训广泛运用，开放多元、优势互补的办学体制；(3) 建立以培训需求为导向，党组织按计划调训与干部自主选学相结合，统筹培训需求，注重考核评估，管理部门、办学单位、用人单位和学员相互协调的干部教育培训运行机制；(4) 建立理论教育、党性教育、知识教育相结合的培训内容体系；(5) 分级分类开展培训，建立以短期培训为主、中长期培训为辅，课堂教学与现场教学相结合，讲授式、研究式、案例式、体验式、模拟式等方法广泛运用的培训模式；(6) 在加强专职教师队伍的同时，广泛选聘实践经验丰富、理论水平较高的党政干部、企业经理人员、专家学者和模范人物担任教师，建立专职与兼职相结合的师资队伍。

二、中共的干部教育培训规划

从21世纪开始，中共的干部培训进入一个新的阶段，其突出标志是开始制定完整的干部教育培训规划。按照邓小平的设想，中共在十五大正式提出了到2020年全面建成小康社会的目标。与这一目标相适应，中共开始制订完整而详细的干部培训计划，其重点是县处级以上的领导干部，主要目的是提高领导干部的政治理论水平、科学文化素质和行政管理能力，以确保小康社会目标的实现。2003年中共中央组织部印发《全国干部学习培训教材建设五年规划（2003—2007年）》，2006年中共中央印发《2006—2010年全国干部教育培训规划》，2010年中共中央办公厅印发《2010—2020年干部教育培训改革纲要》，2013年中共中央印发《2013—2017年全国干部教育培训规划》，这对干部教育培训的制度建设、教材修订、师资队伍、培训规模、经费保障等做出了全面的规划安排。按照中共中央的要求，各级党组织、各级党委的干部教育部门、各级干部培训机构和每一位党员干部，都必须制订相应的培训计划。

中共中央要求对现行的干部教育办学体制、运行体制、内容方式、师资管理、宏观管理、组织领导等进行全面的改革，到2020年，建立健全与建设中国特色社会主义事业相适应，与建设马克思主义学习型政党要求相符合，与干部人事制度改革相衔接，更加开放、更具活力、更有实效的中国特色干部教育培训体系。主要内容包括：更加完善的办学体制、更加高效的运行机制、更有针对性和吸引力的培训模式、更加科学的师资选聘培养和评价机制、更加规范的宏观管理体制。

从中共中央到地方党委的各级干部培训规划详细地规定了干部培训的数量指标、质量要求、重点内容、主要对象和绩效考评。下面仅以中共中央印发的《2013—2017年全国干部教育培训规划》为例，来说明中国共产党在现阶段的干部培训要点。关于培训内容，该《规划》列举了六项：马克思主义基本原理、中国特色社会主义理论体系、党性党风党纪和党史国史教育、社会主义核心价值体系、推动科学发展能力培养和各种知识教育。其中能力培养包括体制改革、经济增长、城镇化战略、民主法治、生态文明、行政管理、网络管理、危机管理和公共关系等内容，知识教育包括经济、政治、文化、社会、生态和哲学、历史、科技、法律、军事、国际等方面的新知识、新技能。

培训对象分为五类：一是党政干部，包括领导干部和内设机构公务员。中组部每年负责安排500名省部级干部、3 000名地厅级干部、500名县市级书记和4 000名公务员进行培训，各级组织部门和公务员管理机构要保证领导干部每2年脱产培训一次，5年内所有公务员要全员轮训一遍。二是企业经营管理人员，包括重点国有企业负责人和工商联中的重点民营企业负责人等。三是专业技术人员，包括科研院校的专家学者、民营企业和民间组织中的技术骨干等，中组部每年负责500名高级专家、中宣部每年负责700名高校学者进行培训。四是中青年干部，包括党政机关、重点企业和科研院校的青年负责人。五是基层干部，主要由省级以下的党委组织部负责安排培训。

该《规划》还对若干培训的重要细节做了明确规定。例如，要求省级以上干部培训机构的案例教学比例在2015年前要达到30%，同时需建立全国统一的干部教育培训信息管理系统，并对建立领导干部上讲台制度做出明确指示；2017年前实现全国县处级及以上干部在线学习，并且应建立省级以上教育师资库。该《规划》还建立了“干部脱产培训”和“党政干部网络培训”两个量化指标。干部脱产培训量化的具体指标如下：(1)县处级及以上党政干部，每年每单位脱产培训调训率不低于30%，每年每单位干部参训率不低于50%，人均年脱产培训学时数不低于110小时；(2)科级及以下干部，每年每单位脱产培训调训率不低于25%，每年每单位干部参训率不低于40%，人均年脱产培训学时数不低于90小时；(3)非公务员基层干部，每年每单位脱产培训调训率不低于25%，每年每单位干部参训率不低于40%，人均年脱产培训学时数不低于40小时；(4)企业经营管理人员，每年每单位脱产培训调训率不低于30%，每年每单位干部参训率不低于50%，人均年脱产培训学时数不低于110小时；(5)专业技术人员，每年每单位脱产培训调训率不低于20%，每年每单位干部参训率不低于50%，人均年脱产培训学时数不低于90小时。党政干部网络培训量化的具体指标如下：(1)厅局级，2013年全国覆盖率需达到80%，到2015年全国覆盖率达到100%，而到2017年，每人每年达到的学时数不低于50小时；

(2) 县处级，2013 年全国覆盖率需达到 50%，到 2015 年全国覆盖率达到 80%，而到 2017 年全国覆盖率达到 90%，每人每年达到的学时数不低于 50 小时；(3) 科级及以下，2013 年全国覆盖率需达到 20%，到 2015 年全国覆盖率达到 50%，而到 2017 年全国覆盖率达到 80%，每人每年达到的学时数不低于 80 小时。

由于中国共产党对干部教育培训的高度重视，干部教育培训体系在中国成为仅次于国民教育体系的第二大教育体系，无论是干部培训的规模还是受训的干部人数，都很多。据统计，改革开放以来，中国共产党各级党政干部约有 1.5 亿人次受训，其中从 1978 年的改革开放到 2002 年的党的十六大约培训 3 000 万人次，党的十六大以来共培训 1.2 亿人次。除了国内培训外，中国共产党官员赴境外培训的人数也逐年增多，至今已有 30 多个国家的 100 多家高校、企业和国际组织承接中国党政干部的培训项目。

资料来源：俞可平. 中共的干部教育与国家治理 [J]. 中共浙江省委党校学报，2014 (3)：5-11.

8.3.3　案例思考题

1. 随着社会的发展，日益完善的中国共产党干部教育培训体系有哪些独特之处？

2. 为了让干部教育培训规划更好地落到实处，在执行规划的过程中各负责主体应当注意哪些问题？

8.3.4　案例分析

核心提示

一个走过将近百年历程的大党，一个在东方大国连续执政多年的大党，一个在今天仍然焕发蓬勃生机的大党，支撑它成功的原因有很多，其中最重要的也是最为首要的原因是它重视党员干部的培训教育，特别是领导干部的教育培训。习近平总书记曾强调："我们的干部要上进，我们的党要上进，我们的国家要上进，我们的民族要上进，就必须大兴学习之风，坚持学习、学习、再学习，坚持实践、实践、再实践。"这表明了学习的重要性，同样也对所有的领导干部提出了必须通过学习、必须通过实践来为国家的事业、民族的发展贡献力量的要求，而干部教育培训——作为他们再学习的主要途径，必须好好把控，将其落到实处。

观点争鸣

观点一：干部教育培训体系是仅次于国民教育体系的第二大教育体系，可见我党对干部教育培训工作高度重视。随着社会的发展，干部教育培训取得了长足的进步，不仅形成了日益制度化与规范化的中国共产党干部教育培训体系，对未来的发展目标也做出了清晰明了的规划。基于党员干部人才成长规律的日益制度化与规范化的中国共产党干部教育培训体系，是培育党员干部人才的重要保证①。

观点二：案例中的干部教育培训规划体系充分展现了我们党对党员干部人才培育的重视，从人力资源培训与开发的理论视角来看，尽管干部教育培训取得了巨大成就，但在当前社会经济转型期，面临着国际关系风云变幻、科学技术日新月异、人们公共需求日益个

① 俞可平. 中共的干部教育与国家治理 [J]. 中共浙江省委党校学报，2014 (3)：5-11.

性化、社会矛盾日益凸显等问题，我们更要坚持学习，更要改革与完善干部教育培训体系，不断培育党员干部在坚定政治立场的基础上，努力提高为人民服务的技能。

问题分析

中国是一个崇尚学习的国家。学习使中国不断地取得进步，学习也激励和引领着中国人民不断前行。中国过去的发展得益于学习，中国的未来还有赖于继续学习。中国共产党依靠学习走到今天，也必然要依靠学习走向未来。中国共产党提出要把中国建设成一个学习型国家，要把执政的中国共产党建设成一个学习型政党，而干部教育培训是高素质干部队伍建设的先导性、基础性工程，是党的建设的重要组成部分，是建设学习型政党以及学习型国家的前提。

党的十八大以来，以习近平同志为核心的党中央提出并形成了全面建成小康社会、全面深化改革、全面依法治国、全面从严治党的“四个全面”战略布局，对国家的经济、政治、社会、生态以及党建发展的工作提出了新要求。为了适应新的要求、新的执政需要，中国共产党的干部教育培训工作也相应地做出了新的调整与规划。比如，2018 年将中共中央党校和国家行政学院的职责整合，组建了新的中共中央党校（国家行政学院），实行一个机构两块牌子，作为党中央直属事业单位，其主要职责是，承担全国高中级领导干部和中青年后备干部培训，开展重大理论问题和现实问题研究，研究宣传习近平新时代中国特色社会主义思想，承担党中央决策咨询服务，培养马克思主义理论骨干，对全国各级党校（行政学院）进行业务指导等。当前，我国处在社会经济结构转型的关键时期，党员干部培训的重心已从强调理论知识、技术、能力的获取，转移到强调持续学习与知识的创造和共享，突出理论创新，治国方略创新，为人民服务的方式、方法创新等创新能力的培育上。

随着社会的不断发展，中国共产党的干部教育培训工作获得了长足发展，干部教育培训体系日趋成熟与完善，为国家打造了大量忠于党和人民、素质过硬、能力突出的各级各类有优良作风的干部，为国家社会的建设提供了有力的人才保证。如今我党的干部教育培训日益制度化和规范化，干部教育的内容丰富多样，培训形式也随着时代的发展而不断创新。主要表现在以下几方面：

（1）干部培训机构不断增加。各级党校、行政学院和干部学院，是培训的主渠道。在国家层面有中共中央党校（国家行政学院）、中国浦东干部学院、井冈山干部学院、延安干部学院及大连高级经理学院。在地方层面有 33 个省、部级党校以及数以千计的市、县级党校。这些培训机构可同时培训 130 多万名干部，每年参加各级各类教育培训的干部多达 1 600 万人次。此外，全国中央一级的部门还有所属培训机构 75 家，中央企业所属培训机构 53 家。它们主要负责基层干部和企事业单位中从事一般管理工作和技术工作的干部的培训。

（2）干部培训渠道不断拓宽。在充分发挥传统培训地点——党校（行政学院）、干部学院作用的同时，充分利用社会其他教育培训机构作为新的干部培训渠道。例如，从 2009 年开始，北京大学、清华大学、中国人民大学等 13 所重点高校正式被中组部列为国家干部培训基地，干部培训成为高校继续教育的重点内容；中国社会科学院等国内一流的科研院所，也专门为公务员开设基础性、学术性的课程供各级干部选修；此外，为开阔各领导干部的国际视野以及适应对外开放需要，每年还会选送一些干部到国外大学和教育培训机构进修学习，如美国哈佛大学、英国剑桥大学、法国国立行政学院、新加坡国立大学等，境外的干部培训已逐渐常态化。

(3) 干部培训内容丰富、全面。虽然现在中国的领导干部大多具有高等教育的学历背景，但当今世界经济、社会、科技发展日新月异，担负国家与社会治理重任的干部必须跟上时代的步伐，因此需要不断更新知识，拓宽视野，更新管理理念。干部教育培训的课程内容，除了继续重视政治理论教育，做好基本的理论教育以及党性教育外，还十分注重知识与能力的教育与培养。知识性和技能性的内容大大增加，通常分为综合知识和实践能力两方面，包括如科学知识、法律法规、经济管理、对外贸易、金融管理、应急管理、信息技术等内容。中国大批领导干部每年都要到党校、高校以及各类教育培训机构接受有关经济、政治、文化、社会、科学技术等方面前沿知识的培训。

(4) 干部培训方式不断出彩。为增强培训效果，不断创新培训方式和方法，除了传统的课堂教育外，开始广泛应用实地调研、场景模拟、案例教育、互动讨论等灵活多样、强调实践性的培训方式；全国干部教育信息管理系统基本形成，充分发挥网络平台的作用，网络培训被广泛运用。

(5) 师资力量不断壮大。在培训师资的保障方面，总体要求是坚持素质优良、规模适当、结构合理、专兼结合的原则，形成一支专职与兼职相结合的师资队伍。目前全国从事干部教育培训的教职工达 25 万多人，仅全国党校系统工作人员就有约 10 万人。在加强专职教师队伍的同时，各级党校和行政学院还广泛选聘实践经验丰富、理论水平较高的党政干部、企业经理人员、专家学者和模范人物担任教师，聘请各级领导干部、学术名家、先进典型、优秀基层干部登上教育培训的讲台。在培训教材的提供层面，成立了全国干部培训教材编审指导委员会，负责干部培训教材的宏观指导和审核把关，确保教材质量。从 2002 年开始，截至 2015 年年末共组织编写了四批全国干部学习培训专用教材，都由中共中央总书记作序。此外，中宣部、中组部每年也定期向党员干部推荐学习书目。

当前，党的干部教育培训工作已初具规模。为了提高干部教育培训质量和效益，国家建立了相应的考核与评估制度，包括对参训人员的考核和对培训机构的评价。在参训人员的考核方面，中国各级公务员都有个人教育培训档案。各级组织对其所属的公务员参加学习培训的情况进行核实和登记，并作为公务员任职与晋升的重要依据之一。在培训机构的评估方面，中国制定了评估指标体系和规范简便的评估办法，对干部教育培训机构的办学方针、培训质量、师资队伍、组织管理、基础设施、经费保障等进行评估①。

干部教育培训工作历来是为党的中心任务服务的。随着时代的发展和社会的进步，现今的干部队伍无论是在年龄上还是在学历层次上，与过去相比都发生了很大的变化，尤其是干部队伍的知识水平更高了，更能接受新事物了。这一系列的变化，都依赖于不断地推进以及完善干部教育培训工作。由此可见，学习激励和引领着中国共产党不断前行。在中国共产党的领导下，中国过去的发展得益于学习，中国的未来还依赖于继续学习。但在推进中国共产党的干部教育培训过程中，我们应当注意实事求是。干部教育培训是一项执行

① 房宁，黄峰. 中国公务员培训制度好在哪 [J]. 人才资源开发，2016 (9)：6-7.

起来具有一定复杂性的工作，不同地方、不同受训对象的培训过程必定有所差异，要依据不同地区、不同级别、不同的培训对象，根据现有的资源与条件，合理地开展培训工作，注重发现培训过程中出现的问题并积极地寻找解决办法。另外，培训的目的是让广大领导干部能够在思想层面、知识层面、能力层面得到质的提升，所以必须注重干部教育培训的质量和效益，并把控好培训效果的评估与考核等关键环节，让培训真正地落到实处。

第 9 章

公共部门绩效管理

知识提要

政府绩效，是指政府在社会管理中的业绩、效果、效益及管理工作的效率和效能，是政府在行使职能、实施意志的过程中体现出来的管理能力。公共部门绩效管理是指公共部门及其管理者在本组织的使命、核心价值观的指引下，为达成愿景和战略目标而进行的绩效计划、绩效监控、绩效评价以及绩效反馈的循环过程，其目的是确保公共部门组织成员的工作行为和工作结果与组织期望的目标保持一致，通过持续提升个人、部门以及组织的绩效水平，最终实现公共部门的战略目标。当前，公共部门绩效管理要促使公共部门树立效率意识、服务意识和责任意识，从而提高效能、提升形象、优化公共服务与维持社会安定和谐。

9.1 案例一 南宁市政府绩效管理改革之路

9.1.1 背景透视

绩效管理作为人力资源管理的核心，已经成为组织发展中的重要手段，政府部门为了提高公共服务和公共管理水平，从中央到地方都大力推行绩效管理。政府绩效管理改革面临着如何从传统的绩效考核向绩效管理转变、如何运用信息化管理模式提高政府绩效管理实效等问题。本案例选取了南宁市政府绩效管理实践方面的改革措施，围绕提高政府行政效能的总体目标，就如何建立政府绩效管理的领导体制、构建绩效管理体系、规范绩效管理流程，并通过绩效综合管理信息平台和绩效管理制度体系的构建，展示了一个综合化、现代化、制度化的地方政府绩效管理新模式，为提高地方政府绩效管理水平，探索治理现代化的具体途径，改善地方政府绩效管理工作本身的效率和效果，提供了有益的启示和借鉴。

9.1.2 案例描述

南宁市自2008年开始在全市党政机关和各县区、开发区共计114个部门全面推行绩效管理。南宁市的政府绩效管理经历了从无到有、从有到优、由量变到质变、由被动执行到主动推进的四大转变，生动地体现了绩效管理中国化、本土化的发展历程，是中国政府管理尤其是地方政府管理为适应新形势、新变化、新要求而勇于探索、大胆实践的典范，也是构建亲民、为民、利民的政府工作模式，打造人民满意的服务型政府的过程。具体的改革措施如下：

一、构建强有力的领导体制和工作机制

南宁市把绩效考评工作作为推动实践科学发展观的长效机制，并将其作为落实惩治和预防腐败体系的基本制度大力推进。2008年以来，南宁市成立了专门的绩效考评领导小组，下设办公室（简称“绩效办”）——正处级单位，核定7名编制，设置2个科室。绩效考评领导小组由市委副书记担任组长，纪委书记、常务副市长、组织部部长、市委秘书长担任副组长，由监察、编委办、发改、财政、人社、审计、统计、法制等14个部门的主要领导组成，成员单位同时设定为绩效考评的数据采集单位。在建立专门的绩效管理组织的基础之上，进一步分别明确主管部门和承担考评工作职能部门的职责。

各县区、开发区、市直各部门全部成立了相应的领导小组和工作机构，并落实专门的工作人员和相应职责，为南宁市绩效考评工作的深入开展提供了组织保障。

二、设置科学合理的绩效管理体系

南宁市按照科学发展观和正确政绩观的要求，围绕提升城市经济、政治、社会、文化、生态和党的建设等内容，坚持创新绩效管理工作理念、方式和方法，积极构建政府绩效管理“六大体系”（见图9-1）。

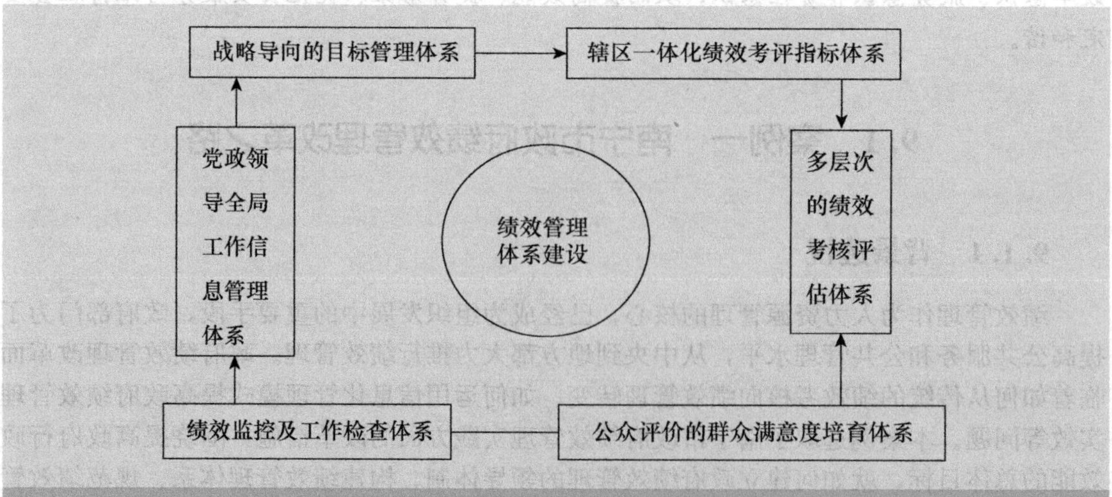

图9-1 南宁市政府绩效管理的“六大体系”

三、制定严格规范的绩效管理流程

通过建立严格的绩效目标及指标设置、过程管理、自查自评、察访核验、绩优绩差考评等工作流程，提高指标考核流程的规范性和科学性。

一是规范指标设置程序和标准。各县区、开发区的指标，由市绩效办牵头，组织有关部门研究制定统一的考评指标体系报市委常委会审定，审定通过后，再组织各县区、开发区填报年度绩效目标；市直部门的指标，由各部门申报。

二是注重开展过程管理。建立了单位自我监控、数据采集单位日常监控、年终联合督查的全面监控体系。

三是严格开展绩效自查自评。年终，各被考评责任单位严格对照考评标准，对本单位本部门年度绩效目标的完成情况逐项进行总结评估。

四是建立以“大督查”为格局的察访核验机制。为了避免重复检查、多头检查，提高工作效率，从2010年起从整顿机关作风入手，解放思想，整合市委、市政府、纪检监察机关、绩效办等部门的督查职能，实行多部门联合察访核验，对全市绩效考评责任单位的重点工作进行联合评比、检查、考核，实现了资源共享、成果共用，年内各项多头检查、重复检查大幅减少，提高了工作效率，减轻了基层工作负担，得到了基层干部的普遍赞同。

五是实施绩优绩差考评。对绩效优异者进行加分，对控制类指标实行否决扣分。对特别重大的工作事项，如市委、市政府重大工作部署、党风廉政建设工作、安全生产管理、计划生育等，另行制定否决扣分细则，所扣分值直接从年度绩效考评总分中扣除。

四、引入信息化工具，提升绩效管理水平

为解决传统绩效管理工作粗放复杂、标准不统一、程序不规范、责任不明确、人为干扰过多、缺乏过程管理等问题，自2010年起，南宁市委市政府与复旦大学公共绩效与信息化研究中心合作，投资3 000多万元，分三期建设完成集决策、执行、监督、评价于一体的“十个系统、一个中心”的机关绩效综合管理信息平台，以实现全市绩效管理的全面信息化。该平台具备信息公开、分类查询、实时追踪、监察考评联动、自动汇总、状态监测、数据共享等功能，实行计划、实施、评估、反馈、奖惩相结合的一体化模式。

“十个系统”分别是部门绩效管理考评系统、重点项目督查管理专项考评系统、财政投入项目资金监察管理系统、党风廉政建设责任制考评系统、群众满意度培育系统、领导全局信息管理系统、领导班子领导干部绩效管理考评系统、公共资源交易统一监管平台、信访跟踪处理管理系统、市直机关公务员绩效管理考评系统，“一个中心”是政务信息数据中心。

五、注重公众导向，拓宽民意收集渠道

南宁市绩效管理以领导同志肯定、人民群众满意和广大干部职工认可为工作基点，不断拓展和完善外部评议监督的内容和机制，提高绩效考评工作满意度。

一是突出民意导向，开展公众评议。开通群众评议的渠道，搭建群众监督的平台，落实群众的知情权、参与权、表达权和监督权，回应群众的合理诉求。委托自治区社情民意调查机构作为第三方组织，采取问卷评议、电话访问、网上评议等方式，邀请人大代表、政协委员、机关干部、企事业人员、城乡居民等，对全市115个被考评责任单位进行评

议。电话访问由各被考评责任单位和有关部门按要求提供基础样本资料，建立公众评议样本库，按分层配额、随机抽样的原则抽选调查样本。邀请不同的评议主体进行评议，并设置不同的评议内容，赋予不同的评分权重，增强公众评议的针对性、可行性和准确性。对县（区）、开发区的评议，重点评议经济发展、社会发展、民生改善、社会稳定、工作效率、服务态度、勤政廉政等方面。对市机关的评议，重点评议政务公开、履行职责、勤政廉政、机关作风、工作效率、服务态度等方面。加大对服务群众的考评，增加了对自治区绩效考评公众评议反馈问题整改的环节，对提出的意见和建议，认真研究，剖析原因，制定整改方案，并跟踪推进整改情况。二是强化一把手意识，开展领导评价。由市绩效办牵头组织，邀请不同层面的领导以无记名方式对被考评责任单位进行评价；邀请市委、人大、政府、政协领导班子成员，市人民法院院长，市人民检察院检察长，市人大、政府、政协秘书长在线对被考评责任单位工作情况进行评价；邀请市直机关主要领导对各县（区）、开发区进行在线评价；邀请各县区党委、政府主要领导及3个开发区主要领导对市直机关进行在线评价。在评议内容上，对县（区）、开发区主要从落实工作、促进发展、改善民生、维护稳定、行政效能等方面进行评议，对市直机关主要从履行职责、服务基层、部门协调、行政效能等方面进行评议。

六、强化结果运用，形成整改提升良性循环

注重运用实绩分析来检验绩效管理工作成效。一是加强绩效深度分析。2011年，南宁市绩效办根据绩效综合管理信息平台各子系统运行的数据和年终察访核验情况，开始探索建立绩效分析机制，形成了《2011年南宁市绩效考评情况分析报告》、《2011年自治区绩效考评南宁市情况分析报告》和《2011年南宁市落实党风廉政建设责任制和惩防体系建设绩效分析报告》。分析报告根据年度绩效考评结果，分别对照年初制定的市本级年度指标及自治区下达的指标任务，审视各项指标完成情况，认真查找薄弱环节，剖析原因，有针对性地制定改进措施，推进绩效的持续改进和提升。二是强化奖优罚劣。根据考评结果督促整改，每年的考评结果以南宁市委办公厅、市政府办公厅的名义发文进行通报，并要求各级各部门根据考评结果和公众评议反馈的意见建议及时整改，整改成效列入下一年度绩效考评的内容，实现"考评—整改—提升"的良性循环；年度考评结果抄送纪检监察机关、组织人事部门，作为评价各级各部门及其领导班子和领导干部工作实绩、选人用人、廉政鉴定、嘉奖、记功、评先评优、行政效能问责的重要依据之一。对被评为"优秀"档次的单位，当年公务员考核优秀等次由15%提高到20%，并给予一定的经济奖励。

七、加快建章立制，逐步规范绩效管理工作

通过几年的努力，南宁市陆续制定出台了《南宁市机关绩效考评年度职能性指标设置质量评估办法》《南宁市机关绩效考评数据采集工作管理办法（试行）》《南宁市年度工作目标分解制度（试行）》《南宁市机关绩效考评扣分细则》等，初步形成了绩效管理基本制度体系；完善了一系列配套的管理规范和细则，包括年度机关绩效考评实施方案，县（区）、开发区绩效考评指标评分细则，市机关（含开发区）党的建设和效能建设指标评分细则以及指标考核、领导评价、公众评议和察访核验等配套文件，规范了绩效考评工作的标准和程序；形成了绩效考评结果应用的相关制度体系，相继出台了涵盖职责履行、绩效考评初步结果反馈、扣分情况整改等的绩效考评制度，规范了考评结果的运用。与此同时，以《南宁绩效工作简报》为平台，对各被考评责任单位涌现出的好经验、好做法及时总结推广，对工作落实不到位的情况进行通报，责令整改。

资料来源：黄建荣，林春丽，李国梁，等．南宁市政府绩效变革之路［Z］．中国教学案例中心：201512520037.

9.1.3　案例思考题

1. 南宁市政府绩效管理的亮点有哪些？政府绩效管理要抓好哪些关键环节？
2. 公众如何才能更好地参与南宁市政府绩效管理评价活动？
3. 提高政府绩效管理水平，还需要哪些配套改革？

9.1.4　案例分析

核心提示

公共部门绩效管理面临着产出难以量化、目标缺乏准确性、绩效标准指标难确定等困难，一直是公共管理的难点。特别是政府部门，在履行公共责任的过程中，要以公共产出的最大化和公共服务最优化为目标，强调绩效为本，但是其绩效基本框架中又包含经济绩效、社会绩效、政治绩效等多重目标。现代绩效管理方法的日趋成熟以及信息网络技术的普及，为政府绩效管理的全面、系统实施提供了技术支持。政府绩效管理的改革，不仅在推动社会经济发展方面起到了巨大的作用，更在促进政府职能转变、提升行政效能、提高政府公信力方面产生了巨大的推动作用①。

观点争鸣

观点一：绩效评估是引导政府及其工作人员树立正确导向、尽职尽责做好各项工作的重要制度安排。绩效管理作为人力资源管理的一项核心职能，在组织管理变革中发挥着重要作用，因此绩效管理变革也是组织管理变革的重要组成部分。政府绩效管理变革，将政府战略目标科学分解并落实到具体单位，通过建设机关绩效综合管理信息平台，整合了政务资源，畅通了信息传输，实现了对重点工作的全面监控、过程考核和结果分析，促进了机关管理决策、执行、监督与评价的一体化，推进了机关管理信息化、规范化、透明化、高效化，也在一定程度上增强了公务员责任意识，促进了机关干部作风的转变。通过绩效管理，提高了行政执行力，保证了政令畅通和重大决策部署的贯彻落实②。

观点二：政府绩效管理包括绩效计划、绩效监控、绩效评估和绩效反馈，但在实践中，仍然将政府绩效管理简单等同于政府绩效评估，忽视了绩效计划、绩效监控和绩效反馈在绩效管理循环系统中的作用和价值③。政府绩效评估虽然是政府绩效管理过程的核心，但只是绩效管理系统中的一个环节，绩效管理的目的不是以绩效评估结果来论功行赏，而是通过绩效管理过程发现问题、解决问题，从根本上促进绩效持续改善，它是最终实现政府发展战略的手段和过程。另外，政府绩效管理也不是政府部门自说自话，从绩效

---

① 钟文龙．基于WEB的政府绩效目标考核管理系统的研究和开发［D］．重庆：重庆大学，2004.

② 邓金玉．提升政府绩效管理水平的思考：以南宁市为例［J］．广西社会主义学院学报，2012（5）：90-95.

③ 陈小林，钱德春．绩效沟通：政府绩效管理中的重要环节［J］．西南民族大学学报（人文社科版），2005，（1）：376-378.

计划到绩效评估的过程，必须有社会公众的积极参与。

问题分析

绩效管理变革在组织管理变革中发挥着重要作用，也是组织管理变革的重要组成部分。南宁市绩效管理变革以服务质量的提高和社会公众需求的满足为政府的基本价值取向，运用绩效目标、绩效指标体系、绩效合同、绩效激励、绩效程序与规制、绩效评估和绩效反馈等管理手段和管理机制，促进政府职能转变，提升行政效能，优化政府形象，更在提高政府公信力方面产生了巨大的推动作用，是政府管理制度、管理机制和方法的创新，也值得其他地方政府学习借鉴。其主要经验有以下三点：

（一）政府绩效管理系统的构成及运行

从系统的角度来看，政府的绩效管理包含一系列管理要素及其相互间的关系，其中较为重要的管理要素有绩效战略、绩效计划、绩效领导、绩效考核、绩效激励等，这些管理要素之间通过相互制约、相互作用形成管理的合力，保证良好的运行成效。南宁市政府绩效管理系统主要由战略导向的目标管理体系、辖区一体化绩效考评指标体系、多层次的绩效考核评估体系、公众评价的群众满意度培育体系、绩效监控及工作检查体系、党政领导全局工作信息管理体系等六大体系构成，从整体上很好地保证了绩效管理的顺利实施和运行。

（二）政府绩效管理的规范流程设计

政府绩效管理的最终目的是整个组织战略目标的达成，但这需要借助一个科学、规范的绩效管理流程设计及其有效运行才能实现。南宁市政府在绩效管理的流程设计方面遵循了规范指标设置程序和标准、注重开展过程管理、严格开展绩效自查自评、建立以“大督查”为格局的察访核验机制、实施绩优绩差考评等工作流程，这在一定程度上提高了指标考核流程的规范性和科学性。

（三）政府绩效评估结果的运用及管理常态化

政府绩效管理作为一种有效的管理工具，其评估结果的反馈及科学合理的应用才是根本落脚点。南宁市政府通过引入数字化、信息化工具有效保证了绩效评估方法及结果的科学性，并不断拓展和完善外部评议监督的内容和机制，开通群众评议的渠道，搭建群众监督的平台，实现了日常管理工作的实时化、多元化，年度工作评价的网络化、科学化，考评结果运用的精细化、公开化。同时，通过在公务员中大规模实行奖优罚劣的制度，使考核结果在实际工作中更好地得到了强化；通过制定一系列配套的管理规范、细则和制度体系，保证了绩效考核工作的常态化。该部分内容是保证政府绩效管理整体实施效果的关键一环①。

9.2 案例二 平衡计分卡在不同城市的具体运用

9.2.1 背景透视

平衡计分卡作为一种绩效评价方法，已经成为组织战略管理的重要工具，在战略规

① 张晓婷. 我国政府绩效管理流程优化研究［D］. 北京：首都经济贸易大学，2007.

划与绩效管理方面发挥着重要的作用。平衡计分卡在企业的成功实践引起了公共部门的关注，公共部门为了提高战略管理水平，在实践中也逐渐引入平衡计分卡，并且取得了一定成绩。自美国北卡罗来纳州夏洛特市实施平衡计分卡并取得成效以来，全球诸多城市的公共部门纷纷效仿，平衡计分卡在政府绩效管理中的作用越发明显。随着政府深化改革和服务型政府的建设，我国政府部门也将平衡计分卡引入政府战略管理之中，并取得了相应的成效。本案例将介绍平衡计分卡在国际各公共部门中的实践，旨在通过对比各国，寻找一条适合本国国情的战略管理之路，从而保证战略得到有效的执行。

9.2.2 案例描述

平衡计分卡在企业的成功实践引起了公共部门的关注，1996年，美国夏洛特市政府首次推行平衡计分卡，并取得了很大的成功。随后瑞典哥德堡市也将平衡计分卡引入公共部门绩效管理之中，我国的青岛市等地也引入了平衡计分卡的绩效评价方法。

（一）夏洛特市

夏洛特市位于美国东南部的北卡罗来纳州，现有市区人口51万多，郊区人口140多万。1990年，夏洛特市提出了自身的使命和愿景规划，即了解城市的需求并为市民提供高水平的服务，使该市成为生活、工作和休闲的首选之地。然而，对于如何将使命与愿景落实到执行层面，以完成任务和实现愿景规划，市政府却没有十足的把握；并且愿景规划导致的大量资金需求向市政府所有运营部门蔓延，而市政经费依然按照预算流程以增额的方式分配到各个部门。副市长帕姆·西弗特（Pam Syfert）认为，政府处理事务的方法程序缺乏新意，无法实现“了解城市需要并为市民提供高水平服务”的使命，政府必须把有限的资源集中到那些能为实现愿景目标带来巨大影响的行动计划上去。

1996年，夏洛特市成为全球在公共部门和非营利机构运用平衡计分卡观念的首批组织之一，在政府管理的各个层面、各个方面形成了自己独特的平衡计分卡，使其在后续8年中经济增长率达到20%。在具体操作过程中，首先，在引入平衡计分卡之初，要对员工进行有关知识的培训。其次，由高层领导组织并推行平衡计分卡。领导是组织实施变革的重要推动者，由高层领导亲自组织实施，体现了领导层对先进绩效管理工具的重视，也为平衡计分卡实施过程中涉及的物质资源和人力资本的调配提供了重要保障，奠定了平衡计分卡在公共部门顺利推行和实施的物质技术基础。同时，对平衡计分卡的四个维度进行调整和创新，将四个维度中处于第一位的“财务”维度下移，而将“顾客”这一维度移到了顶层，这符合公共部门以人为本的服务理念。

夏洛特市市长和市议会在15个可选择的领域中最终将“社区安全”、“交通”、“城中城”、“政府重组”和“经济发展”确定为该市下一个十年的战略主题。由三个具体团队所组成的机构负责推进平衡计分卡项目，此外，针对达成共识的五个战略主题发展出五个执行内阁，以落实平衡计分卡项目。

（二）哥德堡市

平衡计分卡在夏洛特市的成功实施引发了全球的关注，随后哥德堡市也将平衡计分卡引入公共部门绩效管理，并取得了显著的成效。

哥德堡市是瑞典西南部海岸著名的港口城市。瑞典作为一个分权制国家，政府的主要职能是提供公共产品和公共服务。其公共服务体系对应中央、郡（省）、市三级行政体系，并按照谁最贴近居民生活、最能了解居民需求，谁负责提供服务的原则，进行职责划分。在这三级体系中，市政府主要负责本级法规建设、社会经济发展规划以及国家和郡（省）制定的政策方针在本市范围的细则补充，负责初中及以下教育、各类社会服务、金融支持、住房建设、火灾和救援服务、饮水和污水处理等事务，成为公共产品和公共服务的主要提供者。为了确保各公共部门能够提供有效的公共服务和好的公共产品，并为私人部门的创新提供足够的空间，哥德堡市政府需要对各公共部门进行绩效评估，以检查公共服务工作进度和改善工作质量。平衡计分卡基于其理论基础和操作性强的特点，能够帮助市政府实现其职能。

在实施中，哥德堡市始终把提高市民的满意度作为政府最终的价值追求，这与平衡计分卡中的“顾客导向”理念完全一致。在平衡计分卡的四个维度里面，顾客维度成为其他三个维度的价值追求所在。同时，对工作成本、内部业务流程和公职人员队伍进行综合评价，不断优化和完善政府业绩评估体系。政府在评估过程中运用信息化处理，以提高评估的效率，并通过网上公示评估结果的形式，使政府部门的公共服务直接接受舆论和民众的监督。通过这样的操作，使民众能够准确了解政府部门的工作结果，使政务官员们能够随时掌握公共产品及服务的质量，同时也使政府的公职人员能够清楚地看到民众对自己工作的评价。

（三）青岛市

青岛市则是我国较早尝试平衡计分卡的城市。青岛市 1998 年便开始实行目标管理，不断探寻加强机关自身建设、推动经济社会又好又快发展的内在运行机制。2000 年，实施了以“转变职能、规范审批、政务公开、依法行政、效能监督”为重点的政府管理“五项工程”，要求各级党政机关向海尔等成功的大企业学习，促进目标管理、全面质量管理理念和技术植根于政府；2002 年，为深化“五项工程”，提出了建设学习型、创新型、竞争型、服务型机关的要求，进一步提升党政机关服务社会和促进发展的能力；2003 年，将目标管理拓展为目标绩效管理，进一步丰富了政府管理的绩效内涵。

2005 年年初，青岛市政府提出了开展“创建高绩效机关，做人民满意公仆”的工作，并在青发〔2006〕7 号文件中明确要求将平衡计分卡引入机关，使政府绩效管理的理念和技术进一步与世界前沿接轨。这极大提升了党政机关绩效管理的建设水平，被中央中直机关工委和国家机关工委评价为新时期加强机关建设的典范。

（四）三个城市平衡计分卡运用的比较

由于三个城市的基本情况存在差异，因此平衡计分卡在设计上也存在一些差异，如表 9-1 所示：

表9-1　平衡计分卡设计上的对比

	夏洛特市 (以警察部门为例)	哥德堡市 (以政府为例)	青岛市 (以机关政府为例)
顾客层面	服务对象：全体公众； 服务目标：降低犯罪率、提高居民的安全感、快速反应居民的报警电话、提高城市街道交通的安全性	服务对象：社会公众，包括一切与政府或公共部门有业务往来的组织和个人； 服务目标：提高公共产品和服务的"公众满意度"	服务对象：基层、企业和群众； 服务目标：通过优质服务让基层、企业和群众满意，为基层、企业和社会创造价值
财务层面	财务目标：从非市财政资源中融资	财政目标：控制预算，使财政资金公平、公开、合理、有效运用，尽量减少各种成本，提高资金的使用效率和收益率，使更多备用资金作为应变保证	财政目标：在追求尽可能高的效益的同时，以尽可能少的投入或成本，提供与维持既定数量和质量的公共产品或服务，树立浓厚的成本意识和资源环境意识，降低施政（工作）成本，节约开支
内部业务流程层面	①增强社区自治的问题解决能力； ②发展与公共和私人组织的合作关系； ③重组警察巡逻服务； ④加强警察人员的招聘工作； ⑤加强对警察过失投诉处理流程的稽核等	①将电子政务建设作为内部业务流程评估指标，提高哥德堡市公共部门服务效率和服务质量； ②以满足公众的需求为准则来优化部门内部办事程序	①建立高水平绩效管理体系，推动绩效管理向处（科）室、个人延伸，优化调整原有组织架构和权力运行结构； ②加强制度建设，细化、量化绩效评估； ③完善电子政务技术支撑体系，扩大和深化电子政务应用，制定电子政务应用标准和绩效评价指标体系
学习与成长层面	①开发及时通信和交流技术； ②提高警官解决社区问题的技能； ③创造良好的环境以激励员工对社区安全目标负责	①设置人力资源状况指标，要求各公共部门不断对其工作人员进行培训，提升其学习和创新能力，使其不断创新服务内容，改进服务水平； ②改善部门内部的人力资源环境，提高内部工作人员的满意度	构建学习型组织政府，促使组织结构、文化和学习机制等方面不断做出变革和调整

此外，在具体的评估方法和使用上，三个城市也存在一定差异。

夏洛特市的评估机构是执行内阁。将城市计分卡和部门计分卡联系起来以后，该市又进一步为每一个战略主题设立了各自的执行内阁。执行内阁的成员为能影响战略主题的部门领导。任何重大的市政府计划都必须经过每个小内阁的复核，以评估对各个战略主题的影响。每一个执行内阁都为各自的战略主题开发了平衡计分卡。该计分卡不属于任何一个部门，也不对任何一个部门进行评价。这些小内阁每月开会讨论它们在各自主题战略目标方面所取得的进步，并提出发展或更新战略，使组织与战略协调一致。

哥德堡市主要采用360度评估法，评估对象的上级、同级、下级、服务对象和对象本身等。评估机构是市政府下设的质量办公室。通过向各评估主体发放调查问卷的形式，对各部门的工作进行打分，质量办公室对评估结果进行汇总，有一个专门工作小组根据平常了解的情况进行个别调整后在网上公开。例如，在市教育部门对高中学校的“学生满意度”一项的评估中，评估主体为学生，市教育部门则负责汇总、调整和反馈，帮助学校改进绩效。在绩效反馈环节，哥德堡市普遍采取了“面对面”绩效谈话的方式，评估负责人与被评估者（单位负责人）进行大约两个小时的谈话。此外，哥德堡市还开发了一套平衡计分卡软件应用系统。所有政府部门每年的重点工作，包括学校教育、医疗卫生、环境保护、养老等，都通过该系统来评估，并将结果公布到网上。每一位公民（包括评估对象）都能随时上网看到某一年某一项政府公共服务的工作状况，还可以通过该系统向市政府和公共部门提出相关建议。

青岛市实施分类评估，协调区域经济发展结构和平衡市直部门职能差异。2006 年，青岛市对纳入评估的 126 个单位，从其区位、职能和目标差异出发，在绩效指标设置和权重分配上尽可能鼓励特色发展并体现可比性。把 12 个区市分为三个组，按其各自特点、条件和发展优势，在评估分组、评估指标、指标分值和权重的确定上各有侧重，突出不同地区发展目标和战略布局的总体要求。对市直单位则按职能性质和特点，分为党务部门、经济协调与发展综合部门、城市建设管理部门等 8 个组；对市人大常委会和市政协机关所属正局级单位单独评估；同时，对所有被评估单位设置了“重要贡献”评估内容，激励开拓创新。

资料来源：林春丽．组织绩效管理案例精选［M］．南宁：广西人民出版社，2013.

9.2.3 案例思考题

1. 夏洛特市、哥德堡市和青岛市推行平衡计分卡的经验对于我国其他城市有何启示？
2. 应该如何利用平衡计分卡来提升政府部门的绩效？

9.2.4 案例分析

核心提示

平衡计分卡最初是针对企业组织设计开发的，后来也被引入公共部门的管理中。由于政府的最终目标是为公众提供服务，而企业存在和发展的最大动力是获取利润，因而二者在平衡计分卡四个层次的设置也有区别，体现为企业将对财务层面的考察放在最上层，而政府将对顾客层面的考察放在最上层。这是因为随着对政府角色和职能的重新界定，政府更倾向于把重点放在满足公众对公共产品和公共服务的需求上。因此，在公共部门中应用平衡计分卡来进行政府绩效管理，必须基于公共部门的实际情况而适当调整战略主题、目标、行动方案和结构等，要注重平衡计分卡与组织实际管理制度的适应性，从而达到效果的最优，决不能简单复制企业战略管理的工具架构。

观点争鸣

观点一：平衡计分卡是一套科学的战略管理工具，其指标的规范性使绩效管理走向量化，使绩效由主观的评价和评估走向科学的考核和测量，也使传统的人事考核走向现代的绩效管理，其核心是从财务与非财务、当前与未来、显现与潜在、驱动与结果、过程与结果等多个层面来综合测评公共组织的绩效。平衡计分卡能满足公共部门平衡多目标的要求，实现组织长期目标和短期目标、先行指标和滞后指标、组织绩效和个人绩效等的平衡，更好地谋求公共利益和普遍福祉[①]。

观点二：平衡计分卡是一种先进的管理理论和管理工具，但中国企业和公共部门的人力资源管理体系都相对落后，简单植入先进的管理工具或方法，往往会身陷困境。尽管我们已经认同了人力资源理念，但在实践层面，公共部门的人力资源管理整体框架还是基于传统的人事管理理念，这必将严重削弱，甚至阻碍平衡计分卡的有效推行。我国公共部门组织结构长期条块分割，部门职能、职责界定不清，内部管理信息和人力资源信息系统低效或者垄断，这将直接制约平衡计分卡战略目标的分解和具体落实。

问题分析

平衡计分卡由美国哈佛商学院的教授罗伯特·S. 卡普兰（Robert S. Kaplan）和诺朗顿研究所的首席执行官戴维·P. 诺顿（David P. Norton）共同提出，是一种全新的绩效评估和管理工具。平衡计分卡提供了一种全面的评价体系，它分别从顾客、财务、内部业务流程和学习与成长四个视角向组织内各层次的人员传递组织的战略以及每一步骤中他们各自的使命，最终帮助组织达成战略目标。平衡计分卡已经从最初定位的绩效考核工具，演化为组织经营与管理的系统性战略管理工具，能够帮助企业有效地解决两大问题：绩效评价和战略实施。但作为一种特定的管理工具或方法也有其局限性，平衡计分卡在四个维度中并没有区分权重，而仅仅是平衡[②]；四个维度之间存在着相互驱动的内在因果关系，但这种因果关系的可靠性很难证实，而且因果关系不够完整，有的单向因果关系缺陷比较严重，有的因果关系中存在“时间延滞”；非财务指标在实际操作中容易被忽略，或者缺乏量化标准，量化难度大；指标体系过于庞杂，过度强调非财务指标对财务指标的驱动作用，却忽视了财务指标对非财务指标的反作用。

平衡计分卡能在公共部门内部发挥协同和聚焦的作用，使组织清晰地描述和沟通战略，公共组织内任何资源和行动都可以围绕战略协同起来，在组织和公务员个人间建立新的联系。平衡计分卡从战略层面分解到流程角度，可以制定出与战略密切结合的流程衡量指标，可以引导高层领导思考哪些业务领域需要进行变革和改进。以绩效考评为目标的管理信息系统，有利于优化配置公共资源。平衡计分卡在公共部门的成功实践，主要表现在受托责任与产生结果、吸引各类稀缺资源、形成一个战略焦点、提供信息、自我维持、驱动变革和激发信任等方面。

随着深化改革和服务型政府的建设，我国政府部门也将平衡计分卡引入战略管理之中，取得了相应的成效。本案例特选取国内外三个实行平衡计分卡的城市，对平衡计分卡在不同国情下的城市运用情况进行对比分析。平衡计分卡在不同城市公共部门的实施，共同点都是把顾客导向作为公共部门提供服务的价值理念，这也是由公共部门的特殊性质决定的。平衡计分卡在不同城市公共部门的实施虽然在表述上有一定的区别，但是实质上都是根据顾客层面、财务层面、内部业务流程层面和学习与成长层面

① 蒋文峰，季丽. 关于平衡计分卡在我国公共部门中运用的研究 [J]. 东方企业文化，2010 (2)：73.
② 吴春波. 走向神坛的平衡计分卡 [J]. 管理，2007 (5)：32-34.

来具体展开的。只是平衡计分卡的运用及效用的发挥与组织的制度环境建设息息相关。衡量一种管理工具是否有效，不仅要看该工具的理念、方法等是否科学，还要看其是否能够与当时当地的制度环境、组织结构框架等相适应。一个制度的确立，一定要从实际出发，立足本国本城市的国情，探索出一条科学的、适合自己的绩效管理制度。

9.3 案例三 华西医院关键绩效指标建设

9.3.1 背景透视

关键绩效指标（Key Performance Indicators，KPI）方法是一种重要的绩效考核工具，它结合了目标管理和量化考核的思想，通过对目标进行层层分解，使各级目标（包括团队目标和个人目标）不会偏离组织战略目标，可以很好地衡量团队绩效以及团队中个体的贡献，从而起到很好的价值评价和行为导向的作用。近年来，绩效考核被越来越多的单位重视，其中关键绩效指标方法的运用已经逐步展开。华西医院围绕提高医院影响力、服务质量等目标，在互联网时代的背景下，对医院组织管理模式进行改革，并在责任落实、团队协作、个人激励等方面都有所建树，通过关键绩效指标的实践和改革，为公共部门绩效考评提供改革示范。

9.3.2 案例描述

四川大学华西医院是中国西部疑难危急重症诊疗的国家级中心，也是世界规模第一的综合性单点医院，拥有中国规模最大、最早整体通过美国病理家学会（College of American Pathologists，CAP）检查认可的医学检验中心。医院运行院区占地500余亩，业务用房60余万平方米。设有成都国学巷本部及温江医疗院区、全托管成都上锦南府医院，各院区服务功能定位明确：院本部床位4 100张，以诊治疑难危重疾病为主；温江院区床位200张，以诊治康复、肿瘤及慢性疾病为主。

四川大学华西医院连续六年获得复旦版全国最佳医院“榜眼”之荣，华西医院2016年申请国家自然科学基金立项的数量居全国医院之首。2016年上半年，该院门急诊量共计3 066 774人次。与去年同期相比增长6.08%。与此同时，该院出院人数、手术台次与同期相比，增幅都在4%左右。

华西医院李为民院长多次强调：现代医院管理面临着诸多内部挑战，为应对互联网时代下的医院组织模式变革，华西医院从责任落实、协调团队、激励个人等方面入手，并取得了卓有成效的改革。在绩效管理上，华西医院针对各个岗位设置了一系列的关键绩效指标方法。临床教学科研指标体系已经确认，行政后勤的还在制定中，最后会形成个人的、每个部门的、每个分口的甚至大到院级的指标体系。

以院长办公室为例，由于日常工作的性质，强调评判标准要看有多少件没有按照规定完成而不是完成了多少件（见表9-2）。

表 9－2　　院长办公室的部分 KPI

序号	KPI	定义	配分权重	考核频率	目标值	评分与计算标准	资料来源
1	会议的组织、协调发生不规范的次数	会议安排的完善程度，做好对部门主办会议的协助	10%	季	0	(1) ＝目标值，得 100 分；(2) 每次被查出或投诉，发生有不规范的次数，每发生一次扣 5 分	工作记录
2	会议决议事项催办、督办遗漏数	对于会议决议事项进行催办督办、定期追踪有无遗漏	10%	季	0	(1) ＝目标值，得 100 分；(2) 会议决议未进行催办、督办及追踪遗漏次数，每发生一次扣 5 分	(1) 开会记录；(2) 催办通知单
3	文件管理发生损坏或借阅不规范数	各种文件的记录及档案，保证完整性、真实性并备案；文件资料日常管理和使用过程中出现差错、遗漏、损坏、违规借阅的次数	10%	季	0	(1) ＝目标值，得 100 分；(2) 文件缺漏或遗失，每发生一次扣 10 分；(3) 文件损坏破损，每发生一次扣 10 分；(4) 借阅程序不规范，逾期借阅未归还，每发生一次扣 10 分	文件管理记录
4	重要报表完成拖延天数	报表完成比规定时间延迟天数	10%	季	0	(1) ＝目标值，得 100 分；(2) 每延迟 1 天，扣 5 分	(1) 重要报表清单；(2) 数据报表递交登记本
5	印章管理的有序性	考核各类印章的管理规范	10%	季	0	(1) ＝目标值，得 100 分；(2) 出现差错 1 次，扣 5 分	印章使用制度

在完善核心岗位的设置与管理上，华西医院进行了医疗组长负责制的医疗管理模式改革。目前，华西医院有 3 000 多名临床医生，设置了 580 个医疗组，共有 640 余名医疗组长候选人。医疗组长的选取有一定的硬性指标：必须是副高以上职称，若是主治医师，必须在临床一线工作 5 年以上。医疗组长不光是一个管理岗位，还要有过硬的临床技术；不仅要做好自己的手术，还要负责整个组的卫生经济学、药占比、绩效等各项实际指标。具体分工如图 9－2 所示：

科主任领导

亚专业组组长指导

医疗组长负责

1 名主治医生

1 名专科医师

1~2 名住院医师

2~3 名研究生、进修生

2~3 名实习医生

图 9－2　医疗组长负责制的具体分工

医院统计数据显示，2013 年华西医院药占比为 43%，到 2016 年上半年药占比为 37%～38%，这一巨大的改变与医疗组化管理密不可分。针对每个治疗组，华西医院都设有绩效指标。部分内容如表 9-3 所示：

表 9-3　医疗组的绩效指标

一级指标	评估内容	二级指标
工作符合指标	门诊工作量 住院工作量 检查操作工作量	门诊人次 出入院人次 手术台次（检查量）
工作效率指标	同类疾病的治疗时间 资源利用 患者等待手术的时间	平均住院日 床位使用率 术前等待时间
医疗质量指标	病历质量 处方管理 院感防控 医疗服务整体技术难度	病历归档合格率 处方合格率 院感防控合格率 病例组合指数值 （CMI 值、RBRVS）
卫生经济学治疗	合理用药 成本控制	药品比例 耗材比例

在激励员工上，医院强调，“华西医院就是要给大家搭建一个事业平台，鼓励大家有更好的发展，成为各大医院的管理人才”。除了通过文化输出、树立职业自豪感之外，华西医院强调“给员工一个愉悦的工作环境”。在医闹频发的背景下，公安部门在医院内设有华西派出所，医院保卫部也积极配合协助。一旦发现有无理取闹者，派出所和保卫部会及时出面，保护院内员工。同时针对医院的具体情况，设置了一套分系列的绩效分配，分月绩效和年终绩效两个层面。就医师医疗的月绩效而言，主要包括 RBRVS（一种手术系数）/CMI（所有病例的平均权重数）、医疗质量、药占比、材料占比。按照国家分级诊疗的要求，华西医院这种类型的医院，就应该致力于攻克疑难杂症。因此，华西医院在考核外科医生的绩效时，就会关注其重大、疑难手术的量，并且通过绩效考核和分配制度，鼓励其做大而难手术。而对于内科医师，医院通过 CMI 这一指标，考核其诊断、治疗复杂疑难内科疾病的质和量。就医技人员而言，绩效考核包括复合式绩效（主要考虑医疗质量、时间单价等）和成本控制（分段累进制）。

这样的一套绩效考核制度，使华西医院的管理更加科学合理，顺应了时代的发展趋势，使华西医院逐步成为全国一流的医院。

资料来源：燕小六. 华西医院给 3 000 多名医生设 KPI，啥情况？[EB/OL]. 医学界智库，2016-09-25.

9.3.3　案例思考题

1. 公共部门的关键绩效指标应当如何设计？
2. 请评价案例中的关键绩效指标体系的优缺点。

9.3.4　案例分析

核心提示

绩效考核是绩效管理的重要环节，关键绩效指标结合了目标管理和量化考核的思想，只衡量组织战略实施效果的关键指标，通过对目标进行层层分解，使各级目标（包括团队目标和个人目标）不会偏离组织战略目标，可以有效地衡量团队绩效以及团队中个体的贡献，从而起到很好的价值评价和行为导向的作用。关键绩效指标作为一种绩效管理工具，其目的是建立一种机制，将组织战略转化为内部流程和活动，从而不断增强组织的核心竞争力，使组织持续发展，这对于公共部门的绩效考核具有非常重要的参考与借鉴价值。

观点争鸣

观点一：关键绩效指标具有战略导向、分解关联、突出重点、聚焦方向、分段量化等突出特点，并且简单客观、易于理解，具有较强的可操作性，得出的结果直观且便于进行横向、纵向的比较。在效果上，与一般绩效指标相比，关键绩效指标将与组织战略密切相关的行为进行集中测量，有利于引导公职人员按照指标体系设定的测量标准和奖励标准去理解和贯彻执行组织的战略目标，从而将组织绩效最大化。另外，关键绩效指标体系将个体绩效与部门绩效及组织目标层层挂钩，有利于增强公职人员的责任感和参与感。

观点二：关键绩效指标在很大程度上简化了公共部门绩效考核的复杂性、主观性等问题，关键绩效指标虽然重要，但并不是绩效指标的全部，尤其是对于一些支持性部门（如办公室等）而言。绩效考核指标很少源于组织的战略，更多的是来自部门的职能或职责。由于公共部门不同于生产型的组织，其特有的公共服务性、非营利性和公益性特点，使之难以采用生产组织常用的计件或计量的方式来确定客观量化的考评标准，关键绩效指标比较难界定，所以并不完全适用；而且一旦考核者误用机械的考核方式，忽视了公共部门管理本身的使命和核心价值观，就会使组织的绩效管理系统脱离核心理念的指引①。

问题分析

关键绩效指标是指对组织绩效起关键作用的指标，而不是与组织管理有关的所有指标，通过它可以有效落实组织的战略目标和业务重点，引导管理者将主要精力集中在关键管理领域和行为上，抓住影响组织价值创造的关键驱动因素，有效改进和提高组织绩效水平。因此，基于关键绩效指标的绩效评价体系，必须依据组织战略目标的分析，依次分析和提炼出影响组织战略目标实现的关键领域、关键绩效要素和关键绩效指标；然后对关键绩效指标进行层层分解，形成“组织—部门—个人”三个层面完整的指标体系。

随着关键绩效指标在我国公共部门的应用，其逐渐显示出有利于正确评估公共部门整体和公职人员个人的工作绩效，促进公职人员对战略目标、工作计划的理解与执行等作用。案例中的关键绩效指标在促进华西医院转型发展中起了重要作用。华西医院根据组织当前的战略目标，针对各个部门、各个岗位设置了一系列的关键绩效指标。在核心岗位的设置和管理上，采取了医疗组长负责制的医疗管理模式，建立了科主任领导、亚专业组组

---

① 陈云华. 浅议如何构建公共部门关键绩效指标体系［J］. 福建轻纺，2008（5）：20-22.

长指导、医疗组长负责的组织模式。针对每一个治疗组，都配备了具体的两级指标，对关键绩效指标进行层层分解，使绩效考核更具体，易操作。

案例中华西医院的关键绩效指标体系并没有将组织战略目标进行分解，因此，这种关键绩效指标仅作为一种绩效考核工具，而不是一种绩效管理工具。而且关键绩效指标并不是对所有公共部门都适用，特别是当不能明确各战略要素之间因果关系的时候，容易导致绩效管理体系设计偏离战略方向。此外，关键绩效指标还可能忽视财务指标和无形资产的重要性；自上而下、层层分解的确定思路，难以帮助组织创造协同效应；过分关注量化指标和结果性指标，使得忽视了对绩效创造过程的有效监控。

因此，关键绩效指标在公共部门实施的过程中还应当注意以下问题：（1）在设计关键绩效指标时应当做到广泛参与管理。很多组织在设计关键绩效指标时，往往只是人力部门的专业管理人员在运作，缺乏高层管理者的有力支持和广大一线管理者的配合，更少有组织的普通职工参与；还有一些组织缺乏有效的沟通网络，各部门相互掣肘，对于设计方案也难以达成共识。（2）要注意避免关键绩效指标战略关联性差的问题。关键绩效指标确定和实施的基础是公共部门有着清晰的战略概念和战略愿景以及战略执行情况的反馈通道，大多数公共部门的绩效管理只提供了短期的、有关日常工作表现的反馈，多局限于一个领导者任期内的规划，很难有长期的战略规划。（3）在分解和实施各维度或模块各类关键绩效指标时，要注意指标间真实的时序和因果关系，形成一个有机统一的关键绩效评估体系。（4）在各指标本身的设计技术上，要注意指标目标价值不明确、考评标准不合理、权重设置不当等问题①。

① 汤孝锦. 关键绩效指标（KPI）在现代企业绩效管理中的应用 [J]. 企业经济，2009（11）：46-48.

第 10 章

公共部门薪酬管理

知识提要

薪酬是指组织为认可员工的工作与服务而支付给员工的各种直接和间接的经济收入。公共部门薪酬管理是指公共部门根据组织战略和发展规划，结合相关法规政策，确定组织薪酬总额、薪酬结构以及薪酬形式，并根据员工的岗位职责、能力水平及工作表现等来确定其所得的各种直接和间接财务性报酬的过程。薪酬管理与组织的发展相辅相成：一方面，薪酬是组织成员生存的物质条件，是对员工能力、地位及荣誉的认可，是组织人力成本的体现；另一方面，良好的薪酬管理决定着人力资源的合理配置，可以为组织吸引优秀人才，充分激励、发挥员工的能力，为组织的发展提供保障。

10.1 案例一 公务员工资标准该如何确定？

10.1.1 背景透视

公务员的工资，一直是舆论的热点话题。建立科学合理的工资制度，影响的不只是公务员个人的福利，更关系到国家治理体系的构建及成效。施行于 2006 年的现行公务员工资制度，缺陷日益凸显，调整机关单位工作人员基本工资标准，是改革机关单位工资和津贴补贴制度的重要举措。2012 年以来，关于公务员该不该调整工资成为舆论热议的话题。湖南冷水江和北京石景山区的街道办事处意外“晒”出来公务员工资，引来大批网友的围观、点评。有不少公务员匿名在网上自曝工资低，却招来网民的一片质疑声。有人认为，公务员收入虽低，但福利很好；有人认为，公务员收入性价比很高，因为工作并不忙；还有人认为，公务员收入再低，也比大多数人好多了。面对质疑声，公务员工资改革该何去何从?

10.1.2 案例描述

公务员普遍对收入不满意

由于公务员收入与其级别和所在地区财力水平密切相关，因此很难用一句话概括这一群体收入水平的高低。2014 年 9 月，人民网记者采访了在北京、河北、陕西、广西等地工作的十余位普通公务员，结果显示他们对自己公务员身份所获得的收入、福利以及所承受的压力等也有倒不完的“苦水”。从调查接触到的省、直辖市、地级市和西部乡镇工作的公务员情况看，对个人收入不满是普遍态度。

2014 年，从清华大学毕业三年的在广西某省级单位工作的陈拓（化名，下同），作为副主任科员，月入 3 000 多元。陈拓计算，现在南宁市新房均价 7 000 多元/平方米，自己不吃不喝两个半月才能换来放半张床的地方。

“我是正科级，每月到手工资 5 000 元左右，与同龄、同条件的人相比应该处于偏下水平。”在北京某区级单位工作的叶静说道。叶静在 2006 年通过统一考试进入公务员行列，在她的印象中，从入职到 2014 年这七八年来除了因为级别调高而增加的几百块钱外，其他收入没有变动。她透露，好几个跟她同时参加工作的公务员同事都因为对工资不满而选择了辞职。

2009 年研究生毕业的孙阳就职于河北某地级市区政府，他拿出了自己 2014 年 8 月的工资条：职务工资 410 元，级别工资 455 元，工作津贴 804 元，生活补贴 1 206 元，应发工资 3 228.7 元，实发工资 2 639.2 元。“我们市里的房子每平方米基本要五六千，差的地段也涨到四千多了。”孙阳说，“未来结婚买房肯定要靠家里，用我这点儿收入没戏”。

对于在西部某乡镇担任一把手多年的陈树清来说，收入是他一直以来的“心头痛”。“我当了 11 年正科，现在到手 3 200 元，我算了算，近 6 年来的工资涨幅是 0.16%，和我们这里的社会平均工资相比低了 270 元。”陈树清说。

“高福利已是过去时”

“公务员享有高福利的时代，在我毕业前就结束了。”叶静说，她的公务员生涯起步于北京市某区的街道办事处。她那时常听同事谈及过去的高福利：“单位有‘小金库’，有的活动能分到几千元的劳务费，每年还有定期外出甚至出国旅游……这一切在实行阳光工资后都没有了。”叶静说，从她工作以来，各类购物卡一概取消，连中秋、端午例行发的月饼、粽子都没了，也从没有外出旅游过，只剩下死工资，而且还不发加、值班费，工资等于变相降低了。

说到月工资以外的收入，陈树清告诉记者，他只有每年 120 多元的独生子女费和 1 000 多元的年终奖。很多同学都质疑他说假话，连连反问：“你在镇里当一把手，怎么一点儿油水都捞不到?”

近年来，一些部委或地方政府机关开办的低价食堂让社会很是羡慕。甚至在一些单位，公务员只花 1 块钱就可以享用丰富的自助餐。但在孙阳看来，单位食堂并不算一种福利，而是顺应形势的一股潮流。“中央八项规定实施后，机关内部的食堂一下子火爆起来，之前没有小食堂的也都琢磨开办，但由于各机关的经济情况不一，食堂所获的补贴也都不一样，所以饭菜定价差别很大。”孙阳介绍，他所在单位的食堂实行打卡制，一个月充一次值，个人每次交80元，单位补40元，早饭3元，午饭7元，不算特别便宜。但相邻的区因为经济实力强些，不论早饭还是午餐，均是1元，而且饭菜质量更好。

“我们机关食堂的饭菜难吃，还限制每人只能打一份荤菜。”某中直机关外派陕西工作的张丹说道，“食堂的饭菜品种其实很单一，远不是社会上所想象的应有尽有”。

同城不同酬

关于公务员该不该调整工资、如何调整，业内专家开出了各种“药方”，包括公务员工资实行“全国统一价”、建立工资动态调整机制、实现福利货币化、深化干部人事制度改革、建立淘汰机制等。部分公务员也表达了自己的见解：

“公务员收入各地趋同不太现实。”陈拓分析，通常公务员都是居住在某一城市，而这些城市的收入水平本身就存在很大差距。但他认为，在参照当地水平的同时，可以比较其他地区同级别、同岗位公务员的情况，不能相差太大，公务员工资应首先实现“同城同酬”。他表示，在广西区直机关与南宁市直机关工作的同级别公务员，其收入会相差千余元。这是因为省级单位的工资是按广西壮族自治区内14个市的收入平均值确定的，其中包括一些落后地区，而省会城市的经济水平通常是比较靠前的。“大家都在同一个城市生活，食品、房屋、教育的成本都是一样的，理应享有同样的工资标准。”陈拓说。

孙阳认为，建立工资动态调整机制很重要，这在2006年开始施行的《中华人民共和国公务员法》中也有明确规定，而他所在的单位连续五六年都未对工资做过调整。

陈树清通过多年的观察发现，因为工资待遇低，少数干部开始“偷着伸手要钱”，或者干脆自己搞起“第二产业”，把心思都用在经营自己的事业上，本职工作做得马马虎虎。“中央是不是可以鼓励各地设立终身廉政基金，在退休时确定无贪污受贿行为的，可以享用该基金给予的住房和养老补贴，这样有助于干部安心工作。”陈树清建议。

改革标准应如何定

《中华人民共和国公务员法》规定，公务员实行国家统一的职务与级别相结合的工资制度，这奠定了公务员工资制度的基本框架，为改革和完善公务员工资制度提供了法律依据。公务员工资制度的改革方向是，归并简化现行基本工资结构，将基本工资确定为职务工资和级别工资两部分，适当拉开不同职务的工资差距；强化工资级别与待遇挂钩；在清理整顿各地区、各部门、各单位自行建立的津贴、补贴的基础上，实施地区附加津贴；实行分类管理的工资制度，以适应公务员分类管理的需要；完善艰苦边远地区津贴制度和特殊岗位津贴制度。

自2014年10月1日起，我国公务员工资标准开始依据《关于调整机关工作人员基本工资标准的实施方案》实施，将部分津贴补贴纳入基本工资，规范各种津贴补贴标准。调整后，公务员人均每月工资大约增加300元。而国家行政学院副教授胡颖廉认为，新一轮公务员工资改革的重点应是提高基层公务员待遇，具体做法有两点：一是规范公务员地区附加津贴制度，二是完善职务与职级并行的薪酬制度。

事实上，公务员工资改革并非一个简单的“够”与“不够”的问题，进行公务员工资改革，与反腐形势不无关联。如果刨除公务员群体的隐性收入，现有的收入水平特别是对于基层公务员来说，确实是偏低的。更何况，从实际情况来看，大政方针最终都要落实到基层，由基层公务员群体承担，如果这些人不能通过合法的劳动拉开收入差距，很难说不会对基层工作机制带来冲击。从这个意义上来说，进行公务员工资改革，将公务员的待遇与职级挂钩，不仅关乎公务员的福利，更关乎国家机构治理能力的提升。对公务员群体而言，从道义上要求他们廉洁奉公是毋庸置疑的，但同时也必须注重从制度上堵住“灰色收入”的缝隙。依靠纪检部门监管，扩宽监督渠道，这只是一个方面，而进行工资改革，建立正常的收入晋升标准无疑应成为反腐机制建设的另一方面。

资料来源：贾玥．对话公务员群体：工作忙闲不均 普遍对收入不满意［EB/OL］．人民网，2014-09-09.

10.1.3 案例思考题

1. 公务员普遍抱怨收入低的原因是什么？
2. 对于公务员工资调整，你有什么好的建议？

10.1.4 案例分析

核心提示

公务员工资是国家根据按劳付酬的原则，对公务员以其知识、技术、能力、时间为国家提供的服务，以货币等形式给予的回报，包括基本工资、津贴、补贴和奖金四部分。目前我国公务员普遍存在收入低的现象，这与工资体系设计以及工资标准不合理有密切的联系，并且工资标准未能结合地区的客观消费水平及时进行动态调整，以与国民经济发展水平相协调、与社会进步相适应。科学合理的公务员工资制度设计，关系到公务员个人的经济利益，能够起到吸引优秀人才、稳定公务员队伍、充分调动公务员积极性和发挥主观能动性的作用，进而有利于我国政府行政行为的优化、国民经济的稳步发展以及社会主义和谐社会的构建①。

观点争鸣

观点一：收入分配是民生之源，关乎公平正义，作为薪酬体系改革的重要一环，公共部门薪酬标准的确定至关重要。过去，在公务员的薪酬结构中，工资收入仅仅是一小部分，部分公务员还存在多种隐性收入，这在各个政府部门之间也有较大差异，导致公务员群体内部的收入不公平。公务员工资改革，一直是社会关注的焦点，比起给公务员涨薪，改革现有的公务员薪酬制度更为重要。这是一个通过公开、透明、公平、法治改革，来围堵部门的垄断利益、灰色或者黑色收入等制度缝隙的过程。

观点二：公务员作为一种职业，仍是公务员群体谋生的一种手段。合理的薪酬水平，不仅能改善公务员的生活水平，提高其工作的积极性，改善服务公共质量，也能更好地拉动内需，缩小贫富差距，提高公务员职业的社会地位。随着物价的不断上涨、人民收入水

---

① 张宁．我国公务员薪酬制度分析［D］．哈尔滨：黑龙江大学，2009.

平整体的提高，逐渐适度提高公务员的工资水平也是正当合理的。但是，公务员的工资增长必须有一定合法、合理的依据，必须严格依据薪酬制定原则，结合国民经济的水平。公务员工资既要从整个社会收入分配结构中考量，与其他社会群体的工资收入标准协调适配，确立合理的薪酬标准；更要着眼于公务员工资结构的内部缺陷。公务员工资调整并不一定意味着工资水平的增长，而是更应侧重于工资结构和工资制度设计的科学性与激励功能①。

问题分析

公共部门薪酬管理是提高组织的效率和效能，促进人力资源开发的重要因素之一，直接关系到公共部门的正常运行及人才资源积极性的发挥。我国公务员薪酬由四个方面构成：基本工资、津贴、补贴和奖金。基本工资，即职务工资和级别工资，是工资结构的主体，也是确定公务员退休金、抚恤金等项目的主要依据。津贴由地区津贴和岗位津贴构成，其中地区津贴又包括地区附加津贴和艰苦边远地区津贴。补贴包括车补、取暖补贴、出勤补贴、山区补贴以及地区差别补助等。奖金实际上是指公务员的年终一次性奖金，凡在定期考核中被确定为优秀、称职的公务员均可享受。津贴、补贴和奖金是公务员工资的重要组成部分。

随着经济水平和民众生活质量的不断提高，涨工资成了包括公务员在内的普遍利益诉求。目前我国部分公务员抱怨收入低，主要有以下几个方面的原因：第一，公务员工资收入与国企、外企以及一些科研事业单位相比，还有差距；第二，大多数基层公务员面临买房、孩子教育、看病等经济压力；第三，部分公务员经常加班却没有加班费；第四，与国外的公务员，特别是与那些“高薪养廉”国家的公务员工资水平相比，我国公务员的工资确实不算高②。然而，对普通公务员特别是基层公务员来说，能够通过升迁实现待遇提升的毕竟是少数，广大基层公务员普遍遭遇的工资待遇低、工作压力大、晋升空间窄的困境长期得不到有效的解决，这不仅会严重压抑大多数基层公务员的积极性，还会让越来越多的人对基层公务员岗位望而却步，继而导致基层人才的严重匮乏。因此，公务员的薪酬应当保证对高素质劳动者有市场吸引力，加薪是应有之举。但是，支持加薪的人常提“高薪养廉”，这种说法有待商榷。“廉”绝不是“养”出来的，公务员的薪酬重点应是“合理”和“合法”。所谓“合理”，即其职位设计和劳动付出应符合雇佣所需；所谓“合法”，即其收入来源必须正当，符合法律规范和职业道德要求。此外，公务员的薪酬制度必须受到法律和民众的严格监督。

公务员工资标准应如何确定是薪酬制度改革的关键。任何工资制度的建立都必须首先确定参照系，在确定和调整公务员工资水平时，也要有一个客观的参照标准。从劳动力市场供给看，公务员工资与企业员工的工资本质上是相同的。政府在确定公务员工资水平时，就需要参考企业相关人员的工资水平。工资水平的调整是一个决策过程，需要同时考虑财政承受能力及国家发展战略的需要。另外，公务员工资的水平及具体标准，应

① 王怡．浅论我国公务员薪酬的增长机制［J］．中小企业管理与科技，2011（8）：62-63.

② 张鹏．公务员涨工资要谨慎［EB/OL］．人民网，2013-08-21.

该有一个综合的、体现民意的科学决策机制：一是在实质内容上，实行工资调查制度，使公务员工资体现市场工资的基本水平；二是在程序上，建立常态化的、体现民意的决策程序及机制。在决策的体制中，不仅要有公务员的代表，更需要有纳税公民的代表①。因此，应进一步规范公务员薪酬制度，按照一定的标准向社会公布，做到规范有序、公开透明、公平公正，将薪酬收入真正、完全暴露在阳光下，时刻接受民众的监督。在中央强力反腐、严肃政风的影响下，应加快公务员薪酬制度的改革，厘清公务员的工资标准，将薪酬管理纳入法治轨道，建立动态、公开的工资增长机制，确立以公开公平为核心的薪酬结构制度。

收入分配涉及社会公平正义、社会和谐，是备受人们重视的经济问题。不解决好行业间、部门间、单位间的差距，就会人为造成社会分配的不公平，并滋生部门的腐败，引发人们的心理失衡，严重影响社会事业的发展。同工同酬，是指用人单位对于从事相同工作、付出等量劳动且取得相同劳动业绩的劳动者，支付同等的劳动报酬。而目前对“同城同酬”大家看法不一，同城同酬是使公务员收入规范透明的一个良好的开端。但也存在一些问题，比如进一步拉大了不同地区之间公务员的工资差距，尤其是发达地区和落后地区之间的差距。目前实行同城同酬的城市，大多是一些财政状况良好的省会城市，这实际上提升了该市整体公务员队伍的工资水平。但是各城市津补贴标准不一，越发达的地区数额越大，而一些财政困难的城市和乡镇只能望其项背，这不仅不能解决长期以来地区之间公务员收入差距的问题，反而激化了矛盾。另外，也会出现工资弹性不足现象。同城同酬不仅未能弥补以往津贴灵活性过大的缺陷，还造成了工资弹性不足的问题。绩效工资本应该是富有弹性的，可如果把绩效工资依据级别来确定，公务员的考核就会减少，也会造成“吃大锅饭”的现象，工作效率会降低，这就使得薪酬制度失去了它本应具有的激励功能。

10.2 案例二 农村教师困境调查：城乡差距大，生存环境不乐观

10.2.1 背景透视

长期以来，由于经济社会发展的不平衡，在地区之间、城乡之间、校际，教师的工资待遇差距明显，特别是在一些偏远农村地区，教师的工资待遇不仅偏低，而且存在大量教师工资拖欠的问题。我国中西部地区的农村教师生活、工作条件艰苦，工作负担重，待遇仍然普遍较低，社会保障缺失，导致了农村中小学“没人去”“留不住人”，乡镇以下的村小学、教学点的教师严重短缺，且老龄化普遍。在市场经济条件下，教师工资是调节和配置教育领域人力资源的经济杠杆，也是影响教师队伍的数量、质量、结构以及稳定的重要因素。如何才能有效稳定现有农村教师，吸引更多优秀人才到农村从教，并鼓励教师们长期从教、终身从教？

① 兵临. 关注调整公务员工资标准背后的改革意义 [N]. 京华时报，2015-06-29 (2).

10.2.2 案例描述

2015年，21世纪教育研究院发布了针对农村小规模学校师资状况的调研报告，报告显示，据2012年官方数据统计，我国农村地区学生少于240人的小学（含教学点）有16万余所，占当时全国小学总数（228 585所）的70%左右；学生人数少于120的小学（含教学点）有11万余所，占当时全国小学总数的48%左右。另有报道指出，目前在四川、山东、湖北、河南、江西、贵州、甘肃、陕西等省份，乡镇、村小学教师的平均年龄达46岁，有的甚至达50岁。近年我国中西部、老少边山穷地区的小学、初中大批教师即将退休。

农村小规模学校教师工作量大

从农村小规模学校教师授课情况来看，农村小规模学校教师工作量大。虽然62.7%的农村小规模学校教师所带年级不多于1个，但仍有不少教师所带年级较多。在教师讲授科目方面，48.3%的教师承担两门及以下的教学任务，22.8%的教师需要承担三至四门课的教学任务，28.9%的教师承担四门课以上的教学任务。通过对农村小规模学校教师备课、上课、改作业、课后辅导、自主学习、校务工作、学生生活、家庭生活等几方面的时间安排进行调查，发现农村小规模学校教师平均一天工作长达12小时。

“我一直在农村学校当教师，感觉工作强度蛮大的，但待遇方面并没体现。”洪泽区东双沟镇中心小学“70后”语文教师吕大宏谈起在农村当教师的经历，感触颇深。吕大宏所在的小学，留守儿童居多，在全校972名学生中，父母双双外出打工的有400多人。“父母不在身边，留守儿童的学习习惯往往比较差。”吕大宏说，留守儿童平时主要是跟爷爷奶奶在一起，而爷爷奶奶对孩子教育的关注度远没有父母高，爷爷奶奶只要孩子吃饱喝足就满足了，对于孩子的学习成绩操心得比较少，而且也力不从心。家庭教育缺失的留守儿童，老师教学往往要付出更多的努力。“比如教学这一块，老师每天都要通过E校通平台发短信给学生的爷爷奶奶，提醒爷爷奶奶‘盯’孩子做作业，不盯的话，作业就收不上来。”吕大宏感言，当农村教师很累很辛苦，但待遇方面并没有体现。以他个人为例，工作20年，每个月的工资都在2 680元左右，加上年底的绩效工资，月均收入也就3 000多元。

农村小规模学校教师待遇差

以吉林省某县为例，2015年的城乡班主任津贴基本稳定在160元左右，因为县城基本上没有早晚自习，而农村地区学校多为寄宿制学校，早晚自习时间的报酬没有得到体现。调研数据显示，农村小规模学校教师实际工资平均在2 500元左右，同时他们认为每月工资在4 500元左右更能满足他们的发展需求（见表10-1）。21.7%的农村小规模学校教师没有享受到应有的社会保障，39.1%的农村小规模学校教师享有三险一金，39.2%的农村小规模学校教师享有五险一金；在学校是否定期组织教师进行体检的调查中，85.4%的农村小规模学校教师明确提出未曾参加过相应的体检。

表 10－1　　农村小规模学校教师实际工资与理想工资对比表

工资收入	实际工资	理想工资
800～1 500 元	5.2%	0.0%
1 501～2 200 元	27.9%	0.3%
2 201～2 900 元	40.1%	6.3%
2 901～3 600 元	25.0%	24.0%
3 601～4 300 元	1.8%	10.3%
4 301～5 000 元	0.0%	39.0%
5 001～5 700 元	0.0%	1.1%
5 701～6 400 元	0.0%	12.1%
6 401 元以上	0.0%	6.9%

对甘肃省 L 县的调研发现，80% 的教育经费投放在了县城的学校，而占全县 95% 的农村学校仅分得 20% 的教育经费，导致农村学校教师研修等专业化发展方面经费出现严重不足。表 10－2 为小规模学校教师领取乡村教师生活补助情况。以甘肃省为例，该省为落实农村教师生活补助，为农村教师提供 160 元的生活补助，对于经济不断发展、物质水平不断提高而农村教师整体薪资偏低的现状而言无异于杯水车薪。

表 10－2　　小规模学校教师领取乡村教师生活补助情况表

补助范围	百分比
0～100 元	18.0%
101～200 元	8.9%
201～300 元	63.3%
301～400 元	7.1%
401～500 元	1.2%
501～600 元	1.2%

农村小规模学校教师生存环境不容乐观

在 1 032 名农村小规模学校教师中有 48.6% 的教师不住校。根据农村小规模学校非住校教师的交通方式与单程用时统计，不住校教师中交通工具以步行与摩托车为主，分别占 24.9% 与 21.4%。

在 51.4% 住校教师中，有 79.9% 的教师享受学校提供的周转房。但是，就住宿条件来看，农村小规模学校教师生活设施配备不足，周转房中配备厕所比例为 32.0%，浴室为 5.1%，取暖设备为 41.4%，自来水为 39.2%。在住校教师中仍有 20.1% 的农村小规模学校教师没有享受周转房，他们平均每年需支付 3 471 元的房租费用，使本来就生活拮据的农村小规模学校教师生活更加困难。

湖南怀化某县农村小规模学校的一位教师表示："我已经在这所学校待了几十年了，从这所学校是一所完全的小学到现在是几个人的教学点，我一直都在这里。"农村小规模学校年轻教师不合理流动现象突出。年轻的教师不愿扎根基层，通过各种关系调到县城或者市区已屡见不鲜，实在转不走关系就借调出去，农村小规模学校出现大量在编不在岗的教师。而农村小规模学校年龄偏大的教师却无法流动。农村小规模学校教师的不合理流动，极易给学校师资队伍建设带来不良影响。

农村小规模学校师资培训"形式化"

外出"充电"机会少，专业成长受到影响，也是乡村教师们反映最多的问题之一。甘肃省某县农村小规模学校某教师在访谈中表示："农村教师工资基本都差不多，累死累活、学这学那与啥也不学最后再算绩效时，相差也不过二三百元，那又何必去参加什么培训。"

泗洪县上塘镇中心小学校长陶守一反映，农村教师外出培训的机会和次数都远不及城区教师。如果有10个外出培训机会，县城学校会占去6~7个，而县城学校并没有农村学校多。

教师培训是提高教师质量的重要手段之一，国家也为此投入了相当的人力、物力、财力，但教师培训的结果却不尽如人意。就农村小规模学校教师培训而言，一方面教师的职前培训理论与实践严重脱节，培训内容以教育理论知识为主，缺乏实践性指导；另一方面农村小规模学校教师职后学习动力不足。农村小规模学校教师职前、职后培训收效甚微，都将不利于学校师资队伍的专业化发展、教师职业幸福感的提升。

资料来源：张霜. 农村教师困境调查：工资平均2 500元　生存环境不乐观［EB/OL］. 光明网，2015-04-30；蒋廷玉. 待遇条件赶不上城里　留住乡村教师亟待缩小城乡差距［EB/OL］. 中国江苏网，2016-03-21.

10.2.3　案例思考题

1. 怎么样提高农村学校教师薪酬待遇，缩小城乡差距？
2. 如何通过教师薪酬结构的设计引导师资队伍合理配置？应遵循什么原则？

10.2.4　案例分析

核心提示

长期以来我国教育领域城乡教师工资差距较大，差距越大，乡村教师的心里就越不平衡，就越不利于稳定和吸纳人才，乡村的教学质量因此也就越难以保证，这不利于我国教育事业的长远发展。加快实现城乡教育均衡发展，加大教育投入与绩效工资政策向农村地区与薄弱学校的倾斜力度，切实提高与改善农村地区与薄弱学校的教师待遇、工作条件，制止盲目撤点并校，实现教育起点公平、均衡，都十分重要。为了切实解决乡村教师目前所面临的种种问题，国务院办公厅于2015年6月1日颁布了《乡村教师支持计划(2015—2020年)》(简称《计划》)。《计划》中提到"全面落实集中连片特困地区乡村教师生活补助政策""依法依规落实乡村教师工资待遇政策"，其核心就是要加强统筹，切实提高农村教师待遇。

观点争鸣

观点一：农村基础教育对我国社会和经济的整体发展起着越来越重要的作用，发展农村教育的关键在于建设一支结构合理、素质优良的农村教师队伍。教师的薪酬是直接关系教师个人利益的重大问题，也是加强教师队伍建设最重要的物质基础。薪酬问题如得不到妥善解决，就会给教师队伍建设带来许多负面影响。因此，只有提供优厚的薪酬，缩小城乡薪酬差异，才能有力地吸引更多的优秀人才投身于农村教师队伍，从根本上提高农村教育的质量。不断改善薪酬待遇，缩小城乡教师收入差距，是稳定农村教师队伍、提高乡村教师专业水平的关键，更是实现城乡教育公平、促进农村教育发展的根本①。

观点二：对教师来讲，物质待遇是必需的，政府必须想方设法保证教师必要的工作和生活条件，依法维护教师的正当权益，提高教师的社会地位，营造尊师重教的良好社会氛围，推进教育事业的长远发展。另外，教师也需要精神上的关心，各地区、各学校都要坚持以人为本，即办学以教师为本、教学以学生为本的理念，给予教师更多的人文关怀，做到事业留人、待遇留人、感情留人。同时，教师也应该转变观念，不应以物质需求满足为首，而要倡导奉献精神，在现有的基础教育条件上，更要积极主动地提升自身素质、专业技能和教学技能，主动担负起农村基础教育的重任，为促进我国农村教育事业发展做出贡献。

问题分析

薪酬管理，是指组织依据员工提供的劳动或服务，确定应支付给员工的报酬总额，以及报酬的结构和形式的过程。这一过程涉及四个层面：薪酬的战略性管理，即如何构建战略性薪酬体系；薪酬的公平性管理，即如何提高组织内部的薪酬满意度；静态的薪酬管理，即如何设计基本薪酬和福利；动态的薪酬管理，即如何设计组织的绩效薪酬。薪酬体系的构建在薪酬管理过程中至关重要，直接影响到薪酬水平，是设计薪酬制度和进行薪酬管理时必须首先考虑的。

目前，我国城乡教师同工不同酬，同级别不同待遇的现象存在已久，农村中小学教师是教师队伍中负担最大的群体，讲授科目多、课时量大、工作生活环境差、心理压力大。行业内部的收入分配不均加剧了农村教师的流失和心理的失衡，给农村教师造成了极大的心理压力和生活困难，严重影响了农村教师工作的积极性，加剧了教育不公平现象，影响了农村教学质量和人才培育质量。城乡中小学教师薪酬差异主要表现在区域差异、校际差异、岗位差异等方面。造成这种现象的原因主要有：首先，认识不统一是造成差异的主观原因，相对于经济建设，农村教育被放在后位，相对于城市，农村学校在财力、物力、人力投入和发展上被忽视。其次，区域经济发展不平衡是教师薪酬差异的主要原因，城乡经济差距导致各级政府财政收入悬殊及城乡学校占有资源不均衡。最后，教育制度和政策的不合理也是造成薪酬差异的重要原因。教育投资体制不顺畅、资源配置制度不公平、教师工资制度不灵活及法律制度不健全等，都直接影响教师薪酬分配的均衡。

在城乡一体化的背景下，必须采取措施缩小城乡教育资源的差异，加强中小学教师队伍建设。首先，要完善农村教师薪酬政策，理顺教育投资体制，加大对农村地区和学校的资金投入，建立公平的资源配置制度，逐步缩小差距。其次，强化教师薪酬激励功能，制定工资福利、职务评定晋升、学习进修等方面的优惠政策，鼓励和吸引教师支援农村教育、服务农村教育、安心扎根农村教育。确保农村教师工资切实到位，特别是要落实农村教师的绩效工资；努力增加对农村的教育投入，以优厚待遇吸引优秀年轻教师投身农村基层的教育事业；创造条件，努力实现同级行政区域内同级专业技术职称的教师工资福利待

---

① 向红琳. 缩小城乡中小学教师薪酬差异对策研究 [D]. 长沙：湖南师范大学，2010.

遇基本相同；努力提高长期在边远、贫困农村地区工作的教师生活待遇。最后，要统筹县级行政区域内城镇乡村教师力量，建立健全城镇教师支援乡村教育的制度，切实提高农村教师素质，加强农村教师队伍的建设。严格实施教师资格制度，保证新增教师的质量，努力为农村所有中小学校配齐合格教师；采取多种措施，加强对农村教师的业务培训。

在教育均等化的要求下，还应加强对农村教育的政策支持。尽管农村经济社会发展各项事业与城市统一规划、统一部署，但由于农村学校“先天不足”，要赶上城市学校的办学水平，就必须加大对农村学校的支持力度，注重解决教育发展不均衡的问题。首先，制定优惠政策，加大向偏远农村中小学校倾斜力度。应当考虑实际情况制定优惠政策，增加农村学校教师编制，科学核定农村中小学教职工编制。改善农村学校教师工作、生活条件，为农村教师提供基本的生活保障。在考核评价中，农村学校与县城学校、农村教师与县城教师因不在同一水平线上，实施考核、评价时不能搞“一刀切”，要建立农村教师的评价标准，在评选各级各类先进工作者时优先考虑农村老师。结合当前农村基层教育的特点和现实，制定相关农村学校教师交通补贴、误餐费补贴等地方特殊补贴的政策。适度增加农村教师绩效工资，完善教育成果表彰奖励制度，进一步弘扬尊师重教的良好社会风气，努力提高教师的社会地位和政治待遇，稳定农村教师队伍。其次，加强农村教师教学技能、专业素质的培训，切实提高农村师资队伍的整体素质。要立足于农村学校实际，创造条件，鼓励教师参加继续教育，提高学历层次；通过教学研讨交流、岗位练兵、岗位交流等形式，提高农村教师教学技能和实施素质教育的能力，为教师的成长和发展提供更广阔的发展空间。最后，开展城区学校与农村薄弱学校结对帮扶活动，探索建立城乡学校之间教师定期交流机制，实行城乡优质教师资源共享、统一管理、共同发展的管理模式，均衡农村学校师资配备①。

10.3 案例三 公务员养老金“双轨制”改革

10.3.1 背景透视

养老金“双轨制”，是改革遗留的问题之一。计划经济时代，企业和机关事业单位一样都是财政统包。20世纪末期，我国建立了企业养老制度，所有企业全部纳入，但改革没有牵涉机关事业单位，也就是说，机关事业单位还一直由财政统一养老。在之前的养老制度下，公务员不仅不需要缴纳养老保险，其退休金也远远高于企业人员。因此，养老金“双轨制”一直为社会所诟病，并被认为是公务员和事业单位的“特权”。从党的十五大开始，中央就已经提出要解决养老金“双轨制”问题。2008年3月，国务院印发了《事业单位工作人员养老保险制度改革试点方案》，确定在山西、上海、浙江、广东、重庆5省市先期开展试点。养老金“双轨制”改革受多种因素的影响，阻力较大、进度极其缓慢，直到2007年深圳率先进行养老金制度改革试验，经过五年的探索才取得一定的成效。2015

① 向红琳. 缩小城乡中小学教师薪酬差异对策研究［D］. 长沙：湖南师范大学，2010.

年1月14日，国务院正式发布《关于机关事业单位工作人员养老保险制度改革的决定》，养老金并轨才得以全面推行，机关事业单位实行社会统筹与个人账户相结合的基本养老保险制度，公务员的基本养老保险费由单位和个人共同负担，自此存在多年的养老金“双轨制”得到正式废除，养老金终于实现“并轨”。

10.3.2 案例描述

深圳，改革的先行者

我国长期实行养老金“双轨制”的退休制度，即企业职工实行由企业和职工本人按一定标准缴纳的“缴费型”统筹制度，而机关和事业单位退休金则由国家财政统一发放。同时，二者实际发放的养老金存在差距。深圳综合开发研究院公共政策与政府绩效评估研究中心副研究员王梅表示，中国养老金“双轨制”造成劳动者间的不平等，深圳在这方面的探索是保障社会公平的需要，同时也体现了社会的巨大进步，对全国具有借鉴意义。

深圳的公务员养老制度改革一直走在全国前列。2007年，深圳开始公务员聘任制试点工作，并且为聘任制公务员建立了“社会养老保险+职业年金”的养老保障模式，此举实际上实现了聘任制公务员与企业员工社会养老保险制度的统一，但在当时仅仅是试点；2008年，国家公务员局将全国公务员分类管理改革试点任务交给深圳；2010年2月，深圳在全市行政机关全面启动公务员分类管理改革，新进入行政机关的公务员一律实行聘任制，跟企业一样，签订劳动合同，购买社会养老保险，公务员养老保障制度改革亦随着公务员分类管理体制改革而深化，从聘任制公务员和事业单位职员到委任制公务员逐步推进；2012年7月，深圳市发布的《深圳市2012年改革计划》明确提出，深圳将积极研究、探索公务员养老保障制度改革，建立科学的公务员养老保障体系，研究建立适应经济社会发展需要，既与企业养老保险制度相统一，又体现公务员职业特点的公务员养老保障制度，保障公务员退休待遇，促进人员合理流动，同时也需统筹研究事业单位工作人员养老保障制度改革。

深圳市对聘任制公务员实行社会基本养老保险与职业年金相结合的养老保障制度。目前，深圳全市近3 000名聘任制公务员参加。聘任制公务员购买养老保险的标准为每月工资的18%，其中单位缴10%，个人缴8%。购买地方补充养老保险，缴费比例为缴费工资的1%，由单位缴纳；考核合格的，由财政每月按工资的一定比例缴纳职工年金，待退休后领取，缴纳比例暂定为8%；月工资总额超过城镇在岗月平均工资3倍以上的，缴纳比例为9%。

深圳改革充分借鉴新加坡及欧美的先进经验，在既有聘任制公务员养老保障制度的基础上，继续深化和攻坚，让饱受争议的“双轨制”在深圳彻底“破冰”，通过“并轨”逐步消除机关和企业间交流的真正瓶颈，促进人员合理流动。

饱受争议的养老金“双轨制”

事实上，对于养老金“双轨制”的争议从未停止，既有坚决拥护“双轨”的深圳改革“反对派”，也有支持“并轨”、一直为深圳加油打气的铁杆粉丝。

毕业于中山大学的小楚（化名）在2010年年末参加了国家公务员考试，经过前后近半年时间的筹备、笔试、面试，终于在2011年7月迈入了广州某国家机关的大门。“当时是从300多个人中选1个人，竞争非常激烈。”小楚回忆说。

小楚告诉记者，能通过考试进入“体制内”的人，绝大多数是百里挑一的精英，这些人如果进入企业，无疑能够拿到和做公务员一样甚至更为优厚的待遇。“很多人在毕业七八年之后年薪过50万甚至近百万。”小楚认为，每个职业都有各自的优劣，不能只盯着公务员的利益。

在他看来，由财政为公务员群体养老并无不妥，公务员为人民服务，而且人才素质也“对得起”高薪酬，同时，绝大多数时候，公务员的福利被外界“神化”了。“事实上，现在公务员的各种福利都在被压缩，而且国家和地方一直在推进各种改革削减公务员待遇，如果再自己缴养老保险，那么无疑会降低公务员这个职业的‘性价比’。”

和小楚同年毕业于中山大学的小王就职于广州某民营企业，月薪8 000元，时常加班。小王说，深圳的公务员改革很有开拓性，缩小了企业和政府工作人员的差别，保障了公平。“都是一样的工作，为什么公务员就可以高人一等，不缴保险还能享受很好的退休待遇?”

“公务员养老应当也必须纳入一轨制。”广东鹏翔律师事务所律师梅春来表示，中国养老金“双轨制”存在不公平性，公务员在中国属于“高薪酬、高福利”阶层，绝大多数公务员收入高于企业员工，他们无须缴纳养老保险，却享受优厚于企业员工的养老待遇，形成了公务员的“隐性福利制度”。“‘双轨制’在法理上也是没有依据的。”他说，“公务员没有像普通员工一样履行缴纳养老保险的义务，却有领取高于普通员工养老金的权利，这是权利与义务的不对等”。他认为，从公务员为人民服务的角度来考虑，公务员有较高收入是可以允许的，但是这种较高收入不能触及养老保险的领域。

梅春来说，“双轨制”是对公务员养老制度与企业员工养老制度的分割，这种分割会形成公务员与普通民众之间的对立。而当前民众因养老金将延长缴纳年限、延迟领取时间所产生的意见，也根源于在养老保障制度方面公务员体系与普通民众体系之间的分割和对立。

混沌中坚定前行

深圳公务员养老制度改革是尝试，是突破，深圳从来都不缺乏改革的锐气和勇气。但也不得不承认，公务员养老制度改革必将承受来自各方的阻力。“改革需要智慧也需要勇气。”原深圳市人力资源和社会保障局局长王敏说。

“改革需要强大的推动力、政府的意愿与执行力，还受到民意的影响。”某位不愿透露姓名的政策研究专家提出了几个深圳公务员养老制度改革迫切需要解决的问题。

如果公务员全部要缴养老保险，那之前没缴的部分，要如何补?费用谁来承担?

他提出，如果公务员自己补缴该费用，那改革必定要面对来自公务员本身的强大阻力，难以推进，但如果由财政补缴，那将是一笔巨大的数目。

对此，王敏并不担心，他说，“当了多年改革的‘排头兵’，深圳已经积累了充足的经验解决‘技术层面’的难题”。他表示，用财政补足深圳4万余名公务员欠缴社保并不现实，经过测算，金额巨大，必将带来财政负担。现在深圳的设想是采用记账的方式，为每位公务员建立社保个人账户，从“数字”形式上将每位公务员的社保账户补齐，但不需要真正出钱。他强调，“公务员养老保险将会在一个‘封闭’的环境中运行，由于每年退休人数不多，完全可以保证自身进行循环，在所有公务员的个人账户全部‘做实’之前，绝不会和企业缴纳的社保放在一起，不会占企业员工便宜。”

有网友认为：“公务员按行政级别享受退休待遇的制度，也是改革面临的核心问题之一。目前，公务员按照退休前一个月的在职工资的一定比例计发退休金，而在企业员工养老保障制度中，养老金是按照缴纳基数评定。公务员纳入养老保险体系中，意味着以往‘制度福利’的取消。这对公务员，特别是公务员中的‘领导阶层’，会是一个不小的撼动。”

王敏说，深圳公务员养老制度改革，并不意味着公务员养老待遇的降低，积累方式和计发方式的改变才是最根本性的，深圳将努力保障改革后公务员的退休待遇整体水平与之前相当。同时，深圳还将通过各种措施，鼓励企业为员工足额缴纳社保，逐步提高企业员工的退休待遇。改革的重大利好在于打通了机关和企业间的人员交流瓶颈，促进公务员的合理流动，“从机关走出的人不再受限于养老制度，可以自由和企业对接，走遍天下，创一番事业”。

改革注定不会一帆风顺，任重道远。但王敏对未来充满信心，他透露，“现阶段改革最大的困难就是破除思想束缚，解决‘中人’（在职的委任制公务员）的‘进入方式’，是全部公务员一次性改革，或是按工龄分批次改革，或者是让公务员自愿选择是否参加，我们做了非常多的数据分析和风险评估，各有利弊。”但他相信，只要智慧和勇气并存，一切问题都可以迎刃而解。深圳将为全国养老金“并轨”做出表率。

国家政策终于落地

2012 年 3 月，养老金“双轨制”在全国“两会”上再次引起代表委员们的关注和热议，对养老体制进行改革、取消养老金“双轨制”的呼声高涨，同年《社会保障“十二五”规划纲要》提出“在试点的基础上，积极稳妥地推动机关事业单位养老保险制度改革”。2013 年 12 月，随着机关事业单位基本工资标准的调整全面完成，养老金“并轨”正式进入实质性启动阶段，人社部确定养老金“并轨”方案。2015 年 1 月 14 日，国务院发布了《关于机关事业单位工作人员养老保险制度改革的决定》，并明确规定：单位缴纳基本养老保险费（简称单位缴费）的比例为本单位工资总额的 20%，个人缴纳基本养老保险费（简称个人缴费）的比例为本人缴费工资的 8%，由单位代扣；按本人缴费工资 8%的数额建立基本养老保险个人账户，全部由个人缴费形成；个人工资超过当地上年度在岗职工平均工资 300%以上的部分，不计入个人缴费工资基数；低于当地上年度在岗职工平均工资 60%的，按当地在岗职工平均工资的 60%计算个人缴费工资基数。改革按照“老人老办法、新人新制度、中人逐步过渡”的原则进行前后待遇的衔接，此外，对建立职业年金等等也进行了规定。该决定适用于按照公务员法管理的单位，参照公务员法管理的机关（单位）、事业单位及其编制内的工作人员，为各地养老金“并轨”改革提供了政策依据。

此后，各省开始加快推进养老保险制度改革。据公开报道统计，截至 2017 年，至少已有云南、甘肃、陕西、湖南、湖北、天津、黑龙江、四川、山东、上海、江苏、福建、吉林、辽宁、山西、江西、广西等 17 地公布了养老金“并轨”实施意见和办法，从养老保险基金筹集、养老金计发办法、基金管理和监督、养老保险关系转移接续、政策衔接等方面对中央方案进行细化，予以明确。

养老金“并轨”改革终结了我国长期以来饱受诟病的养老金“双轨制”，将公务员纳入社会保险范围，实行与企业职工相同的社会养老保险体系，确保公务员和企业职工在养老金的缴纳、享受上实行相同的制度，让社会更显公平。

资料来源：吕绍刚，张娜. 深圳养老金双轨制改革撼动高级公务员福利［EB/OL］. 人民网，2012-07-16；退休养老金并轨方案细则公布（养老金计发新标准）［EB/OL］. 社保查询网，2017-11-26.

10.3.3 案例思考题

1. 我国公务员的养老金较之企业有何不同？
2. 简述公务员养老保险制度存在的问题与改革的原因。
3. 应该如何评价我国的养老金“双轨制”改革？

10.3.4 案例分析

核心提示

所谓养老金“双轨制”，是指对不同用工性质的人员采取两种不同的退休养老金制度，城镇企业职工基本养老保险制度与机关事业单位退休人员养老保险制度并存。具体来说，就是企业职工实行由企业和职工本人按一定标准缴纳的“缴费型”统筹制度，而机关和事业单位的退休金则由国家财政统一发放，我们习惯上统称为养老金“双轨制”。两种养老金由于资金来源不同和支付标准不同，使得企业退休职工与机关事业单位退休人员在养老金收入上有很大的差距。养老金“双轨制”的积弊受舆论诟病已久，政高企低的退休“双轨制”，造成了极大的社会不公，影响了社会和谐，产生了很多社会矛盾。改革除弊、实现公平，已经成为养老金改革的共识。

观点争鸣

观点一：随着我国社会主义市场经济的高速发展、改革开放的不断深入，养老金“双轨制”的弊端越来越明显，同样的社会价值和同样的社会贡献，但是由于单位性质的不同，退休金也不尽相同，这就有违社会公平正义。有专家认为，补充养老到位和养老金并轨的完成将“打通”机关事业单位与企业之间的通道①，让全社会的人才重新考虑就业问题，有利于人才的流动。对企业职工来说，也体现了公平性。以前养老金“双轨制”，把大部分优秀人才推向机关事业单位，“千军万马过独木桥”的场面年年上演，人不能尽其用，不利于社会人才优化配置，不利于开创“大众创业、万众创新”的局面。

观点二：积极推进养老金改革是社会主义本质的必然要求，解决了长期困扰人民群众的“双轨制”、待遇差等切身利益问题；但是由于养老保险制度的多年积弊，加上老龄化加剧、地区不平衡、人口流动增多、养老金出现缺口等问题②，不少人担忧：如果“并轨”会增加财政负担，既需要支付机关事业单位退休人员的养老金，又要为在职人员的参保缴费。养老金“并轨”必须要完善相关配套措施，逐步统筹推进。当然，随着养老保险制度的改革，将同步进行的是完善机关事业单位工资制度，适当优化工资结构，提高基本

---

① 薛雷. 人社部社保所所长：养老金并轨是为解决公平性问题［N］. 北京青年报，2015-03-11（7）.

② 李静. 心之所向：养老金并轨加速落实［EB/OL］. 新华网，2015-11-24.

工资占工资的比重，缓解基本工资占比过小、津贴补贴占比过大的突出矛盾。

问题分析

在中国之前实行的养老保险制度中，机关事业单位人员和城镇企业职工两大类人员采取两种不同的养老保险模式，享受不同水平的养老金待遇。城镇职工采取的是社会统筹和个人账户相结合的基本养老保险制度，以个人和单位缴费为主要筹资渠道，建立养老保险基金，国家作为责任主体扮演着最后责任人的角色，职工达到规定的退休年龄和缴费年限时，从社保基金中核拨养老金；而机关事业单位人员是由国家承担养老责任，具有公务员和参照公务员法管理的工作人员个人无须缴纳养老费，只要符合退休或离休条件，即可按月从单位（国家财政直接划拨）领取退休金或离休金。

企业职工与机关事业单位之间的养老金差距依然较大，这是由于养老金来源、计算方式、管理等方面的不同导致。具体来说：一是资金来源不同。机关事业单位的养老金由国家财政统一拨款，个人不需要缴纳养老金，属于财政供养模式；而企业职工养老金则由企业和职工分别按照20%和8%的比例缴纳保险费，采用社会统筹和个人账户相结合的方式，属于社会保障模式。二是计发方式不同。机关事业单位的养老金是以退休前的最高工资和工龄为基数进行计发，会随着其工资和工龄的增长而增加，一般退休拿到的养老金相当于退休前工资的70%以上，并且还有一定的津贴，最高可达退休前工资的90%左右，而企业职工养老金则以职工平均工资和缴费年限为基数进行计发，最低缴纳15年，多缴纳保险费多得养老金，一般可拿到退休前工资的40%左右，最高也仅达60%左右。三是待遇标准差距大。由于来源和计发方式的不同，机关事业单位和企业职工得到的养老金差距较大。企业职工养老金社会化改革初期，因为没有前期的养老金积累，所以出现拖欠退休工人工资的现象，而机关事业单位和企业职工的养老金虽然有差距但是不突出。后来随着机关事业单位工资待遇的调整，二者的养老金待遇差距逐渐拉大。虽然从2005年起连续9年10次提高企业职工的养老金待遇，但是由于企业退休人员养老金基数低，且人员基数大，养老金只能小幅逐步提高，因此跟机关事业单位相比仍然有很大的差距①。

养老保险“双轨制”存在许多弊端。首先，“双轨制”下的养老保险制度使得机关事业单位退休人员的养老金水平远远高于城镇企业职工养老保险制度下的养老金水平，造成了不公平；其次，养老保险制度的“双轨制”阻碍了统一劳动力市场秩序的建立；最后，“双轨制”下机关事业单位的养老保险制度增加了财政负担，机关事业单位养老保险制度改革被称为养老保险制度改革的“深水区或者雷区”。造成养老金“双轨制”，有其历史原因，饱受诟病，呼吁改革也由来已久，但是改革的决心、改革的彻底性、改革的力度和进度仍然与民众的期待有很大的差距。虽然国家也已经连续9年10次提高企业退休职工的养老金水平，但是养老金与机关事业单位相比差距仍然很大，而机关事业单位的改革长期以来没有实质性进展，也没有限期解决的明确目标和路径，这激化了民众的不满情绪②。

养老金“并轨”既可以解决机关事业单位与企业单位养老金不公的问题，又可以为进一步深化行政职能改革提供基础，然而在实行过程中还存在一些问题。第一，在养老金

---

① 郝晓明. 浅谈我国养老金双轨制［J］. 东方企业文化，2013（1）：170.

② 张飞霞. 我国养老金双轨制改革问题探析［J］. 长春金融高等专科学校学报，2014（4）：5-8.

“双轨制”下，公务员个人不用缴纳养老保险费，一切完全由国家财政承担，公务员工资调整因公务员享有这样的养老金待遇而停滞不前，工资改革更是陷入困境。养老金“并轨”后，公共部门和公务员个人共同承担养老保险费用，公务员不再享有豁免权，维护了社会公平。第二，在养老金“双轨制”下，公务员个人不用缴纳养老保险费，当他们退休后便可以领取较高的退休金，约相当于其工作期间工资收入的 80%～90%。但是，一旦离开公务员队伍，便不可能再领取相应比例的退休金，这使得许多公务员在进行工作转换时心存顾虑，不得不继续留在公务员队伍中，养老金“双轨制”成了人才流动的重要阻碍。养老金“并轨”后，如果公务员选择辞职，其所缴纳的养老保险费用也随之进行转移，这将增大公务员的流动性。第三，当前我国公务员工资总体水平偏低，工资结构也不合理，随着养老金“并轨”制度的推行，公务员个人必须缴纳一定数量的费用，退休之后养老金替代率还有可能会降低，公务员收入势必会有所下降，如果不对公务员工资结构及水平进行调整，养老金“并轨”后，公务员的利益必定遭受损失。养老金“并轨”为公务员调整工资提供了重要契机，借此可以对公务员工资进行改革，在调整工资结构的基础上，适当提高工资水平。与此同时，还需要配套措施同时推行以确保改革顺利进行①。

在具体操作与实施层面，如果缺乏统筹推进和忽视配套条件的达成，最终就很容易导致事与愿违的结局。养老金“并轨”政策不能流于形式，不能仅“形式并轨”，而在具体操作层面变成“实践脱轨”。对此，相关部门在制定具体实施细则时，应该虚心倾听不同利益群体的诉求，广泛借鉴国外不同模式的养老金制度，紧密结合我国具体的国情以及老龄化社会即将到来的实际，推出具体实施方案，切勿仅有大方向而没有实施细则。最后，改革红利不会自动变现，只有以真抓实干的精神推进制度创新，以造福人民的使命感承担历史责任，才能实现“莫道桑榆晚，为霞尚满天”的美好期许。通过改革的不断深入，养老保险制度将焕发新的活力，为人们提供一个人人“老有所依，老有所养，老有所安”的制度保障。

① 高洪成，姜瑞青. 基于养老金并轨的公务员工资调整探析 [J]. 理论导刊，2015 (5)：13-14，24.

第 11 章

交流、回避与退出

知识提要

交流是指依据相关法律、法规，对公共部门系统内部的公职人员流动以及系统之间的公职人员流动所进行的规划、控制、协调等管理活动。《中华人民共和国公务员法》规定，公务员可以在公务员队伍内部交流，也可以与国有企事业和不参照本法管理的事业单位中从事公职的人员交流，交流的方式包括调任、转任。回避是指为了减少亲属关系等因素对工作产生的不良影响，而对公职人员所任职务、任职地区和执行公务等方面做出限制性规定的管理制度。退出是指公职人员依照法律、法规的相关规定退出公共部门，不再保留公职人员身份，也不再履行相应职责和享有相应权利的管理制度。公共部门人力资源的交流、回避和退出制度与私营部门比较，其自身具有鲜明的特点。

11.1　案例一　公务员辞职现象

11.1.1　背景透视

公务员这一曾经象征着体面、稳定和高福利的职业，正在发生一些微妙的变化。2015年的公务员考试，虽然招考人数刷新历史纪录，但是报名人数和平均竞争比都创下近5年来的新低。“八项规定”、反腐风暴、养老金“并轨”……越来越细致的规定使人们报考公务员的热情降低，同时也有部分官员感慨“官”越来越不好当。公务员辞职现象越来越受关注。据智联招聘发布的《2015春季人才流动分析报告》，政府、公共事业、非营利机构行业的从业人员跨行业跳槽人数比去年同期上涨34%，这让人不禁想到1992年和2003年的公务员“辞职潮”。现在的公务员离职现象能否成“潮”仍待观察，但无论如何，公务员队伍的稳定和建设关乎一个国家和社会的良性运行、协调发展，因此，关注和研究公务员的辞职现象具有重要意义。

11.1.2 案例描述

历史上的公务员“辞职潮”

我国公务员自改革开放以来，经历过三次较大的“离职潮”。

第一次是在改革开放之初的20世纪70年代末80年代初。1978年党的十一届三中全会之后，我国开始实行改革开放的伟大决策。国家把工作重点转移到社会主义现代化建设上来，实行政企分离。这一系列的政策都让体制内的公务员看到了社会实践的诸多机会。

第二次是在20世纪90年代初，1992年邓小平发表南方谈话以后。当时市场经济正起步，改革力度加大，社会活力充分释放，加上政策允许公务员停薪留职，跳槽去别的行业。因此，许多公务员都抓住这个机会，有的直接辞职，有的保留岗位，大家纷纷去新的地方建设社会主义市场经济，最典型的就是曾在多个国家机关待过的冯仑。人社部统计显示，1992年有12万名公务员辞职，1 000多万名公务员停薪留职。

第三次是在21世纪初的2000—2003年。据新华社报道，从2000年1月至2003年6月，全国（不包括中央部委及所属单位）共有10 304名科级以上党政干部辞职“下海”。原因在于21世纪初，我国进行了国企改革和机关部门精简。另外，2001年我国加入世界贸易组织，全球化的产业链和非公有制企业方兴未艾，也在一定程度上刺激了公务员辞职“下海”。

新一轮公务员辞职现象

2014年以来，有关公务员辞职的话题备受各界关注，《瞭望》新闻周刊记者在北京、福建、广东、江苏、安徽等地采访调研，发现个别地方辞职公务员的数量有所增加，但整体上公务员队伍未现明显变化。

基层公务员辞职的三大原因如下：

(一) 压力大、幸福感低

多位已辞职或有辞职打算的公务员向《瞭望》新闻周刊记者抱怨，他们离开或希望离开公务员岗位，还有一个原因是基层工作强度大、压力大、风险大，经常加班，“5＋2”“白＋黑”，幸福感低。

一位从安徽省合肥市新站开发区管委会辞职的干部说，“5＋2”“白＋黑”的工作模式让她“压力山大”。“我分管的这个部门要对接省市20多个单位，再加上新开发区招商建设任务极其繁重，确实压力很大。”这名干部感叹道，“我一直在考虑什么时候能辞职，辞职了去做些什么。”福建省宁德市公安局一名基层派出所所长说，作为一名基层公务员，幸福感太低了，需要面对各种各样的压力，这些压力来自单位、社会和家庭等方面。

(二) 晋升空间狭窄

一些公务员辞职还有一个重要原因——晋升空间狭窄，升职靠熬年限、拼关系。一位从江苏省经济管理部门跳槽到中国矿业大学的陈姓公务员告诉记者，公务员晋升渠道通常有两种：一种是领导职务，即走从科员到副科、科长、副处；还有一种是非领导职务，即从副主任科员到主任科员等。“在领导职务的竞争中，某次民主推荐环节，选 3 个人，入围 50 多人，竞争非常激烈。”他说，“人总是需要被认可的，晋升是最重要的认可，而晋升需要很多东西，副科干三年才有资格竞争正科，还得看之前的工作经验、年龄，以及人情、关系等。”

（三）薪酬水平偏低

眼下公务员薪酬福利水平相对于企业人员来说，仍有一定差距。尤其是在当前形势下，原来一些隐性福利减少，甚至完全没有，一些基层公务员感到不适应。

江苏省镇江市一位不愿透露姓名的沈姓公务员在 2011 年前通过公务员考试入职后，成了同学圈子里的“成功人士”，同学不时会开玩笑称，“沈主任，多提携”。可几年下来，他的收入待遇几乎原地踏步。刚入职时，每月能拿到 5 000 多元，加上各种补贴，年终平均下来是一月 6 000 多元。四年后，他已是副主任科员，每月拿到手的还是这么多，但生活成本在增长。他说，“现在已经有了老婆孩子，房租每月 3 000 多元，所在城市动辄每平方米 1 万多元的房价让他望而却步，每月两个人的工资买房基本不可能，给孩子将来的教育投资，就更不要想了”。如今，他跳槽到一家企业担任部门负责人。

资料来源：康淼，乌梦达，姜刚，等. 基层公务员辞职原因调查 [J]. 瞭望，2015（21）：12-14；张江波. 基层公务员薪酬激励研究：以山东省临沂市 D 乡镇为例 [D]. 济南：山东财经大学，2015；李建飞. 公务员离职成因及对策研究 [D]. 天津：天津大学，2017；阚文琦. 1980 年代以来的公务员离职潮 [N]. 中国青年报，2015-04-03（5）.

11.1.3 案例思考题

1. 你认为公务员辞职的原因有哪些？

2. 结合历史上出现过的三次公务员“离职潮”，你认为在当前环境下会出现大规模的公务员辞职潮吗？

11.1.4 案例分析

核心提示

公务员辞职是指公务员根据本人意愿提出，并经过任免机关批准，依法解除其与机关的职务关系，或者担任领导职务的公务员依照法律规定的条件和程序辞去所担任的领导职务。公务员辞职本是一种公务员正常的流出方式，但由于我国的公务员一直被社会视为工作事务少、福利待遇好、社会地位高的职业，再加上我国传统的官本位思想浓厚，公务员变成一种热门的、只进不出的职业，所以公务员的辞职现象容易引起社会的关注。

观点争鸣

观点一：2015 年的公务员考试，虽然招考人数刷新历史纪录，但是报名人数和平均竞争比都创下近 5 年来的新低。随着公民权利意识的增强，依法行政的日益完善和制度化，公务员工作压力和责任与日俱增，个体日益感受到工作与生活、收入与付出的不平衡，而且，职务晋升空间小，机会稀缺，薪酬有限，迫于现实生活的压力，新一轮的公务员“辞职潮”要来了。

观点二：纵观案例中的公务员辞职潮，“辞职潮”的形成，起码得有两个强大的力量：一是体制外突然间有巨大的利益诱惑；二是体制内突然间有巨大的改革压力，造成既得利益损失，致使公务员离开机关①。目前并没有产生公务员辞职潮的条件，体制外无引力，体制内无足够大的压力。从严治官虽然产生了一定的压力，使公务员失去了部分隐性福利，但这种利益损失不足以使公务员离开现在的岗位。虽然现在公务员越来越难当了，但相比其他很多社会职业，公务员在社会地位、稳定性、职业环境和社会影响力等方面的比较优势仍然很明显，因而目前不会出现所谓公务员的“辞职潮”。

问题分析

在政界、学界人士看来，无论是官员“弃政从商”，还是富家子弟争当公务员，都是正常现象。国家行政学院公共管理教研部教授汪玉凯认为，新一轮公务员辞职现象与20世纪90年代的大环境有差别。他说，“当前对公务员队伍有更加严厉的要求，要求公权力更加公开透明，这会迫使很多公务员权衡自己的发展，就会有更多职业选择。我觉得这是好事，职业分化后再整合，公务员队伍的整体素养会得到很大程度的提高”。原中央党校退休教授王贵秀认为，福利削减不影响整体队伍，“辞职潮”不会发生。原河南省社科院副院长刘道兴认为，在市场经济的发展历程中公务员仍是中坚力量，国家整顿机关作风，规范工作行为，实际上对公务员整体并没有影响，主要是为了进一步规范公务员队伍。在体制中的人看来，辞官或许只是换了个工作。而且，从纵向来看，虽然公务员的收入、福利被削减，工作作风、职权责任得到规范和强化，但有这些隐性、灰色甚至违法所得的人毕竟是少数，绝大多公务员还是兢兢业业、严于律己、遵纪守法，全心全意为人民服务，为社会主义建设奉献自己的青春和才华的。从横向看，反腐高压态势、严肃作风政纪的影响，反而进一步规范了公务员的日常工作和生活，使人情交往、公权行使、提供服务等回归正常，这正是广大普通公务员群体所期望的。

此外，公务员辞职从某种程度上看，也是正常的人员退出现象，有利于公共部门人力资源的更新。虽然公务员曾经是体面、稳定和福利多的职业，但是随着社会的进步，在社会职业的序列中，公务员应该只是个普通职业，而不是人人趋之若鹜的“金饭碗”。公务员手中掌握的权力和资源，不能成为职业吸引力的筹码；这一职业也应该在整个社会的就业和择业环境中，出现符合规律的、正常的人才流动，也就是“能上能下、能进能出”。正如某位学者所言，一个国家，一流人才都往政府走，并不是什么好事，这说明社会没有为一流人才提供发挥才能的机会和条件。相信随着改革的深化，公务员这一职业会越来越回归正常化，逐渐从过度追逐和关注中走出来②。

11.2 案例二 郭树清空降山东掀起“金改风暴”

11.2.1 背景透视

2013年3月原中国证券监督管理委员会主席、党委书记的郭树清空降山东担任山东省委副书记，副省长、代理省长，省政府党组书记，并于6月正式担任省长一职。郭树清是

① 曹林．“公务员辞职潮”根本不可能发生［EB/OL］．环球网，2014-09-23.
② 郭云凯．以平常心看待公务员辞职现象［EB/OL］．人民网，2015-04-07.

以改革著称的务实派，亦是懂金融的专家；他两次获得经济领域声誉颇高的孙冶方经济学奖，又先后获年度银行家、年度金融风云人物等荣誉称号。在2011年10月出任证监会主席之前，郭树清至少担任过四个重要职务：国家体改委党组成员、秘书长，贵州省副省长，央行副行长兼国家外汇管理局局长，中国建设银行董事长。他在每一任职期间都取得了显著的成绩，因此，当时郭树清被认为是一个有改革锐气的学者型官员。他55岁出任证监会主席，在证监会的506天，提出的各项制度调整政策达70项，相当于“7天一新政”，郭树清也因此被称为“改革家”，获得了“郭旋风”称号。拥有深厚金融履历背景的郭树清，调任山东省省长后，一心致力于将山东打造成一个金融强省。

11.2.2 案例描述

金融落后的经济大省

山东作为仅次于广东和江苏的中国GDP第三大省份，在金融业领域却一直远远落后于广东、江苏、浙江等省份。山东省金融办主任李永健公布的数据是：2012年，山东省金融业增加值达到2 018亿元，同比增长19%，占GDP的4%。同期，广东省金融业增加值已突破3 000亿元，占GDP的6.5%。此外，山东的金融从业人员占比2%左右，远低于浙江、江苏。

更令山东政府头疼的是，其地方自己拥有的金融机构基础相对薄弱，导致融资规模小、金融难以支持经济快速发展。在山东的银行业中，存贷款排名第一的是山东农村信用社联合社，截至2012年年末，其存、贷款余额分别为9 319.5亿元和6 669.1亿元。而商业银行中规模最大的工行山东省分行，其存款余额超过6 000亿元，贷款余额超过5 000亿元，绝对规模也无法与山东农村信用社联合社相比。

郭树清57岁履新山东省委副书记、山东省省长。他了解到，山东是农业大省，相对保守，金融业发展相对滞后，容易形成“金融抑制”，急需与经济发展相匹配的高水平金融产业的支撑，启动服务实体经济的金融改革势在必行。于是在他的带领下，一场金融改革在山东爆发了。

山东的金融改革

一、密集调研

从2013年3月29日郭树清成为山东代省长算起，截至8月1日，总计有126天，这段时间，调研是郭树清的工作主旋律。郭树清上任之后平均每周走访调研一个地市。4月8日至10日，郭树清到东营市调研，这是他调研的第一站。调研主题是转方式调结构、加快城镇化建设、优化营商环境，企业是调研的重点。郭树清走进车间，直接向工人、技术人员和相关负责人询问节能减排、产品研发、资金融通、市场开拓、人才引进等相关情况。除了现场查看，座谈会也是郭树清的重要调研手段。每到一处，座谈必不可少，对象多是最基层的人员。他在东营和滨州分别召开了座谈会，座谈对象是企业、社区、村委会负责人和农民代表。郭树清直接询问企业生产经营、城镇化、农业生产、农村社会建设等情况。在接下来16个地市的调研中，基本复制了东营和滨州的调研模式。

郭树清从早期作为学者参与中国经济体制改革整体设计，到担任贵州省副省长、中国人民银行副行长、国家外汇管理局局长、汇金公司董事长、中国建设银行董事长，再到担任中国证监会主席，而今出任山东省省长，保持了一贯高效的工作节奏。4个多月时间的密集调研之后诞生的是一个覆盖范围广泛而又细致入微的山东金融改革方案——《山东省人民政府关于加快全省金融改革发展的若干意见》（简称“金改意见”）。

二、出台山东“金改意见”

郭树清在组织密集的调研和对国务院国办发的〔2013〕67号文件中的内容“扩大民间资本进入金融业、加快发展多层次资本市场”等进行研究之后，于2013年8月7日推出“金改意见”，“金改意见”长达16页，基本思路是“金融产业化，服务实体经济，设综合性和专项性金融改革实验区；用5年时间，形成运行稳定的金融产业发展格局；金融业增加值占生产总值的比重达到5.5%，形成体系完善的多层次资本市场，区域性股权交易中心市场建设取得较大突破，济南区域性金融市场和青岛财富管理中心基本建成”。

这份金改方案内容详尽系统，细致入微到提出对单个机构发展方向的意见，比如：要对齐鲁股权托管交易中心实施公司制改造，将其打造为由政府、证券公司和证券交易所等机构共同参与的市场主体；引导齐鲁证券扩大经纪范围，尽快成为一流券商；将青岛发展成为面向日韩的离岸金融中心；发挥青岛保税港区地理和政策优势，开展外商投资企业外汇资本金改革试点；发展公司＋农户、公司＋中介组织＋农户的贷款模式；等等。同时，金改方案是一份非常系统的方案，内容包括扩大信贷市场资金投放，加快发展直接融资，打造区域股权交易市场，建立要素市场交易平台，发挥期货市场功能，扩大保险服务领域，发展地方中小金融机构，大力培植省内银行、证券、保险、期货、信托等金融骨干企业，健全金融中介服务，引导民间资本阳光化、规范化发展等，涉及方方面面。“金改意见”还明确由山东省金融办作为山东省金融改革发展领导小组办公室。金融改革作为系统化改革，是一个联动的过程，省发改委、经信委、财政厅、科技厅、人社厅、农业厅、商务厅、人民银行济南分行、山东银监局、山东证监局、山东保监局等总计17个部门和单位都纳入联动系统中。

三、大力招揽金融人才

郭树清从证监会主席转任山东省代省长后，不断会见到访的经济金融界人士。郭树清上任后的133天内，一边忙着调研，为执政方案出台做准备；一边接洽很多金融业高层。2013年4月22日，郭树清在济南会见了上海证券交易所理事长桂敏杰一行。山东省人民政府与上海证券交易所同时签订全面战略合作备忘录。双方确定，在推动山东企业上市融资、发挥资本市场服务实体经济能力等方面，全面加强合作。此后一个月当中，郭树清又分别会见了中国农业银行党委书记、董事长蒋超良，全国社保基金会党组书记戴相龙，深圳证券交易所理事长陈东征、总经理宋丽萍一行。依托郭树清丰富的金融履历及人脉资源，山东聚集多方资源：一方面，山东省有关政府部门专门组团到重庆、香港、成都以及新加坡等地调研并推介山东，郭树清2013年还带队在香港启动“山东周”；另一方面，许多郭树清的老部下、老朋友纷纷造访山东探讨深入合作，如上交所、深交所、农行、国开行、中信集团、中行等的主要负责人。

郭树清为了给山东招募更多金融人才，一方面在“金改意见”中规定，对符合条件的金融行业高端人才，按个人所得税地方留成比例由各地政府给予适当奖励，并提供落户、居住、子女教育等便利服务。另一方面选派高层次金融人才到市县挂职，鼓励政府与金融机构开展双向挂职交流。山东省向中央金融主管部门和金融企业选派34名干部挂职，包括证监会等在内的中央金融主管部门和金融企业也将选派30名干部到山东挂职。郭树清启动山东金改，声称要为每个地市配备一位懂金融的副市长。因此，大批出自央行、证监会、银监会、保监会的处级干部来到山东各市挂职，为山东省干部队伍注入金融血液。其中，证监会行政处罚委处长董文媛被任命为日照市副市长，证监会发行部综合处处长张望军被任命为潍坊市副市长，中国证券登记结算有限责任公司（证券期货业数据中心）数据服务部总监冯艺东被任命为聊城市副市长，中国人民银行国际司港澳台处处长樊来法被任命为威海市副市长，保监会新闻处处长张忠宁被任命为菏泽市副市长等。未来郭树清将为山东省17个地市级单位全部配备金融副市长。公开资料显示，2015年山东全省17市，已至少有13位来自金融系统的副市长。“空降部队”实际上构成了一个金融改革的垂直体系，减少了改革的阻力，降低了贯彻改革的成本。

山东金改成就斐然

山东金改在郭树清的带领下取得了显著成效。

解放思想，树立务实新风。山东金融业的发展，一直都是比较保守的。经济发展速度与金融发展不匹配，容易形成“金融抑制”，主要体现在中小企业融资困难、不发达。郭树清上任之后，大兴务实之风，密集调研之后迅速出台“金改意见”指导金融改革。此外，郭树清依托个人丰富的履历资源，为山东招商引资，援引人才。

扩大山东直融渠道。金融一直是山东这个经济大省的软肋，尤其是融资渠道和市盈率市场发展滞后，严重制约了中小型企业的发展。在郭树清的金改中，有三方面很重要，即发展直接融资、民间金融和引进金融人才。山东金改三年来，坚持以服务实体经济为根本目的，全方位推进传统金融行业与实体经济协调发展。2016年上半年，山东省股票、债券直接融资达到2 681.2亿元，同比增长57%。截至2016年6月末，全省上市公司达到259家，比2012年末增加15家；“新三板”挂牌企业从零发展到461家；齐鲁银行成为全国首家获批在“新三板”发行优先股的商业银行；2016年上半年，实现保费收入1 386.8亿元，同比增长40.69%。

弥补短板，促进了山东金融业的发展。自郭树清带领山东进行金改，三年后，山东的金融改革交出了一份漂亮的成绩单：山东金融业增长61.7%，村镇银行数量居全国首位。山东省政府描述，三年来，山东以“金改意见”为引领，持续加大金融改革力度，全省金融业保持了持续健康发展的良好势头。而山东金融办公布的数据显示，全省金融业增加值到2015年提高到3 130.6亿元，增长了61.7%，金融业作为山东国民经济支柱产业的作用日益明显。

资料来源：柴刚．郭树清山东金改三年［N］．中国经营报，2016-08-27（2）；袁诚，张晨曲．郭树清：山东金融改革这一年［N］．新金融观察报，2014-03-03；庞丽静，杜涛．郭树清的山东金改［EB/OL］．经济观察网，2013-08-07.

11.2.3 案例思考题

1. 结合案例，如何评价郭树清空降山东？
2. 在现实中公务员交流管理比较复杂，如何有效实现公务员交流？

11.2.4　案例分析

核心提示

“流水不腐，户枢不蠹”。人不流动则思想禁锢、僵化。从历史经验和现实的人力资源管理体制上看，人才的合理流动，对于防微杜渐、废除终身制、开阔视野、培养人才、发现人才、强化干部制度的改革十分必要，案例中郭树清调任山东后取得的显著成就充分说明了人才流动的重要意义。

观点争鸣

观点一：公务员的交流，是培养领导干部的重要途径，也是发掘公务员个体潜力的实践途径。一方面，有利于开阔公务员自身的视野，使公务员得到多方面的锻炼；另一方面，可以盘活公务员队伍的生机和活力。尤其是跨行业、跨地区、跨部门的优秀领导干部交流，将发达地区、优秀绩效部门的管理经验，直接引入落后地区、管理滞后的部门中，可以有效地改变公务员结构不合理、分布不均匀的现状，促进优秀公务员在各地区、各部门、各行业之间的合理配置，能够为更好地履行政府部门职能提供强有力的人才智力支持和全新的治理理念与实践创新。因此，应鼓励和支持公务员流动，积极为公务员流动创造条件，不断完善公务员的流动机制。

观点二：公务员的交流管理往往涉及多个单位、多重关系和多种因素，要受以下因素的影响和制约：对用人单位来说，交流必然受机构编制的影响，在交流中，组织必须考虑人员的需求状况、职位结构、职位空缺情况和与人才输出单位的协调等；对于人事主管部门来说，必须要考虑到交流的总体规划、交流形式和程序等；对于被交流的个人来说，必须考虑其任职资格、素质与个人职业生涯发展等状况。因此，公务员的交流管理复杂多变，交流如果缺乏科学合理的规划设计与人员任用的系列配套机制和制度，不仅会流于形式，更会耽误公务员和交流地区自身的发展和正常的人事管理。

问题分析

公务员干部流动问题一直是我国干部人事制度改革的焦点。新中国成立初期计划经济体制下干部分配的行政化、终身制，随着改革开放的到来也逐步被打破。20 世纪 90 年代初，邓小平同志南方谈话的发表，对进一步实现我国包括公务员在内的人才自由流动产生了巨大的促进作用。在国家的大力倡导和支持下，我国公务员流动的空间不断扩展，方式和渠道日渐多样化。因此，政府应主动鼓励和支持公务员交流，并为公务员合理流动创造条件。但实际工作仍与社会主义市场经济发展和政治文明建设的要求有较大的差距。一方面，公务员入口太窄，党政人才资源紧缺；另一方面，“人浮于事”现象严重，干部“能上不能下”“能进不能出”，这种鲜明对比构成了当前我国公务员流动中的“悖论”。

郭树清从证监会主席调任山东省代省长，后来成为省长，在山东掀起金改风暴，充分发挥了自身的才能和优势。山东金改取得的成就进一步说明了郭树清调到山东是一次成功的流动。郭树清本人拥有丰富的金融履历，是一位改革的实践者，调到山东后，紧抓山东经济发展的软肋，进行调研，并出台具体的“金改意见”指导山东金改。依托其人脉资源，郭树清为山东引来了多位金融人才，其致力于为山东每一个地市配备一位懂金融的副市长，并鼓励政府与金融机构开展双向挂职交流。总体来看，郭树清的调任一方面实现了人才的合理流动和效用最大化，促进了山东的金融发展；另一方面也为公务员队伍的人才流动起了良好的示范效应。

鉴于公务员交流管理的复杂性，人事主管机构和各单位的人事管理部门在开展这些工作时应当坚持遵循以下原则：（1）依法进行原则。在公务员交流制度中，交流的各种形式及其适用的情况，各种交流形式的程序、条件及要求等都有明确、具体的规定。公务员交流工作必须按照法定的条件、措施和程序进行，不得随意变更。（2）适才适用原则。适才适用是交流工作的出发点和归宿。交流调配的目的就是实现组织获得德才兼备的人才与个人最大限度发挥自身才能的有机统一，促进人力资源的发展。因此，交流应根据工作职位合理配置的需要，将有专业特长和能力的公务员调配到相应的工作岗位上，发挥其聪明才智，达到人事相宜的目标。（3）个人服从组织原则。公务员是国家公务的具体执行者，是为国家、社会和全体公民服务的，所以听从组织的安排是其应尽的义务。对于交流安排如有不同意见，可向组织提出，但不能借故拖延或拒不服从安排。（4）合理原则。公务员交流制度有利于锻炼提高公务员的工作能力，防止腐败，提高机关的工作效能①。但对于公务员本人来说，具体的交流安排，比如交流的岗位与时间等因素，都是其职业生涯中的一件大事，关系到他们的切身利益，如果处理不当，会挫伤他们的积极性，反而对工作不利。因此，交流工作在充分考虑工作需要的前提下，应灵活处理各种问题，尽量做到合情合理，减少公务员的后顾之忧，使他们能愉快地投入新的工作，从而达到交流的目的。

11.3 案例三 聘任制能否真正打破公务员的“铁饭碗”?

11.3.1 背景透视

我国在2006年起施行的《中华人民共和国公务员法》中确立了公务员聘任制的合法地位，并在《中华人民共和国公务员法》和人社部发布的《聘任制公务员管理试点办法》中规定了聘任制公务员的退出办法：聘任合同的解除和聘任合同的终止。公务员聘任制通过引入市场竞争机制和契约式管理，使聘任制公务员在录用方式、薪酬福利、退出渠道等方面显得更加灵活和开放，这成为我国公务员制度改革的突破口，对促进公务员队伍的合理流动、增强组织的活力具有重要意义。虽然公务员聘任制正在全国范围内如火如荼地向前推进，但也遇到了不少难题，在实践中出现的退出乏力现象尤为引人关注。2011年国家公务员局公布的数据显示，自2006年《中华人民共和国公务员法》实施以来，五年来仅辞退了4 000多人，相较于700多万公务员的基数，淘汰率非常低。不禁让人猜疑：聘任制能否真正打破公务员的“铁饭碗”?

① 吴鹏. 我国干部异地交流制度及其效果分析 [D]. 延安：延安大学，2013.

11.3.2 案例描述

公务员聘任制实行的两种模式

2007年年初，国家人事部决定，在上海浦东和广东深圳两地率先开展聘任制公务员试点。由此，公务员聘任制在实践推行中出现两种模式：

一种是浦东模式，这种模式完全在《中华人民共和国公务员法》所设定的适用范围内开展聘任制公务员实践。这种模式仅按照法律所界定的适用范围，在部分专业性强的职位和辅助性职位进行了聘任制公务员试点实践，适用范围有限，但为大多数试点所采用。比如，北京、云南、广西、河南等地的聘任制推行模式均为此类。

另一种是深圳模式，这种模式是将公务员聘任制逐渐扩展到普遍适用范围的实践模式。这种模式无论是从招聘数量还是从任职范围上对公务员聘任制的推行力度都远远超越了第一种模式。深圳是这种模式的典型代表，推行聘任制历时最长、试行范围最广、招聘数量最多，有关制度也比较完善。但严格来说，深圳这种全面铺开的做法是超越法律所界定的适用范围的，因为《中华人民共和国公务员法》仅将聘任制限定在专业性强的职位和辅助性职位，但国家人力资源和社会保障部经过深入调研，对深圳模式予以了充分的肯定，因此深圳模式的公务员聘任制改革仍在大胆探索和前行。

上海聘任制公务员的进出状况

上海浦东新区在2007年开始试行公务员聘任制。2007年12月13日，浦东新区试点招考聘任制公务员的消息公开发布，招聘城市规划管理、金融规划、金融战略研究、学前教育管理等6个岗位；招聘在专业知识方面门槛相当高，要求相关领域7年以上工作经验，且包括2年以上管理工作经验，最好具有正规欧美、日本学校研究生学历以及海外知名金融机构工作背景。

2007年浦东新区首次公开招考6名聘任制公务员，最终5人到岗；2008年公开招聘1名聘任制公务员，1人到岗（为2007年补招）；2009年未招录；2010年公开招聘了8人，4人到岗；2011年未招录；2012年公开招聘了4名聘任制公务员，最终4人到岗（为2010年补招）；2013年未招录。6年中，浦东共招聘聘任制公务员14名，合同期限为两年或三年，年薪为15万～45万元，内部有聘任制公务员管理的相关规定，但无公开的法规条例；在后续追踪中，14名聘任制公务员，有5人聘任合同到期后离开，其中1人没有续签合同，自愿转到企业，3人转到事业单位，1人考上常任公务员，但无一人因考核不合格被解聘或没有续签合同。

2016年5月24日，上海浦东新区区政府再度发布消息称，根据《中华人民共和国公务员法》和《聘任制公务员管理试点办法》，经上海市公务员局批准，拿出11个岗位，面向海内外人才招聘聘任制公务员，在浦东人才网接受报名。本次招聘评价分为履历分析、能力评估和专家面谈。首次合同期一般为两至三年，聘任薪酬按国家有关规定确定。这些岗位包括自贸区管委会陆家嘴管理局金融城商务运营总监、自贸区管委会张江管理局创新发展执行总监、自贸区管委会保税区管理局、营商环境首席规划师、临港管委会产业发展首席规划师等。

深圳聘任制公务员的进出状况

深圳市也在2007年同步试点公开招聘聘任制公务员。2007年11月27日，深圳第一次发布聘任制公务员招考公告，公开招考41个职位，招聘单位包括市食品药品监管局、市环保局、市国土与房产局、市规划局、市人民防空委员会办公室、高新技术产业园区领导小组办公室等，招聘职位包括管理主管、管理助理、会计助理、法律诉讼事务助理、城市规划编制主管、信息技术支持主管。大部分职位要求大学本科及以上学历，小部分要求硕士研究生学历。

2008年，深圳制定发布了《深圳市行政机关聘任制公务员管理试行办法》；2009年，深圳进行第二批聘任制公务员的招录工作，向社会公开招聘20名聘任制公务员；2010年，深圳全面启动公务员分类管理制度改革，将全市行政机关公务员职位划为三类，即综合管理类、专业技术类与行政执法类。在此基础上，对所有行政机关全部新增职位（主任科员以下）均采用聘任制。在2010年10月，深圳公开招聘聘任制公务员995名（含参照公务员法管理的单位工作人员），此后又分批次陆续进行了几次规模较大的聘任制公务员招聘工作；2012年4月，深圳市决定对公务员系统的党群口（除行政系统以外的其他系统：党委、人大、政协、民主党派、法院、检察院和群团机关）新进公务员全部实行聘任制；2013年5月，深圳市政府取消《深圳市行政机关聘任制公务员管理试行办法》，正式印发了《深圳市行政机关聘任制公务员管理办法》；到2013年7月，深圳市7批次的招录工作合计已陆续选拔任用了3 200多名聘任制公务员。深圳是所有试点中聘任制公务员实行范围最广、规模最大、数量最多的试点地区。但截止到2013年7月，深圳3 200多名聘任制公务员没有出现大幅的流动。据了解，仅有11人因个人原因提出辞职离开了公务员队伍，除个别通过考试转为委任制公务员以外，合同期满的聘任制公务员几乎都与用人单位续签了聘任合同，至今没有出现聘任制公务员被用人机关解聘或不再续签合同的现象。对此，深圳市人社局相关负责人的回应是：(1) 聘任制公务员普遍综合素质较高；(2) 为了争取续聘，他们工作状况和态度较好，得到了单位的认可。但是，这种说法并未得到认可。

另外，根据《深圳市行政机关聘任制公务员管理办法》的相关规定，用人机关原则上应与聘任制公务员订立固定期限的聘任合同，首次聘任的聘期一般为三年，续聘的聘期一般为五年，十年后则签订无固定期劳动合同。这样的合同规定也不禁让人对聘任制公务员的任期心生疑虑，“如果分类后考核走过场，很多聘任制的公务员就很容易拿到无固定期限合同，又会变成‘铁饭碗’”。国家行政学院教授竹立家说。

深圳聘任制公务员正式引入淘汰机制

从2015年2月1日起，深圳市聘任制公务员管理正式引入“淘汰机制”，公务员出现“年度考核连续两年不称职”或“旷工连续超15天”等情形，将被解聘。

深圳市委组织部、深圳市人力资源和社会保障局联合印发的《深圳市聘任制公务员聘任合同管理办法（试行）》（简称《办法》）规定，聘任制公务员出现14种情形，用人单位可以解聘及应当解聘。其中，可以解聘的情形有年度考核不称职或者有两年未基本称职、存在违规违法行为造成不良后果、未经用人机关同意在其他单位兼职等6种。应当解聘的情形有年度考核连续两年被确定为不称职，不胜任现职工作又不接受其他安排，旷工或者因公外出、请假期满无正当理由逾期不归连续超过15天，或1年内累计超过30天等8种。深圳市人力资源和社会保障局的相关负责人介绍，《办法》强化了聘任制管理过程中的责任追究及纪律监督。除了规定合同双方可就合同争议申请仲裁、提起诉讼外，对于违反规定的合同行为，公务员主管部门有权进行纠正，并对负责人员按管理权限追责。

资料来源：本案例根据人民网、新浪网、网易新闻、新华网等的多篇报道整合改编而成。

11.3.3 案例思考题

1. 案例中造成聘任制公务员退出乏力的根源是什么？
2. 面对公务员退出乏力的现象，对于完善公务员聘任制你有什么建议？

11.3.4 案例分析

核心提示

目前，公务员聘任制改革正在逐渐成为世界各国公共部门人事制度改革的选择。作为公共部门人事制度改革的一种尝试，公务员聘任制给传统公务员制度带来了冲击和挑战。聘任制以其合同管理、平等协商、协议工资等特点在一定程度上弥补了委任制的不足与缺陷，有着较为突出的优势。尽管公务员聘任制在实践中出现了退出乏力的问题，但新生事物的发展必然不是一帆风顺的，我们要允许其发生错误，只要及时予以修正和完善，它还是可以朝良性方向发展的。针对公务员聘任制退出乏力现象，可以通过建立与聘任制相匹配的绩效考核体系予以调节，具体包括：建立科学合理的考核指标，量化为主；实现考核主体多元化；考核结果与薪资待遇直接挂钩。

观点争鸣

观点一：浦东和深圳作为我国聘任制推行时间最长、招聘批次最多，制度也相对完善的两个地区，退出环节呈现这样的状况，的确使人怀疑公务员聘任制在实践过程中能否实现“能上能下、能进能出”的设计初衷。虽然浦东和深圳两地的公务员退出情况并不能代表全国范围内的整体情况，但走在聘任制实践最前沿的两个试点的退出机制均出现了种种不合理现象，而退出机制作为公务员聘任制改革的核心环节，是决定公务员聘任制能否在全国大范围成功推行的关键，只有聘任制公务员的退出机制实现畅通，公务员聘任制才能体现合同制管理灵活的制度优势，才能实现优胜劣汰，并为传统公务员退出机制改革提供可借鉴的经验①。

观点二：公务员聘任制针对的是一些专业性、辅助性的职位，这种人才往往比较难得，加上聘任期较短，工资又与企业相差较多，所以政府对于聘到的公务员都比较珍惜，一般聘到就已经很好了，很难再放手让其离开；如果表现稍差就解聘，再重新招聘不仅带来更大的招聘成本，还影响政府部门日常工作的正常运行。因此，考核流于形式，聘任制无法打破公务员“铁饭碗”的局面。此外，提高公务员的退出率，并不是实施公务员聘任制的唯一目的，通过市场竞争机制和契约式管理，不仅提高了公务员流动的自主性和政府部门用人的科学性、灵活性和开放性，还增强了专业技术岗位和辅助性岗位人才选拔与管理的规范化，解决了政府部门急需的各类专门人才等等，这也是推行公务员聘任制的目的所在②。因此，好的用人制度关键在于能用人所长、激发人的潜能、促进人才的自由流

① 何玉仙. 我国聘任制公务员退出机制研究［D］. 开封：河南大学，2014.

② 武晓彬. 我国公务员流动机制探索［D］. 兰州：兰州大学，2008.

动，具体的流动率并不是唯一的评价标准。

问题分析

我国公务员的传统任用方式包括：选任制、考任制、委任制，其中委任制是最主要和最普遍的选聘制度。公务员委任制充分体现了首长负责制的政府工作责任制度，便于统一指挥和管理，保证政令执行的效率，有利于保持公共部门行政管理的连续性和稳定性。但是，它阻碍了公共部门的人才流动，影响组织的新陈代谢，使系统缺乏活力，容易造成组织僵化、官僚制、任人唯亲、易进难出等后果。公务员聘任制，是一种在政府雇员基础上发展而来的公共部门人事管理制度。公务员聘任制具有以下特点：合同管理、平等协商、协议工资。为了摆脱传统官僚制带来的僵化和低效，聘任制逐渐成为世界各国公共部门人事制度改革的选择。公务员聘任制打破了传统公务员的终身制特性。非聘任制公务员身份稳定，非因法定事由和非经法定程序不被辞退或开除，因而事实上演化成了终身制。而在聘任制中，聘任合同期限为一到五年，聘任制公务员的公务员身份也将随聘任合同的终止而结束。公务员聘任制通过引入市场竞争机制和契约式管理，可以灵活管理公务员的进出，因此可以打破传统公务员“铁饭碗”的局面（见表 11－1）。

表 11－1　　委任制与聘任制的比较

	聘任制	委任制
基本特点	经主管部门批准，以签订合同的方式聘任，合同期限为一到五年	任免机关在其任免权限范围内，直接或间接地指派任用人选担任一定职务
适用范围	主要针对专业性较强的职位和辅助性职位	一般适用于党政机关的领导干部和其他公务员
录用方式	可参照考录程序面向社会公开招聘，也可从符合条件的人员中直接选聘	一般通过公务员主管部门组织的“国考”或“省考”招录
考核形式	一般按年度进行考核，必要时增加聘期考核；全面考核其德、能、勤、绩、廉，重点考核其完成聘任合同确定的工作任务情况	分平时考核、专项考核和定期考核，全面考核公务员的德、能、勤、绩、廉
薪酬福利	采用协议工资制，特殊职位可实行年薪制；参加社会保险；工资、福利、保险待遇等根据聘任合同执行	实行国家统一规定的工资制度，公务员工资、福利、保险以及录用、培训、奖励、辞退等所需经费，列入财政预算，予以保障
晋升渠道	晋升通道狭窄，目前仅深圳、顺德等地试行公务员分类管理，设有独立的晋升渠道	分领导职务与职级，综合管理类公务员按照科员、主任科员、巡视员、调研员等职务序列逐级晋升
退出渠道	经双方协商一致可以变更或者解除聘任合同，合同到期可续签或退出，满足《聘任制公务员管理试点办法》第十六条至二十条规定的情形可解聘	《中华人民共和国公务员法》第八十八条规定了予以辞退的五种情形，但在管理实践中辞退现象很少发生

资料来源：根据《中华人民共和国公务员法》《聘任制公务员管理试点办法》等制成。

通过表 11－1 可以发现，公务员聘任制的引入原本是希望通过市场竞争机制和契约式管理弥补传统公务员任用方式的不足，使公务员能在录用方式、薪酬福利、退出渠道等方面更加灵活和开放，促进公务员队伍的合理流动和新陈代谢以及增强组织的活力。但是公务员聘任制在实际的应用中出现了一些弊端，其中退出乏力引发了社会的广泛关注。结合人力资源管理理论，造成聘任制公务员退出乏力的根本原因是缺乏科学有效的考核机制。考核结果是评价一个人工作效果的有力尺度。聘任制的初衷是实现公务员队伍的进出灵活，进出灵活不应是人为的、盲目的，而应该由衡量的标尺来指引，科学的考核机制就是这把关键的尺子，所以首先应建立科学有效的考核机制。

面对公务员退出乏力的现象，可以通过建立与聘任制相匹配的绩效考核体系予以调节。具体包括：第一，建立科学合理的考核指标，量化为主。根据管理目标和职位分类，分别建立适合不同岗位、不同职务、侧重点各不相同的考核指标，而且以清晰明了的定量指标取代模糊不清的定性指标，并在此基础上实行分类考核。第二，实现考核主体多元化。传统的公务员考核方式主要包括领导打分、民主测评等，其考核主体基本是公务员系统内部的领导和同事，考核结果有失客观，可以尝试增加服务对象作为考核主体，让聘任制公务员服务的对象给他们打分，这样的考核结果将会更加客观、更加实际。第三，考核结果与薪资待遇直接挂钩。对于多次表现优秀的聘任制公务员，可以适当提高工资和福利，或晋升其职级，鼓励其发挥示范作用，进而激发整支公务员队伍的活力。第四，完善其他配套机制，建立退出保障制度①。《中华人民共和国公务员法》规定聘任合同期限为一到五年，但是并没有在制度上明确安排合同期满以后聘任制公务员的"出口"问题，这样就不利于建立起用人单位与聘任制公务员的合作机制，不利于维护聘任制公务员的职业安全感。因此，对于合同期满以后聘任制公务员的养老、医疗、社保等应给予相应的制度上的保障，特别是要建立起政府与企业之间的转移接续制度，免除聘任制公务员的后顾之忧。

---

① 刘大伟．我国聘任制公务员考核制度的现状和建议［D］．延安：延安大学，2016．

第 12 章

奖惩与权益保障

知识提要

公共部门人力资源，特别是公务员，是公共管理活动中的决策者、组织者、指挥者和执行者，其行为关系到国家的形象以及人民群众的切身利益。科学、合理的奖惩制度能起到引导和示范功能，有利于更好地调动公务员的工作积极性，约束和规范公务员的行为，维护公务员的良好形象，形成廉洁、高效的公务员队伍。同时，公共部门人力资源的自身权益也不容忽视，公共部门人力资源由于职业的特殊性而必须让渡出来一些权利，但也获得了通过被录用取得合法身份后身份受到法律保护的身份保障权，此外其由宪法赋予的人身、财产、政治等公民权益也仍然受到法律的保护。

12.1 案例一 公职人员应该如何奖励?

12.1.1 背景透视

正常的奖励是人力资源管理不可缺少的环节，具有较好的激励与引导作用。改革开放以来，公务员奖励制度得到不断的发展和完善，1995 年实施的《国家公务员奖励暂行规定》，2006 年实施的《中华人民共和国公务员法》，2008 年实施的《公务员奖励规定（试行）》等，对公务员的奖励制定了一系列的法律依据，这对于引导公务员全心全意为人民服务，促进公务员队伍的廉洁自律、高效行政发挥了重要作用。但是具体的实施办法仍无法与快速发展的经济社会相适应，在现实中时常存在着无权奖励、擅自奖励、乱设奖励、缺乏监督机制等现象。例如，部分地区出台了按时“签到奖”“委屈奖”。这些奖励引发了广泛争议，这些奖励违规、扭曲了财政资金的正常使用，在一定程度上反映出现有的奖励制度尚有不合理之处。

12.1.2 案例描述

河南省表彰公务员和公务员集体

2014年5月，中共河南省委、河南省人民政府下发了《关于表彰河南省人民满意的公务员和河南省人民满意的公务员集体的决定》，授予魏世忠等50名同志“河南省人民满意的公务员”荣誉称号，授予杞县人民检察院等19个单位“河南省人民满意的公务员集体”荣誉称号。

河南省委组织部、河南省委宣传部、河南省人力资源和社会保障厅、河南省公务员局为弘扬正气、树立典型，联合组织开展了河南省人民满意的公务员和人民满意的公务员集体评选表彰活动。按照公平、公正、公开的原则和评选程序，通过网络投票、召开初评会等方式优中选优，由各级人大代表、政协委员组成的终评评委会，采取无记名投票方式，现场投票、唱票，评选出河南省人民满意的公务员和人民满意的公务员集体。

此次受到表彰的河南省人民满意的公务员，大部分是长期在一线工作的科级及以下公务员。他们中有扎根山区、兢兢业业的公安民警，有汗洒黄土、服务“三农”的农业工作者，有倾听群众呼声、为群众排忧解难的信访干部。河南省人民满意的公务员集体涵盖了公安、农业、信访、人力资源和社会保障、人口计生等领域直接服务人民群众的各级机关单位。

河南省委、省政府要求全省广大公务员要以受表彰的人民满意的公务员和人民满意的公务员集体为榜样，学习他们的先进事迹和优良作风，牢固树立全心全意为人民服务的宗旨，立足本职、锐意进取、求真务实、服务群众、清正廉洁；要深入贯彻落实党的十八大和十八届二中、三中全会精神，认真落实全面深化改革的各项决策部署，着力打造富强河南、文明河南、平安河南、美丽河南，推进社会主义民主政治制度建设，加强和提高党的执政能力制度建设，为实现中原崛起、河南振兴、富民强省，为全面建成小康社会、实现中华民族伟大复兴的中国梦而努力奋斗。

按时签到每天奖励10元

2013年5月底，安徽省长丰县义井乡乡政府出台新的机关考勤制度（试行），其中明确规定“按时签到，每天奖励10元”，此举引发当地民众关注。该乡政府有50多名工作人员，如果大家都准点打卡上班，意味着每天要奖励500多元。

按时上下班只是最低的行为标准，如果仅仅因为这个就要额外进行奖励，简直是不可思议。莫名其妙的规定再加上公务员的敏感身份，别出心裁的义井乡乡政府想不引起非议都很难。每天500多元的奖励，看起来不算很多，但经年累月同样是一笔不菲的开支，更何况这样的奖励本就师出无名。

义井乡乡长表示：“奖励的钱与政府工作人员的基本工资没有关系，是乡财政拨付的。”也就是说，这笔资金纯属额外奖励，诸位可以放心享用。可是，这不免让当地民众闹心——公务员上班签到，凭什么让老百姓额外埋单？

公务员工资总能引起公众关注，其中名目繁多的工资外收入是一大“看点”。当按时上下班这样最基本的行为准则都能成为额外发放补助的理由时，公众有理由担心，如此慷公众之慨的财政管理体系内，当地公务员的“隐性福利”到底还有多少？

公共财政虽由各级政府调配，但其用途是发展公共事业、改善民生，绝不是任由挥霍的“唐僧肉”。现实生活中，将公共财政当作公务员“福利银行”的基层政府屡见不鲜，有媒体报道，一些政府机关每季度发放1 000元超市购物卡，凡节日必发钱。对比之下，“签到有奖”也是“隐性福利”中的一例，本质上还是擅自改变公共财政用途，难逃权力自肥、“监守自盗”之嫌。

绵竹城管为执法队员发“委屈奖”

2015年11月，绵竹市城管局城市监察大队大队长魏光成将奖金发到几位城管队员手中，并与他们一一握手以示安慰。这份奖金不是表彰城管队员的优秀成绩，而是“委屈奖”。“执法过程中，队员们难免遭到辱骂抓打，但根据文明执法的要求，队员们必须做到打不还手骂不还口。为了进一步推进文明执法，从去年开始，我们监察大队专门设置了‘委屈奖’，一次200元，以安抚那些在执法过程中遭受打骂委屈的队员。”魏光成告诉记者，从2014年设立“委屈奖”以来，已经有约10名队员获得“委屈奖”。

王尧勇是今年10月“委屈奖”的得主之一。在一次劝说占道经营的烧烤商贩收摊时，王尧勇挨了打。令王尧勇感到欣慰的是，事发后，不仅队里为自己进行了心理疏导，事发现场的不少目击者也为自己打抱不平。“现场就有人说对方太过分，‘人家城管队员那么大的个子，不是打不赢你们，只是身份所在不能动手’。”王尧勇回忆。

市民王冰就力挺城管，他表示，换位思考，其实城管工作也“挺苦挺累”，为了城市环境整洁卫生，他们穿梭在大街小巷，一次次与无证占道经营者“周旋”，加班加点是常有的事。他希望城市能多给城管一份理解，让“委屈奖”不再设立。

魏光成表示，“委屈奖”的评定有严格程序，坚决杜绝滥发和违规发放的情况。只有当队员遭受殴打、辱骂等，并且队员身心健康受到影响时，才会启动“委屈奖”的评定程序。此外，督查中队还会独立调查核实队员们遭遇的真实性。

在魏光成看来，设立“委屈奖”也是无奈之举。因工资低、身份问题难以解决、社会舆论压力突出等，城管队员的工作状况堪忧。而城管队员又多是青年，遇到困难很难自发调整工作态度和情绪。“以往我们主要采用同事间互相倾诉谈话的方式疏导情绪。”魏光成在担任监察大队队长前曾任职教导员，接待过不少寻求心理辅导的城管队员。“一方面，我们通过‘委屈奖’平衡受委屈队员的心态，另一方面，我们也以此提醒队员必须恪守文明执法的标准，要做到打不还手骂不还口，必须以理劝服。”魏光成表示，绵竹市城管文明执法水平一直在提高，近年来未与市民发生过一次冲突事件。

资料来源：李红. 河南省人民满意的公务员表彰 共19个单位50人 [N]. 河南日报，2014-05-08 (1)；赵志疆. 公务员按时上班有奖：天大的笑话 [N]. 中国青年报，2013-08-27 (2)；王域西. 绵竹城管为执法队员发“委屈奖”引发热议 [N]. 四川日报，2015-11-23 (11).

12.1.3 案例思考题

1. 究竟该按什么条件对公务员进行奖励？
2. 现存奖励制度中存在哪些不合理之处，应当如何改进？

12.1.4 案例分析

核心提示

对于在工作中有突出表现的公职人员进行表彰奖励，有利于激发其工作的积极性。例如，在日本，为了奖励工作成绩优秀的公职人员，设立了“成绩奖”；美国则设立了考绩奖金。在常规奖励之外，还存在一些非常规的奖励。虽然我国的奖励制度经过了反复的修改和完善，但是仍然存在一些不足之处，需要政府、公众、媒体等的共同努力，利用法律规范，明确公务员奖励的条件以及奖励的方式。

观点争鸣

观点一：河南省对公职人员集体的表彰遵循严格的奖励程序，有理有据，合法合规，属于正常的奖励，有利于调动公职人员的积极性，营造人人进取、奋发向上、全心全意为人民服务的良好氛围。相反，安徽长丰县义井乡乡政府的“按时签到奖”、绵竹城管的“委屈奖”等，只不过是地方政府巧立名目、乱设奖励项目而已，属于变相挪用财政资金给公职人员发放隐性福利，谋求小集体的私利。这样滥设奖励，不仅没有法定依据，缺乏合理性，其通过设奖来激励正常出勤或者奖励无辜委屈等现象，更违背了公职人员日常工作行为必须遵守的最基本的行为准则、义务和职责。

观点二：地方基层政府设立“按时签到奖”，主要是为了更好地调动基层公职人员工作的积极性，维持政府日常政务的正常运行，更是针对基层公职人员工资收入低、福利待遇差的现实而给予的一种工作补贴。“委屈奖”则主要是为了平衡受委屈的城管队员的心态，是从组织角度给予的人性化的关怀性奖励。一方面可以给城管一点心理抚慰和鼓励，另一方面也是行政执法过程中城管的一种自我宽慰方式，是符合情理的，并非公职人员的隐性福利。

问题分析

公职人员奖励是指公共部门依照法律规定的标准、条件和程序，对在公务活动中成绩突出的公职人员给予物质、精神嘉奖的活动，它是公共部门人力资源管理与开发的必要环节，也是激励公职人员的重要方式。公职人员奖励制度是公务员制度的重要组成部分，奖励借助于人们的进取心和荣誉心理，可以激励公职人员积极向上、争做贡献，提高工作效能。河南省奖励认真履行党和人民赋予的职责、爱岗敬业、恪尽职守、服务大局、无私奉献并为全省经济社会发展做出了突出贡献的一批人民满意的公务员和人民满意的公务员集体，是合法合规的，也能起到激励导向作用。

公职人员奖励需要具备一定的条件，现行的《中华人民共和国公务员法》中概括的条件包括：（1）忠于职守，积极工作，勇于担当，工作成绩显著的；（2）遵守纪律，廉洁奉公，作风正派，办事公道，模范作用突出的；（3）在工作中有发明创造或者提出合理化建议，取得显著经济效益或者社会效益的；（4）为增进民族团结、维护社会稳定做出突出贡献的；（5）爱护公共财产，节约国家资财有突出成绩的；（6）防止或者消除事故有功，使国家和人民群众利益免受或者减少损失的；（7）在抢险、救灾等特定环境中做出突出贡献的；（8）同违法违纪行为做斗争有功绩的；（9）在对外交往中为国家争得荣誉和利益的；（10）有其他突出功绩的。

根据公务员奖励的条件可知，大部分奖励都要求有“突出功绩”，而案例中出现的“按时签到奖”“委屈奖”的颁发并非因为工作人员做出了突出贡献，因而是不符合公务员奖励标准的。2012 年，“八项规定”出台以后，对于公职人员的监督和惩戒更加严格，但是在如何奖励方面却缺乏相应的规定，特别是基层的公职人员奖励制度还不健全，这在一定程度上势必影响公职人员工作的积极性。案例中反映出目前我国存在着无权奖励而擅自奖励、乱设奖励项目、奖励缺乏监督机制等问题。要解决这些问题可从以下三方面做起：其一，要加强立法监督，明确规定奖励的设定权和授予权；其二，检讨现有奖励条件的不足，完善发展现有的奖励条件和奖励的等级和形式；其三，积极引导公众以及媒体参与奖励的监督①。

12.2 案例二 两例公务员处罚事件

12.2.1 背景透视

《中华人民共和国公务员法》规定对公务员的处分，应当事实清楚、证据确凿、定性准确、处理恰当、程序合法、手续完备。2007 年 4 月 22 日，中华人民共和国国务院令第 495 号公布《行政机关公务员处分条例》，在总则、处分的种类和适用、违法违纪行为及其适用的处分、处分的权限、处分的程序、不服处分的申诉等方面做出了明确的规定，为公务员的处分提供了严格的法律依据。随着互联网技术的不断发展和网民数量的激增，网络舆论发挥着越来越重要的作用。网络舆论在监督政府行为的同时，也存在矫枉过正的嫌疑，网络舆论导致的官员免职就是一个很好的例证。免职已经成为地方政府应对网络舆情的一种重要手段，官员一旦陷入其中，多半会被免职，而且免职的速度也越来越快。面临强大的社会舆论压力，对涉事官员应当如何进行问责，引发了社会的广泛关注。

12.2.2 案例描述

违规为儿子办婚宴收战友礼金受处分

2016 年 9 月 5 日，一名公务员在给儿子办婚宴，因违规收受监管对象礼金，同时超范围宴请战友收受礼金，受到党内警告处分。

54 岁的柳某某于 1986 年入党，2011 年 3 月借调到汉阳区控违巡查督办专办工作。2015 年 4 月底，柳某某分别邀请两个村的党支部书记郑某某、刘某某参加其子婚礼。几天后，两人分别送给柳某某礼金各 500 元。2015 年 5 月 9 日，柳某某为其子举办婚宴，现场共设酒席 26 桌，其中柳某某的战友 6 桌，柳某某收受战友礼金 5 000 余元。

不久，纪检部门接到柳某某违规收受礼金的举报，并进行了调查核实。案发后，柳某某主动退还了违规收受的 6 000 元礼金。

---

① 董丽君. 我国公务员奖励制度研究 [D]. 湘潭：湘潭大学，2005.

浙江“救灾搀扶照”官员被免职

2016 年 9 月 16 日，浙江温州泰顺县教育局一名工作人员在救灾现场被人架着跨过淤泥的照片在微博、微信朋友圈广为流传，受到部分网友抨击。泰顺县教育局党委在第一时间召开紧急会议，研究决定免去当事人的职务，并开展调查工作。

“惹祸”的图片显示：两个穿白色衬衫的人架着一个身穿格子衬衫的男子往前走，周围是淤泥和水。边上有个身穿浅色 T 恤衫的人，双手捧着一个红色的东西，朝着他们过来。除了穿格子衬衫的男子，其余 3 个人脚上均穿着长筒雨靴。

不少网友转发这张照片并发表评论，批评穿格子衬衫的人行为不当——“泰顺救灾现场图，某领导”“温州泰顺县的领导去灾区是这样的，抗灾的朋友们应该给他弄个轿子坐着去”“灾情如此严重的情况下，居然还摆架子”等。

据当事人说，当时他跟另外两个同事一起去泰顺三中等学校了解灾情。路遇有一处淤泥，没有垫脚的东西，正准备跳过去，边上有两个保险公司的工作人员看到后，就架着他跨了过去。“我当时没有穿雨鞋，他们穿着雨鞋。”昨天遭遇这个事情，当事人觉得自己比较冤，他并没有像网上传的那样，让人抬着去了解灾情。

照片中两个穿着白衬衫的保险公司的员工说，他们公司有“互帮互助”的理念，任何人经过时如果有需要，他们都会伸手扶一把。事实上他们还帮忙扶着一个女孩过了这个淤泥。

该图片的拍摄者也是保险公司的工作人员。他说，当时拍下了这张照片，随手发到了一个摄影群里，没想到最后被传成这样。他对给照片当事人造成的负面影响深表歉意。他说，“我当时拍这个是想体现灾情面前人与人之间相互救助，没想到最后完全变了味道，被人过度解读了”。

资料来源：黄征，陈驰，段晨晨．武汉一公务员违规为儿子办婚宴受处分［N］．长江日报，2016-09-06 (7)；姚似璐．浙江“救灾搀扶照”官员被免职［EB/OL］．澎湃新闻，2016-09-17.

12.2.3　案例思考题

1. 结合以上两则事件，简述公务员的处罚方法。
2. 怎样看待网络舆论导致的官员免职？简述你的观点。

12.2.4　案例分析

核心提示

为了强调国家公务员的纪律，《中华人民共和国公务员法》对于纪律的内容做了比较全面的规定，遵守纪律是公务员的基本要求，公务员违反纪律就应当受到行政处分。如若违反社会公德，造成了不良影响，就要承担违纪责任。对于情节相对轻微的违纪行为，经过批评教育后，也可以免于处分。

观点争鸣

观点一：柳某某既违反了党纪，也违反了公务员廉政纪律，在为儿子大办婚宴时利用手中的权力、影响力，违规接受礼金，理应受到纪律处分，这样有助于对其他公务员产生一定的警戒作用，也有利于维护公务员自身的廉洁。在灾区摆架子，严重损害了公务员的形象，使政府威信和全心全意为人民服务的宗旨遭受质疑，在强大的社会舆论压力之下，如果不对其进行相应的处罚，党纪法规势必形同虚设，难以规范和约束公务员的日常行为，更无法平息民愤。

观点二：就灾区摆架子事件而言，眼见未必为实，实际情况并非像照片中所显示的那样，脱离具体情境，简单粗暴地以照片的瞬间场景为依据进行问责，确实让当事人蒙受冤屈。而且，照片拍摄者的初衷也只是为了显示人性之间的关爱与互助，这本也是危机情境中我们一直所倡导的正义之举。网络舆论脱离实际情境、断章取义，甚至以讹传讹，在一定程度上扩大甚至扭曲了照片本身的含义，存在过度解读的现象。网络舆论固然重要，但是对于该公务员的处罚也应当从真相本身出发，维护公务员的合法权利①。泰顺县教育局出于舆论压力，给予该公务员免职的处分过于严重，而且有应付舆论、违规处罚之嫌。

问题分析

公共部门为了维护组织的良好形象，保证工作的正常开展，需要出台一系列具有约束力的纪律规定，用以规范公务员的行为准则。公务员的惩罚主要是指对玩忽职守、违法乱纪人员进行惩处。惩罚的作用在于：第一，有利于加强人事行政管理，实现人事行政目标，提高行政效率；第二，维护政府良好形象，提高政府的公信力；第三，防止公务员滥用手中权力，减少权力寻租②；第四，约束、规范公务员的行为，起到较好的警戒作用；第五，保障公共部门的正常运转，促使公务员廉洁自律。

2012 年 12 月 4 日，习近平总书记主持召开中共中央政治局会议，审议通过了中央政治局关于改进工作作风、密切联系群众的“八项规定”。“八项规定”出台后，公务员因违反了党纪、法律、法规而被处分的案件时有发生。2015 年 10 月，中共中央印发的《中国共产党廉洁自律准则》是中国共产党执政以来第一部坚持正面倡导、面向全体党员的规范全党廉洁自律工作的重要基础性法规，是对党章规定的具体化，体现了全面从严治党实践成果，为党员和党员领导干部树立了一个看得见、够得着的高标准，展现了共产党人的高尚道德追求。

案例中武汉的公务员利用给儿子办婚宴之际，违规收取礼金，既违反了党纪条规，也违反了公务员的廉政纪律。这不仅损害了公务员的形象，而且损害了公务员同人民群众的关系，依据党纪国法给予相应惩罚，合法合理。湖北省纪委颁布的《关于党员干部操办婚丧喜庆事宜监督检查办法》第三条第二款规定：党员干部确需操办婚丧喜庆事宜的，应当严格控制在亲戚（直系血亲、旁系血亲和近姻亲，下同）范围内。第四条第二款规定：禁止党员干部利用婚丧喜庆、生日祝寿、留学出国、就业入伍、乔迁履新等名义，收受下属以及有利害关系单位和个人的礼金礼品。2016 年 1 月 1 日起施行的《中国共产党纪律处分条例》（简称《条例》）第八十五条规定：利用职权或者职务上的影响操办婚丧喜庆事宜，在社会上造成不良影响的，给予警告或者严重警告处分；情节严重的，给予撤销党内职务处分。中央“八项规定”精神是铁的精神，《条例》是铁的纪律，容不得半点违背。柳某某违规收受礼金的行为，违反了党纪条规，损害了党员干部形象，破坏了党群干群关系，

① 冯丽. 论眼球经济时代的媒体责任 [D]. 西安：西北大学，2007.

② 方一帆. 基于权力寻租视角下的公务员腐败研究：以“猪倌论”为例 [J]. 重庆科技学院学报（社会科学版），2011（4）：36-38.

更背离了传统精神。严格遵规守纪、带头移风易俗，党员干部要自觉做表率，时刻绷紧纪律的弦，做到谨小慎微，切不可以为是“小事”而放任自流。以良好的党风政风促民风不断好转，我们党才能始终受到广大人民群众的信赖和拥护①。

地方政府将免职惩戒作为应对网络舆情的一种应急处置手段应慎重。对于公务员进行惩罚的条件有三种：（1）有违纪行为；（2）违纪行为尚未构成犯罪，或虽构成犯罪，但依法不追究刑事责任；（3）主观上有过错，即违纪行为是出于故意或过失。灾区“摆架子”事件中当事人的行为并没有违反相应的公务员纪律与法规，虽说给公务员形象带来了一定的损害，但是惩处的目的在于“惩前毖后，治病救人”，可以对其进行批评教育，而不是给予免职的处分。他受到的免职处分在很大程度上是由网络舆论压力所致。网络舆论作为群众反映自己意见的一种表现形式，可以说在一定程度上代表了民意。即便如此，对于网络舆论也应当区别对待（部分群众可能也不清楚事件本身的真实情况，只是跟风而已），不能让网络舆论凌驾于党纪国法之上，损害公务员的合法权利。因此对于网络舆论的扭曲而产生的所谓的公务员不当行为，首先应当调查清楚，然后公布于众，以事实为依据，以党纪国法为准绳，做出合法公正的处理，而绝不是以迫于舆论压力为托词，随意侵害公务员的合法正当权利，这明显有违公务员惩罚秉承的事实清楚、证据确凿、定性准确、处理恰当、程序合法、手续完备的基本原则②。况且，依据相关规定，如果公务员违纪，应当由处分决定机关对公务员违纪的情况进行调查，并将调查认定的事实及拟给予处分的依据告知公务员本人，公务员还有对此进行陈述和申辩的法定权利。

总之，适当的制度惩戒可以起到较好的警示作用，能够较好地规范、约束公务员的日常行为。但是，给予公务员的处罚必须有理有据，严格遵循法定程序和原则。网络舆论固然重要，社会关注的焦点更要重视，但是在严肃政风政纪、严厉查处违法违纪违规的行为时，也要防止矫枉过正，地方政府作为执法主体，更要秉公执法、依法行政，不能将免职作为应对网络舆情的唯一手段。

12.3 案例三 保护学生，也不能忽视教师的权益

12.3.1 背景透视

随着我国教育制度和体系的不断完善，维护学生权益的呼声日益高涨。在中国式教育的“娇宠”之下，当教师与学生发生冲突、争执时，教育部门迫于舆论压力，有时候会倾向于维护学生的权益，对教师的处罚过于严重，这在一定程度上会侵害教师的正当权益，也从侧面反映出我国在教师权益保障方面尚有不足。学生权益固然重要，但是教师作为教书育人的一个群体，其权益理应受到正当合法的保护。

① 黄征，陈驰，段晨晨．武汉一公务员违规为儿子办婚宴受处分［N］．长江日报，2016-09-06（7）．

② 胡野天．提升公务员网络舆论监督实效的几点思考［J］．科教导刊（电子版），2013（20）：1．

12.3.2 案例描述

教师开除事件

2015 年 6 月，蚌埠市怀远县教育局发布了一份处罚决定，决定显示，因当地包集中学的梁老师在上课时，发现有学生在其背后贴了张“我是乌龟，我怕谁”的字条，字条上还配有乌龟形象，梁老师觉得受到侮辱，与这名学生扭打起来。6 月 4 日，教育部门因梁老师体罚学生将其开除。开除决定做出后，很多教师认为这种处罚过重。

开除决定是根据《中小学教师违反职业道德行为处理办法》(简称《办法》) 第四条第五项做出的，而《办法》第三条规定的处分种类包括：警告、记过、降低专业技术职务等级、撤销专业技术职务或者行政职务、开除或者解除聘用合同。可见，开除决定适用的规定是对的，但在具体执行过程中，是否存在处罚程序不当、实体处罚过重的问题呢？

《办法》第五条规定，学校及主管教育部门在对教师做出处分决定前，“应当听取教师的陈述和申辩，听取学生、其他教师、家长委员会或者家长代表意见，并告知教师有要求举行听证的权利”。这些是当事教师、学生、其他教师、家长等的权利，也是学校及主管部门的义务，教育部门做出开除决定时，显然没有尊重应该尊重的权利、履行应该履行的义务。行政处罚的比例原则，要求“罚当其过”，不能畸轻畸重，而按照《办法》第六条规定，给予教师处分，应当坚持公正、公平和教育与惩处相结合的原则，应当与其违反职业道德行为的性质、情节、危害程度相适应，应当事实清楚、证据确凿、定性准确、处理恰当、程序合法、手续完备。涉事教师的行为情有可原，也没有对学生造成严重伤害，予以适当的警告，要求赔礼道歉并加强教育可能更妥当，但匆匆“开除了事”及其引发的普遍质疑表明，上述处分只有惩罚没有教育，并涉嫌程序违法和实体不公。

处罚从来只是手段，教育才是目的。不仅教育、管理学生如此，对待教师也是这样。但在校园伤害事件和教育失范行为不断发生，社会呼吁高度重视保护学生权益的情境下，相关部门、学校乃至社会，也容易陷入另一个误区，忽视对教师们应有权益的尊重与保护。在教学管理过程中发生的师生矛盾、纠纷里，学校往往不管三七二十一就对教师进行“重罚”，以体现学校对学生保护的高度重视，应对“负面舆情”。殊不知，这种急功近利、矫枉过正的做法，伤害了教师的合法权益，也让许多教师寒心，给涉事学生今后的教育管理与成长也埋下了隐患。

教师权益也该保护

2015 年 3 月，在临汾市某校发生了一件师生冲突事件：女教师下课前几分钟按常规做法检查学生课堂练习情况。一男生没有完成布置的练习，教师询问原因，刚一转身，男生便从教室墙角抽出长把笤帚，狠劲地打在教师的背上。另两名男教师得知此事，气愤地各打了此男生一个巴掌。虽没打伤，但是男生家长不依不饶，到处告状，说学校教师“群殴”孩子。最后的结果是除给学生经济补偿外，三名教师和分管德育的学校领导受到不同程度的行政处分，当事女教师还被降低岗位工资等级。

2016 年 4 月 19 日晚，蒙城一学校也发生了一起初中生群殴教师的事件。据了解，该校一名学生与教师就手中的试卷产生了言语纠纷，教师想要拿走试卷，而学生不给，貌似学生态度恶劣，于是教师用右手拽住学生衣领，这时，从后面出现另一名男生将教师推到墙角，5名男生立刻上前对该教师拳打脚踢。围殴中有两名男生手持板凳多次砸向教师头部、背部，但均被该教师用手臂挡住。殴打撕扯中，该教师的衬衫被撕开。殴打过程中，伴有其他同学的哭声和尖叫声。有女生笑着上前，后又走开，该班级学生无一人出来劝阻。师生争执中共有4次短暂间断性围殴，在学生围殴的短暂间断中，当事教师质问学生并掌掴了学生3次。

客观地说，学生成长是一个循序渐进的过程。在这个过程中，既要保障学生受到教育，也要确保教师的工作权益。教师从师道尊严的权威受影响到自身正当权益的被侵害，其中自有教育方法的不当与教育艺术的不精，但同时更有"一面倒"的不当炒作、裹挟与不良导向，及教师自身与相关部门不敢、不愿、不屑对教师权益做出有力维护的原因。

资料来源：符向军．保护学生，也不能忽视教师的权益［EB/OL］．红网，2015-06-09；王学进．教师权益也该被保护［N］．法制日报，2015-06-09（7）；谢青松，韩虎，任杰．蒙城一学校初中生群殴老师［N］．市场星报，2016-04-21（7）．

12.3.3 案例思考题

1．就案例而言，我国在教师权益保障方面存在哪些问题？应当如何改进？

2．如何协调好教师与学生的权益？

12.3.4 案例分析

核心提示

权益保障是指对劳动者在职业内依法享有的各种权益的保障。公共部门人力资源的权益保障，不仅是指国家采取措施确保法律赋予公共部门人力资源的政治、经济、社会和文化等方面的权利得以实现，而且是指公共部门人力资源的合法权益受到侵犯后可以通过正当途径进行补救。法律赋予每个公民的权利都是平等的，学生的权益固然重要，但是教师的合法权益也不容侵犯。

观点争鸣

观点一：如果教师违反了相关法律法规，也应当严格遵守相关法律规定和程序，以事实为依据，以法规为准绳，罚当其过，并且充分尊重教师的申辩权。案例中因为与学生发生冲突，就简单草率地对教师施以最严厉的行政处分——开除，这明显过于严重，教育主管部门有以开除教师来息事宁人之嫌，严重侵犯了教师的身份保障权利。处罚只是手段，教育才是目的，学校是教书育人的场所，针对师生冲突问题，教育主管部门公平公正的处理更应该在这方面发挥表率作用。否则，学校作为伦理道德、公平正义的主要传授场所，又如何培育出尊师重道、遵纪守法的合格公民呢？处理校园师生冲突事件，必须以事实为依据，以法规为准绳，罚当其过，决不能受社会舆论裹挟，背离最起码的公平正义原则。

观点二：学高为师，身正为范，教师要为人师表，才能真正做好教书育人的工作。案例中教师与学生发生冲突时，首先不是尝试说服教育，而是基于非理性的冲动情绪和怒气发泄，试图以粗暴动手来解决问题，以武力来驯服甚至胁迫学生就范、服从，这不仅有损师德，侵犯了学生的合法人身权利，更在社会上造成了严重的负面影响，违背教育为本的宗旨。案例中教师在处理学生的无理、挑衅行为时，并未秉持教书育人的基本原则，这不仅有损为人师表的教师形象，给学生造成一定的人身或心理伤害，还进一步恶化了师生冲突，扩大了事态影响；教师这种简单粗暴的处置师生冲突的方法，正折射出案例中当事教师自我教育方法的失当与教育艺术的不精，其自身素质和业务能力有待提高。

问题分析

“保障”一词含有两层意思：一是指保护生命、财产、权利等不受侵犯；二是指起保障作用的事物。权益保障就是指对劳动者在职业期内依法享有的各种基本权利的保障。案例中的教师虽与学生发生了肢体冲突，但受到的处罚过于严重。案例中对教师的处理结果，不得不让人们产生疑问：在维护学生权益的呼声日益高涨的今天，教师的权益是否受到了足够的保障？公共部门人力资源的身份保障权，主要是指公共部门人力资源通过被录用取得合法身份后，其身份受到法律保护，非因法定事由和非经法定程序不被免职、降职、辞退或受其他行政处分。就该案例而言，对教师的最终处分结果，确实有违罚当其过原则，使教师的正当身份保障权在社会舆论裹挟下受到了侵犯。

教师的权益受到损害，除了与教师本身的行为不当有关，也反映了相关部门对教师权益尊重和维护的缺失。法律面前人人平等。学生的成长过程固然重要，但是在保障学生接受良好教育的同时，也应当确保教师的工作权益不受到损害。教师与学生发生冲突时，即使教师存在过错，也应当依据实际情况，严格按照相关规定和程序进行处分，而不能矫枉过正，损害教师的合法权益，甚至过度处罚，以牺牲教师合法权益为代价，达到回应舆论诉求、息事宁人的目的。

此案例也充分揭示了公共部门人力资源管理实践中公职人员合法权利受到侵害时的救济渠道和制度的缺失。为了更好地保障教师的权益不受损害，应该明确教师权益在受损以后通过何种途径补救以及如何补救。一方面，完善教师的申辩、申诉机制。教师作为冲突当事人，有权对冲突的来龙去脉进行实事求是的陈述和申辩，对于所受的处分结果不服时，也有权进行申诉。申诉的主体和权限包括：公共部门人力资源对于涉及本人的人事处理决定不服的，可以在接到处理决定之日起 30 日内向原处理机关申请复核，或者向同级机关人事部门申诉，其中对行政处分不服的可以向行政监察机关申诉①。申诉应由本人提出，如本人丧失能力或者死亡的，可由其亲属代为提出。另一方面，教师应当增强维护自身权益的意识，当自身利益受损时，要积极地维护。

① 刘彦博，杨珍. 美国高校教师申诉制度的运行机制分析 [J]. 中国地质大学学报（社会科学版），2011（6）：111-116.

第13章

公共部门人力资源管理前沿

知识提要

公共部门作为社会发展的领导力量，其自身的人力资源建设对于整个经济社会的发展有着重要作用。认识新常态、适应新常态、引领新常态，保持经济社会持续健康发展，必须有新理念、新思路、新举措。在内外部环境的压力与我国公共部门向创造良好发展环境、提供优质公共服务、维护社会公平正义的总方向转变过程中，人力资源管理距离现代化与成熟化还有一段漫长的路程，适应世界发展新趋势，紧密关注人力资源管理领域出现的新发展趋势、公共事业和国家事务管理出现的新变化，向开放的、以提高绩效为导向的弹性机制转变，探索出具有中国特色的管理路径，还需要深入实际工作、解放思想、锐意进取、积极创新。

13.1　案例一　大数据背景下的微政务样板

13.1.1　背景透视

数据是基础性资源，也是重要生产要素。大数据是指无法在可容忍的时间内用传统IT技术和软硬件工具对其进行感知、获取、管理和服务的数据集合。大数据与云计算、互联网等新技术相结合，正在迅速并日益深刻地改变人们的生产生活方式。在大数据时代，对于政府来说，一方面应承担起引领、推动大数据产业发展的使命；另一方面应建设政府大数据，实现政务数据资源的公开和共享①。在微政务建设方面，贵州政府无疑是走

① 翟莉. 大数据时代政府岂能落后［EB/OL］. 人民网，2015-07-20.

在了全国的前列。“黔办之声”为贵州政府的官方微博，它除了每天播报天气预报之外，还具有坚持对省政府常务会议进行直播、及时引导舆情舆论的功能。贵州政府立志做“主动发声”的省政府官微，打造“微博问政”的微矩阵。

13.1.2 案例描述

“黔办之声”是贵州政府的官方微博，它从 2013 年 7 月 15 日注册起，深受贵州人民喜爱。截至 2017 年 3 月 16 日，其在新浪微博上拥有粉丝 64.3 万，发布各类微博信息 1.2 万条；在人民微博上拥有粉丝 40.49 万，发布微博 9 599 条。

首开对省政府常务会议的直播先河

“黔办之声”除了每天 17 点左右在官微上发布天气预报以外，还坚持对省政府常务会议进行微博直播，这一做法被认为开创了国内省级政府官微的先河。

2013 年 9 月 5 日 14 点 52 分，“黔办之声”向广大微博网民发出“欢迎围观”的邀请——贵州省第十二届人民政府第 40 次常务会议将于 9 月 5 日下午召开，本次会议主要议题有审议《贵州省现代物流业发展规划》和《关于加快发展现代物流业的若干意见》，听取贵州省新设立小微企业发展情况汇报。接到会议通知后，一位不能如期入场的记者焦急地询问工作人员：“赶不到怎么办?”“可以看我们微博直播。”工作人员说。对省政府常务会议进行微直播，“黔办之声”走在了全国省级政府办公厅的前列。当天，“黔办之声”通过新浪网、腾讯网、人民网和新华网 4 个平台，将贵州省政府第 40 次常务会议内容进行了网络实时推送，直播当日累计播发文字稿 18 条，图片 2 张。这组数据一直成为“黔办之声”对后期省政府常务会议进行微直播的经典参照。

“只要不涉密，没有涉及不适合公开的议题，我们都坚持对省政府常务会议进行微直播。”贵州省政府办公厅工作人员说，到目前为止，“黔办之声”已经完成 29 次省政府常务会议的微博直播。坚持对省政府常务会议进行微直播，也被写入了“黔办之声”的《官方微博日常维护管理办法》中。根据该办法，“黔办之声”将在每次不涉密、适合公开的省政府常务会议议题上进行全程微直播，直播内容主要包括：在贵州省政府会议上，贵州各地州市政府和各个厅局向常务会议做的汇报情况；贵州省政府主要领导对此所做的点评；常务会议形成的会议结果；等等。

积极回应网民关心的热点问题

2013 年 3 月 20 日，网上一条帖子称：“贵州省六枝特区一名 12 岁女孩被‘嫁’给一个 28 岁男人。”此帖被网民疯转，众多媒体也做出了相应报道，舆情涌现一时间让当地政府和众多网民感觉不可思议。更多的媒体还在持续跟进，此事受到了贵州省有关领导的重视。“黔办之声”按省领导要求，对相关情况进行了调查了解。了解后得知，当地党委政府当天就组织公安、司法、妇联、教育、民政等部门联合展开调查。事实真相是 12 岁的女孩王某，因家境困难早早辍学，被邻居介绍给 28 岁在外打工的明某，女孩的母亲得知消息赶来并报警。“黔办之声”通过将此舆情转发给当地政府，并反复核实后将实情进行了公布，此事才得以平息。

正确引导社会舆论，积极回应网民关心的热点问题，是“黔办之声”最重要的内容之一。“黔办之声”正式开通运行一年内，陆续处理了近百起社会热点和舆情事件。比如，

2013年春节期间贵阳出现禽流感疫情，当第二例死亡病例出现时，“黔办之声”及时发布了实情，对网上谣传进行了辟谣，经媒体接力报道后，稳定了人心。不仅如此，“黔办之声”还专门开设了“回音壁”板块。将网友反映的带有一定群体性和普遍性的社会热点、难点问题，通过转发有关部门或地方政府办理，再通过微博私信或在“回音壁”板块及时做出回应。

立志“主动发声”的省政府官微

“黔办之声”在新浪网、腾讯网、人民网和新华网四个平台上拥有数百万粉丝，发布政府信息万余条。其特殊的官微身份与活跃度，博得众多网友好评，在重大舆情引导中也起到了关键作用。事实上，早在2010年贵州省新闻办的官方微博“微博贵州”就开通了，“织围脖”成了政府部门聆听民意的途径。

“经过调研，我们发现，作为省政府办公厅官方微博，大量的原创信息要及时发布，‘主动发声’，新开设一个微博，也有必要，‘黔办之声’由此应运而生。”“黔办之声”的一名管理人员说。当时，贵州省政府办公厅主要领导也明确要求，“黔办之声”不仅要主动发声，还要尽可能多地发布独家信息。为此，“黔办之声”在日常维护管理中就要求必须时刻紧盯省政府应急办的值班快报，紧盯省政府办公内网中被标注“此件公开发布”的文件，紧盯省政府专题会议纪要等的政务信息，并第一时间挑选重大的政务信息及时发布。同时要求第一时间编审上传并发布贵州各市州地政府、省政府各部门等报送的重要政务信息，规定每天微博更新不少于3条，遇到重大突发事件、敏感信息经领导审核后及时发布。

“微博问政”的微矩阵

2013年年初，一条图文并茂的帖子在各大论坛贴吧被网友疯传——“贵州行政区划将做重大调整”。“黔办之声”获知这一情况后立即反馈给贵州省民政厅，民政厅随即做了完全否定的答复并对行政区划调整相关知识做了解答。“黔办之声”还组织媒体进行了报道，最终使这一谣言很快被消灭。“凡是热点和重大舆情，我们都会按照程序反馈给有关部门，在取得权威信息并及时发布外，还会组织媒体进行跟踪报道。”上述工作人员认为，这些都得益于“黔办之声”与媒体良好的互动关系，这形成了微媒联动的矩阵效应。贵州省“微时代”下的“微政务”矩阵，是贵州紧跟时代步伐，旨在推出优化拓展政府信息公开和服务渠道，利用网络平台及时发布省政府出台的重要文件、重大决策部署及重大活动情况等的矩阵信息群。明确要求各级政府、各部门，积极探索利用政务微博、微信等新媒体，及时发布各类权威政务信息，切实回应社会关切。

同时，2014年年初贵州以“黔办之声”为主账号，在新浪网建立了贵州政务微博发布厅。要求贵州省直各部门、各市州政府和各县市区特区政府的130余个官方微博加入，并在贵州省人民政府网专门设立了发布厅，在各大门户开设的政务微博也一起加入，各官方微博之间的管理员通过QQ群进行信息共享和互动。至此，贵州“微政务”矩阵正式形成。此外，顺应移动互联技术的更新发展，与“黔办之声”共生的另一个微信公众平台——贵州省人民政府网，也开通运行。这是全国省级政府办公厅中首个开设的微信公众平台，截至目前该新平台已经累计发布信息近千条，公众用户总数已过万。

资料来源：本案例根据央视网等的多篇报道整合改编而成。

13.1.3 案例思考题

1. 结合案例谈谈“黔办之声”为什么能够成为全国微政务的样本？
2. 微政务的崛起对提高政府管理有什么意义？

13.1.4 案例分析

核心提示

从户籍制度改革到不动产登记制度改革，再到征信体系建设，近年来加速推进的诸多改革，都对数据库建设提出了更高的目标和要求，一些改革更是以大数据为基础。大数据已经成为政府改革和转型的技术支撑。近年来，随着云计算等新型数据处理技术不断成熟，大数据也不断被应用到政府日常管理和为民服务中，并成为推动政府政务公开、完善服务、依法行政的重要力量。政务微博，是政府部门推出的官方微博账户，是政府的主动发声平台，是社会管理的一种创新方式，微政务的崛起对提高政府管理水平有一定的积极作用。

观点争鸣

观点一：政务微博在政府信息公开、新闻舆论引导、树立政府形象、群众政治参与等方面具有十分积极的意义。一方面，政府信息公开能够提高政府透明度与及时处理突发事件的能力。党政机构可以利用政务微博“直播”具体工作，公布突发事件处理进程等信息，增加工作透明度，增进民众对党委和政府的了解与信任，增加自身的舆论影响力。另一方面，良好的信息流动能促进官民间的相互理解和信任，增强政府公信力。政务微博的“双向互动”“多元主体”传播模式打破了官民间信息不对称的局面，在一定程度上改变了政府形象自上而下、单向传播的传统模式①。

观点二：尽管我国政务微博开通的数量很多，但有的微博在实际操作中却出现了信息发布时效性不强的问题。有的政务微博只是将政府网站简单套上微博的新外套，其发布的信息内容与官方网站基本一样，对网民建议的反馈比政府网站还慢，有的政务微博更出现了“空壳化”现象②。

问题分析

随着移动互联网技术和智能手机应用的高速发展，社交媒体经历了“电视—电脑—手机”的发展过程，开放的网络时代加快了信息传播的速度，不仅使公众能够更快、更高效地接收各类信息，而且也是对政府处理突发性事件能力的考验。信息的极大丰富刺激了民众对于知情权、参与权、表达权的渴望。政务微博可以通过主动公开政务信息、解答民众疑问、回应民众诉求等方式，引导信息在政民之间畅通流动，促进双方的相互理解与信任。

政务传播的渠道也从网站、邮箱转移到微博和微信。“双微”时代的到来，也改变了政务机构的传播观念和方式。“微政务”如雨后春笋般，在全国各地迅速崛起。截至 2011

① 陈文权，李晓娜．政务微博对中国政府管理的影响及对策探讨［J］．电子政务，2015（4）：38-47.
② 张怡晟．从政务微博开通的角度谈其使用的利弊与发展建议［J］．科技传播，2014（22）：186-187.

年12月10日，在新浪网、腾讯网、人民网、新华网4家微博网站上认证的政务微博总数为50 561个。政务微博可以随时和网民互动，时刻了解群众诉求，倾听民众呼声，是政府了解民情的"耳朵"，更是及时回应民众诉求的创新、便捷渠道。

"黔办之声"作为贵州省政府的官方微博，能够受到人民的热捧，成为全国微政务的榜样，主要原因有以下三点：（1）积极推动政务公开。到2014年11月，"黔办之声"已经完成29次省政府常务会议的微博直播。坚持对省政府常务会议进行微直播，也被写入了"黔办之声"的《官方微博日常维护管理办法》中。（2）及时进行舆情舆论引导。"黔办之声"积极回应网民关心的热点问题，陆续处理了大量的社会热点和舆情，正确引导社会舆论，也是受到人民信任的关键。（3）"主动发声"。"黔办之声"在日常维护管理中要求时刻紧盯省政府应急办的值班快报，紧盯省政府办公内网中被标注"此件公开发布"的文件，紧盯省政府专题会议纪要等政务信息，并第一时间挑选重大的政务信息及时发布。

清华大学公共关系与战略传播研究所社会化媒体实验室在其官方微博@政务微博观察中就称："当前政务微博群体中80%患上了'痴呆症'，既'盲'又'聋'，还自言自语。"在互联网的"微"时代，政务微博不能再按照传统治理思维，充当简单发布政务信息或者自说自话的信息平台，而应该凸显其多元互动性、及时回应性和服务性的新"微"特征。

发展政务微博这一举动，不仅创新了政府职能，有益于政府政策的公开和透明，而且增加了一条政府处理紧急事件的信息公开通道，同时也是对政府行政能力的新考验。此外，通过微博网民可以不受时空限制地表达自己的意见和建议，在民情民意的表达和收集方面也具有明显的优势。2013年，《国务院办公厅关于进一步加强政府信息公开回应社会关切提升政府公信力的意见》（简称《意见》）下发。《意见》着重强调政务微博、微信的重要地位和关键作用，将"政务微博、微信"作为与"政府新闻发言人制度""政府网站"并列的第三种政务公开途径。目前，政务微信开通和使用情况已被纳入了中国政府网站绩效评估指标体系。未来，政务微博和媒体微博联合设置议程、"同频共振"的趋势将更加明显。政务微博和媒体微博可以不断实现创意互动、信息共享、评论交流，同时避免内容同质化。

13.2　案例二　"学而优则仕"或成为一种新常态

13.2.1　背景透视

2015年反腐风暴令大批官员落马，官场换新血。在这一轮高官的调动里，多名大学校长及知名学者走出书斋，踏上当官仕途，其实出现这一现象并非偶然。中共中央办公厅2014年11月印发了《2014—2018年全国党政领导班子建设规划纲要》，纲要提出注重从国有企业、高校及科研院所等单位里，培养和选拔党政领导班子成员。因此，2015年1月28日，中央组织部宣布清华大学校长陈吉宁任环保部党组书记。中央组织部同日宣布，由中国科学技术大学校长侯建国出任科技部副部长。其实类似陈吉宁与侯建国这样的调任，早在2年前就发生过。2013年有着“平民法学家”之称的徐显明就从山东大学校长调任中央综治委办公室专职副主任；同年浙江省委组织部召开干部会议，传达中共中央决定，由清华大学党委书记胡和平调任浙江省委组织部部长。从上述情况来看，“学者从政”或成为一种新常态。

13.2.2 案例描述

近来，“学者从政”再成焦点。2015年1月28日，中央组织部副部长王尔乘到环保部宣布中央决定：陈吉宁（此前为清华大学校长）任环保部党组书记，免去周生贤环保部党组书记职务。就在同日，一则内容只有12个字的消息——“侯建国任科学技术部副部长”，出现在共产党员网首页上，这意味着侯建国离开了任职校长整整20年的中国科学技术大学。2015年2月，北京航空航天大学校长怀进鹏调任工信部副部长、党组成员。2015年以来，短短两个多月就有3位大学校长密集履新国务院组成部门领导职务，这被认为是中国政坛新一轮“学而优则仕”的样本。而实际上，从高校校长调任党政机关要职，陈吉宁、侯建国以及怀进鹏并非首例。

把视角“拉长”，从“校长”到“部长”的学者有一长串名单。可以说，近些年来知名学者从政，担任中央或地方重要领导，已成为一种引人关注的现象。不过，国家行政学院教授许耀桐也表示，人事调整主要还是考虑自身素质和情况，会选择经过长期考察能胜任岗位的、在各方面经过历练的干部。

“环境专家”掌门环保部

1964年2月出生于吉林的陈吉宁，学者范儿十足。在日常工作生活中，很多接触过他的人给出这样的评价：没有架子，平易近人。公开资料显示，陈吉宁1981年就与环保结缘，于当年9月开始在清华大学土木与环境工程系学习，直至1988年获理学硕士学位；1993年，他获得英国帝国理工医学院的博士学位；1998年回清华大学任教；1999年任清华大学环境科学与工程系主任，再度与环保结缘。在学术上，陈吉宁可谓环境领域的权威专家，清华大学官网公布的简历显示，他长期致力于环境系统分析方面的研究工作，专注于将系统分析的方法和工具应用于环境工程、规划、管理和政策研究，特别是应用到如何解决复杂环境问题的综合性评估及其中的不确定性问题中。他也曾组织、承担和参与了多项国家攻关、重大专项、基础研究以及国际联合科研项目等。

不仅在学术方面是内行，对于此次任职的环保部来说，陈吉宁也不陌生。在清华大学任职期间，他就常与环保部打交道，担任国家环境咨询委员会委员、环保部科学技术委员会副主任、中国环境科学学会副理事长等。有分析称，在环境问题日益凸显的今天，陈吉宁调任环保部颇受期待，因为环保部需要一个务实、能把环保当作一门科学的专业人士来主政，而陈吉宁在专业上的优势或能为环保工作把准脉络，寻得出路。

“接地气校长”履新科技部

与陈吉宁的经历类似，侯建国在从政之前，也一直从事科学研究工作。公开资料显示，侯建国的籍贯是福建，1978—1989年在中国科学技术大学学习，获凝聚态物理专业博士学位，侯建国主要从事纳米材料与结构、单分子物理与化学、扫描隧道显微学研究。

侯建国 1995 年起任中国科学技术大学教授、2003 年当选为中国科学院院士、2004 年当选为第三世界科学院院士、2008 年 9 月起任中国科学技术大学校长、2015 年 1 月任科技部副部长、党组成员。

在中国科学技术大学，侯建国的标签很多，“亲民、民主”“实干”“爱才、惜才”“最帅校长”等，但让科大人感受最深的就是“接地气”。“他是一个‘接地气’的校长，总是主动地走到学生中间，去体察学生的真实诉求，不管出台什么政策，他总是要求要和学生多谈谈。”中科大学生工作部部长董雨介绍说，侯建国曾经连续 3 天在食堂里陪学生代表吃饭。据报道，侯建国在 2008 年上任伊始召开师生座谈会，有学生反映“夏天太热”，第二年学生宿舍就全部装上了空调；2011 年有学生反映“冬天洗澡不方便”，侯建国当场表示“有难度但应该解决”，随后学校启动“热水工程”，第二年全校学生宿舍都能够“洗热水澡不出楼”。正是“接地气”的作风，让侯建国在中国科学技术大学广受支持。

“法学家”调任中央综治委

2013 年，山东大学校长徐显明履新中央综治委办公室专职副主任，这意味着他已从学术领域转入中央决策和参谋机构。在党中央强调社会体制改革以及政法工作“法治化”改革的当下，法学家担任中央综治委办公室专职副主任，意味深长。

今年 58 岁的徐显明曾被中央电视台《东方之子》栏目评为“平民法学家”，同时也是中国法理学研究会会长、中国法学会副会长。公开资料显示，徐显明 1978 年考入吉林大学法律系，相继获法学学士、硕士学位。在山东大学工作近 20 年后，2001 年 9 月赴京担任中国政法大学校长，2008 年 11 月，徐显明再次回到山东大学任校长，直到 2013 年。

“水利专家”掌管人事

胡和平也是外界关注度较高的“学者从政”人物之一。2013 年 11 月 20 日上午，浙江省委组织部召开干部会议，传达中共中央决定，清华大学党委书记胡和平调任浙江省委组织部部长。这位“水利专家”的从政之路，明显与上文中的三位学者不同。而对于这个疑问，国家行政学院教授竹立家认为，组织部部长肩负干部人事，责任重大。干部选人用人的经验、对组织工作的熟悉度、对国家政策的把握度在组织工作中极为关键，需要经验和素质过硬的人担当此任。

公开资料显示，1980 年胡和平考入清华大学水利工程系水资源工程专业学习，1990 年清华大学水利水电工程系硕士研究生毕业，1995 年在日本东京大学土木工程系获博士学位，1996 年回到清华大学水利水电工程系出任水文水资源研究所所长、系副主任，2008 年 12 月起任清华大学党委书记直至 2013 年 11 月。

资料来源：邹坚贞. 这些年成为部长的大学校长们：学者从政或成新常态 [J]. 中国经济周刊，2015（3）：58-59.

13.2.3　案例思考题

1. 结合案例思考，“学而优则仕”会成为我国政坛的一种新常态吗？
2. 用所学知识分析“学者从政”的优势与劣势。

13.2.4 案例分析

核心提示

“学者从政”已不再是什么新事物，早在之前就有，外交部下设的研究机构中国国际问题研究院院长曲星确定出任中国驻比利时大使，北京工业大学前校长郭广生确定出任北京市委副秘书长。“学者从政”有利于完善领导班子知识结构，推进改革决策的科学性与专业性，有针对性地在一些地区和部委的领导班子中配备专家型官员将成为一种新常态。学者型官员经过数十年的潜心研究，知识结构完整，理论功底深厚，如果能将多年研究的理论成果应用到实践中去，提出切实有效的、有针对性的解决措施，可以使决策更具专业性和科学性，更能游刃有余地解决问题，从而更好地驾驭全局①。

观点争鸣

观点一：“学者从政”现象成为近年来人事任用的焦点之一。专家学者从政从某种意义上来讲，改进了行政领域中专家学者比重偏低的情形，是引进新思维、新人才的措施。这种做法在国外是一种常态，我们也要支持更多的专家学者参与到变革中去。党和政府从高校以及科研院所吸纳专家学者从政，充分发挥其专业学识和能力，给政坛带来一股清新的治理模式和工作作风，更为政府行政决策的科学化、民主化带来了一种新变化，因而他们也被寄予厚望。因此“学而优则仕”应该成为一种趋势，并且正在悄然成为一种定势。

观点二：学者和官员的成长途径、评价标准是不同的，因而并非所有的高水平学者都适合从事政府工作，一旦选择错误，很可能会给社会带来双重的损失。烦琐的行政工作可能会影响学者、专家的专业研究和学术水平。因此，政府鼓励一些既具有丰富的专业知识和技能，又有一定领导和管理能力的学者走上政府领导岗位②。

问题分析

“学而优则仕”的教育思想对中国的教育，乃至中国的社会产生了难以估量的影响。古代那些通过科举制进入仕途的士大夫的重要职责就是提供决策信息，提出政策建议，监督政策执行等。21世纪综合国力的竞争，归根结底就是人才的竞争，中共中央办公厅在《2014—2018年全国党政领导班子建设规划纲要》中提出，要从高校及科研院所等单位里培养和选拔党政领导班子成员，这是以习近平同志为核心的党中央对人才的高度重视，对于充分发挥各类学者的主动性、创造性具有重要作用。

案例中提到，2015年1月28日中央组织部宣布清华大学校长陈吉宁任环保部党组书记，中国科学技术大学校长侯建国出任科技部副部长。从这些人事调整的案例中可以看出，专业背景越来越受重视。尤其是数名大学校长走出校园，踏上仕途，成为人事变动的一大亮点。

“学者从政”有其专业优势，能够给官场带来清新的治理模式。首先，“学者从政”能够有效地促进科学理论、科学技术与社会实践的有机结合。学者长期从事科学研究，储备了丰富的理论知识，培养了熟悉的业务技能，对所研究的行业发展或前景有着敏锐的洞察

① 刘刚，沈洋，任沁沁. 学者化、年轻化为中国干部队伍添新活力［EB/OL］. 新华网，2011-12-31.
② 刘昕. 学者从政：困境与误区［J］. 人民论坛，2011（27）：42-43.

力与观察力，能够在科学理论与技术的指导下进行政治决策，有利于提高决策的科学化和民主化水平。同时，可以将科研成果转化为社会发展所需要的资源，做到学以致用，而通过社会实践又可以进一步检验和完善学者的学术理论。其次，学者一般具有崇尚理性、尊重科学的精神以及求真务实的工作态度，淡泊名利，能够准确定位自身的角色。

但是，学者在从政实践中也会有自身的局限性。首先，学者从政之后可能会受到不良诱惑，如果内心不够坚定，就会败在金钱与权力之下。学者无论是在高校还是在科研机构，所接触的人际关系都是比较简单的，因此金钱与权力对他们的影响比较小。其次，我国专业人才毕竟有限，如果有所作为的学者被选拔进入政界，那么对于学术界来说也是一种“人才流失”。科研能力比较高的学者，往往是高校该专业领域的领军人物，如果该人物突然被“挖墙脚”，那么该校在这方面的科研水平会大打折扣，并且短时间内难以恢复。此外，学者与党政领导干部的评价标准不同。“学者从政”是中国传统政治文化中的一个重要经验，这与一般意义上的为政府决策提供咨询不同，它是学者自己的专业和实际责任结合的实践行为，是实现“内行”管理的一个过程。政府在选拔优秀学者从事政府领导工作时，除了对这些候选人的专业知识、教育经历等背景进行考察之外，还要重点考察他们的领导能力和管理能力，尤其是与人打交道的动机和愿望以及处理人际关系的能力，因而在评价标准方面更强调其扎实的专业素养和科研创新能力，优先选拔那些做人严谨诚信，做事认真负责，有一定的奉献精神和较强的社会服务动机的学者走上政府领导岗位。学者们也要注意避免陷入盲目从政的陷阱，应当理性分析个人的职业发展兴趣，做出适当的取舍①。

在科学技术高度发展的今天，科学技术的创新与发展已然成为推动国家经济社会发展与进步的主要力量。在现今的社会政治、经济、文化思潮的大变革中，“学者从政”将成为一种“新常态”，推动经济社会快速发展。

13.3　案例三　德勤：人力资源领域的十大趋势

13.3.1　背景透视

人力资源作为组织运行中必不可少的要素之一，其重要性更是无可替代。任何组织要想在激烈的市场竞争中稳坐其位，必须要对未来人力资源的发展趋势有所了解。2016年德勤集团通过分析来自130多个国家的7 000份反馈数据，发现了一些对各种规模的组织都很重要的全球性趋势。研究报告发现了多种新模式来提高组织绩效和员工敬业度。报告中提到的人力资源趋势可以用以下几个关键词来概括：架构、领导、文化、敬业度、学习、设计思维、数字化人力资源、人员分析和以人为本。

13.3.2　案例描述

2016年德勤在研究报告中提出了人力资源领域的十大趋势，并对核心点进行了提炼

① 杜宝青．“学者从政”的利弊探讨［J］．哈尔滨市委党校学报，2011（2）：47-49．

和阐释，主要包括以下几方面：

一、传统组织架构改变，新型组织兴起

关于“架构”这一话题，研究发现，现在只有26%的大公司（超过5 000人）组织运转完善（销售、营销、财务、工程、客服等）；有82%正在重组、计划重组，或者刚刚重组好，以便更快应对客户需求。这一趋势的驱动力来自数字科技、信息透明、人口统计特征以及商业模式的颠覆。思科、通用电气、克利夫兰诊所以及其他大部分受访公司都表明，他们过去行之有效的组织架构已变得陈旧过时，这种“基于团队”的新型架构对千禧一代充满吸引力，同时能够促进创新，改善客户服务。

二、领导：比以往任何时候都重要

为什么领导如此重要？答案很简单，今天所需要的领导一定是机敏的，他们必须学得很快，而且能够串联起整个组织。客服团队、销售团队，或者营销团队通常由公司中层干部领导组成，他们中大部分是在工作中成长起来的，且具有来自实践的管理技能。他们既要能领导本团队，又要能跨团队交互工作。

三、文化：战略、执行和联盟的核心

新型组织最大的一个推动因素就是公司对企业文化、员工敬业度、学习能力和信息反馈的渴求，第三和第四个重要趋势是文化（86%列为重要）和敬业度（85%列为重要）。千禧一代在劳动力中占超过50%的比例（在很多国家甚至更高），他们在工作中寻求使命和价值；当他们在小团队中工作时，需要一个共享的文化来确保战略、项目和服从能够一以贯之。今天的员工工作起来更像是“志愿者”，而不像是契约工或者雇员。他们总是很忙，经常看起来像是要被工作压垮一样；他们积极使用社交网络（可以浏览新工作和获得工作机会），公开分享关于公司和老板的信息。如果他们没有受到激励，也不敬业，就会离开，但这会导致公司低效运行，或者为客户提供的服务参差不齐。

四、参与度：永远在路上

今天的员工敬业问题就要求我们必须建立一个“永远在路上”的倾听程序，该程序可以传递信息和反馈员工疑问，让领导能快速发现问题并解决问题，最终提高员工的生产力，使其更契合企业文化，更努力工作。这一重要趋势已经席卷世界各地的人力资源部门，如果花费时间来定义和调整企业文化，就会有一整套工具来评估和管理员工敬业度。这些人力资源管理方面的新实践提供了一个仪表盘和一整套调整工具，以确保遍布全球的团队网络运转良好。

五、学习：组织的新动力

研究表明了两项重要改变：首先，在今天，学习是员工的一项权利，所以公司必须使工作具有丰富的学习体验，让员工能持续进行自我训练和自我教育。从2015年起，采用慕课和高级视频课程的企业就比之前翻了一番还多，公司培训部门也从“培训教育”转向“工作中的学习体验建设”。其次，还有一种重要趋势，即注重职业生涯发展、专业发展以及劳动力技能提高。今天的学习曲线就是赚钱曲线，所有能提供成长和发展机会的公司都不愁没有人来。世界范围内人们都渴求能提高自己的技能，这迫使优秀公司提供职业技能培训、技术教育以及职业生涯发展，以吸引好的人才。比如，现在大零售商正为小时工提供学费报销，早期职业管理项目现在又重新流行了开来。

六、思维设计占据中心地位

这种新组织通过共同目标和以团队为中心的架构为员工赋权，为了帮助人们完成工作，组织必须得到精心设计。人们会对设计思维产生巨大的兴趣，缘于在人力资源、学习、绩效管理以及整体工作体验方面，设计思维有着巨大应用。人们要用全新的方法来设计人力资源、学习项目和人才项目，一切着眼点在于简化程序，聚焦于重要事项，运用移动应用，关键是要以员工为中心。旧式的那种从招聘、入职到绩效管理或职业发展的头尾相接的工作程序正在慢慢成为过去。现在，我们应考察每位员工在公司中所起的作用、所承担的责任、所扮演的角色，然后为其提供"量身设计的体验"，帮助他们学习进步。

七、管理思想必须进化

伴随着组织架构和人才实践的变化，管理思想也发生了重大改变。大约每十年，人们就需要重新思考一下管理是如何运作的。今天，人们不再把管理人员看作"国王"，相反应该看作促进者、战略家和团队领导者，他们能对团队进行激励和赋权，使其走向成功。这个新的理念在过去几年中已经成为管理书籍和实践的基础，它来自这样一个认识：在今天，那种旧式的层级领导模式已经不起作用了。这个变化有多重含义：高效的领导人做了什么，应当把谁提升到管理层，以及我们如何设计奖励和调整系统来帮助领导者做出自己的贡献，但是此项改变的最大一个特征就是再造绩效管理的大趋势。

八、扔掉组织结构图：帮助员工建立职业生涯

人们可能会问：这个新组织也需要一个组织结构图吧？当然人们需要知道一个公司是如何组织的，谁来负责，负责什么，去哪里获得信息和决定。但是研究表明，越来越多的公司开始放弃组织结构图。因为现在公司更像是以团队运动或者咨询公司的模式来运营，而不是过去那种自上而下的官僚式管理。我们今天真正需要的是公司的"网络分析"，它能告诉我们谁来提出主张，主张什么，而不管他们在哪里工作。

九、人员分析方面的增长以及数字化人力资源管理的出现

现在来谈最后两个趋势：人员分析以及"数字化人力资源管理"的出现。有关人员分析，这一 2015 年被贴上"坚持中立"标签的学科已经开始受到欢迎，如今这一学科更加成熟了。尽管还有许多工作要做，但是这一重要的新兴学科已经应用到了人力资源管理和商业活动中。数字化人力资源管理聚焦于构建人力资源管理解决方案，这些解决方案来自实践经验，为移动应用设计，依托设计思维和行为经济学，可以帮助人们更好地完成工作。人力资源部门必须理解和学习如何建立信息反馈、辅导、目标设定以及发展计划，要使它们看起来如 App 一样易用，并能融入工作环境之中。

十、新组织：设计以人为本

公司的运作方式应当以人为本，以一种让人们愿意工作的方式来运营。我们提出的新型组织和人才模式并不仅仅是时髦概念。对我们来说，它们如同人一样自然。很多研究表明员工们喜欢沟通、协作，并以结成小组的方式来做事情。

资料来源：德勤：2016 人力资源的十大趋势 [EB/OL]. 环球人力资源智库，2016-04-22.

13.3.3 案例思考题

1. 你是如何看待人力资源领域的十大趋势的？
2. 结合案例谈谈上述十大趋势中有哪些趋势值得公共部门人力资源管理借鉴。

13.3.4 案例分析

核心提示

当前经济高速发展，市场竞争日益激烈，人的因素越来越成为任何组织实现自己战略目标的关键因素。人力资源已成为组织发展的最大动力，具有其他资源所不具备的特殊功能，人力资源管理已成为管理工作的核心。在这种状况下人力资源的发展趋势就成为各大行业都必须密切关注的焦点问题。人力资源管理是企业生存发展的关键，企业要从事经济活动以实现其既定目标，就必须使用各种资源作为投入，而很多资源的利用必须通过人力资源活动去实现，其他资源的组合运用都是靠人力资源来推动的，其效能的发挥也都是以人力配置的优化和人才效益的发挥为前提的。企业人力资源管理趋势变革，同样也给公共部门带来了新的挑战和机遇。

观点争鸣

观点一：数字化人力资源管理方式的出现，使许多组织借助大数据，结合关联指标和总投资资源进行分析，并通过“剥洋葱”分析方式，将组织的业绩与财务考核、员工考核指标有效联结起来，并通过新信息模式（社交、云计算、移动、大数据）来改变决策流程，并减少事务的层级，实现管理层对基层员工的轻松管控。同时全员的互动、各种信息都能反馈到管理层，通过大数据的分析，有助于提高预测、决策质量，从而最终实现组织的人力资源发展战略，提高人力资源管理效率①。

观点二：许多组织在制定人力资源战略目标时，都将组织的人力资源工作分为战略性工作与基础性工作。高层管理者明白，只要是数据就有可能出现漏洞与偏差，一般来说组织只对基础性的工作实施数字化人力资源管理，基于数字化平台的人力资源管理在组织人力资源方面的重要决策时只能起到参考的作用。因此，在做战略决策时，不会仅仅依靠数字化人力资源管理进行决策，这也证实了数字化人力资源管理的局限性。

问题分析

在案例中，2016 年，德勤通过收集 130 个国家的 7 000 份反馈数据对人力资源的发展趋势进行分析总结。其中有 92%的问卷反馈均将“组织设计”列为全球高管和人力资源部门的首要关心问题。企业领导者越来越注重让“组织设计”更加适应充满挑战的商业环境和竞争激烈的人才市场，除此之外，企业文化仍然是高管们关心的重要问题②。德勤人力资源十大趋势研究报告中提到，文化是战略、执行和联盟的核心。组织文化是组织在长期的生存和发展中所形成的为组织所特有的，且为组织多数成员共同遵循的最高目标价值标准、基本信念和行为规范等的总和及其在组织中的反映。具体地说，组织文化是指组织全体

① 唐魁玉．大数据时代人力资源管理的变革［J］．中国人力资源社会保障，2014（3）：57.

② 杨少杰．新组织设计才是企业大战略［EB/OL］．人力资源网，2016-12-13.

成员共同接受的价值观念、行为准则、团队意识、思维方式、工作作风、心理预期和团体归属感等群体意识的总称。文化决定战略，而当战略形成之后，文化又反过来支撑和匹配战略。企业文化形成的根本是对于获取成功的基本假设，企业文化是形成战略思想的基础。企业战略是企业在对环境的假设、对目标的假设以及对优势的假设的基础之上具体的经营思路和安排，战略产生于战略思想，而企业的战略思想产生于企业的初衷或者企业的终极使命。另外，战略最关键的一点是战略执行，执行中的关键是大家“期望不期望执行”和“如何执行才是有效”的价值观念问题。企业文化通过对于使命、愿景、核心价值观等重大问题的明确，凝聚人心和人力，形成匹配企业战略的执行力。正如美国著名管理学者卡梅伦（Cameron）长期调查的结论所言：“许多旨在推动企业进步的努力，最终都因为没有重视企业文化的作用和影响而以失败告终。无视企业文化，而去做扁平化、全面质量管理和流程再造，结果往往是失败的。因为当企业文化、目标、定位保持不变时，就算改变了企业程序和战略，企业也会很快恢复原状的。”因此可以得出，当人们在团队中工作时，需要企业文化来确保战略、项目和服从能够一以贯之。

各类组织中管理的差异在于使用的专业术语，体现在具体的应用上，而不是在管理原则和原理上。在组织关心的问题中90%左右的问题具有普遍性，只有10%的管理问题才是组织独有的使命、文化、历史和专业用语，需要解答。虽然公共部门人力资源管理与企业人力资源管理存在着很大的不同，但是企业一些先进的管理思想与技术同样值得公共部门人力资源管理进行学习与借鉴。

文化被视为组织管理的最高境界，因而文化对于任何组织都同样重要，因此公共部门也必须注重部门文化的塑造。公共部门组织文化中的宗旨、使命、价值观及其完善的制度体系，直接引导、规范和约束着公职人员的日常工作行为方式和态度，并影响着他们对管理措施的认知与心理接受程度。良好的组织文化更能营造优良的政风政纪、工作作风和全心全意为人民服务的工作氛围。人是环境的产物，人力资源管理活动不管主体是何种性质的，都必须在一定的环境之中进行，公共部门和企业本质上都是以组织形式存在和发挥作用的，因此在进行人力资源管理的过程中，总会受到一定的与组织相关的内部环境因素的制约①。

与传统人力资源管理不同，在数字化人力资源管理平台下，公共部门也正不断借助于“数字化”平台的柔性、实时性、电子化等特征突破公共管理的时间和空间限制；还能实现公共部门人力资源管理的系统化，人力资源管理活动按照其生命周期组成了自反馈闭环系统，包括招聘前、招聘中及招聘后三个阶段，涉及公共部门人力资源规划、工作分析、挑选实践、培训及开发、绩效评估、薪酬等阶段，大大提高了人力资源管理的效率。21世纪本就是一本巨大的数据词典，数字化的人力资源管理也运用而生，数字化人力资源管理能够提高人力资源管理工作效率和规范人力资源管理的业务流程。这一趋势无疑对公共部门人力资源管理观念、理论、方式与手段都提出了挑战。

---

① 段华治，苏立宁．论公共部门人力资源管理与企业人力资源管理的区别与互动［J］．中国行政管理，2006（6）：65-68.

公共管理类专业教材——劳动与社会保障专业教材

书名	作者
社会保障概论（第七版）	孙光德　董克用
社会保障学	戴卫东
劳动经济学（“十一五”国家级规划教材）	董克用　刘　昕
劳动法与社会保障法	黎建飞
社会保险学（第四版）	孙树菡　朱丽敏
社会保障基金管理	李春根
社会保障国际比较	仇雨临

公共管理类专业教材——土地资源管理专业教材

书名	作者
土地经济学（第八版）（“十一五”国家级规划教材）	毕宝德
土地法学（中国人民大学“十三五”规划教材）	严金明
土地资源学	张正峰　赵文武
土地资源管理学（第二版）	张正峰
国土空间规划学	张占录　张正峰
不动产估价（第二版）（“十一五”国家级规划教材）	叶剑平　曲卫东
土地信息系统	曲卫东　韩　琼
地籍管理（第五版）（“十一五”国家级规划教材）	谭　峻　林增杰

公共管理类专业教材——城市管理专业教材

书名	作者
城市管理学（第四版）	杨宏山
城市管理学：公共视角	陆　军　等
城市管理法	王从虎
城市总体规划原理	郐艳丽　田　莉

公共管理类教材——应急管理专业教材

书名	作者
应急管理导论：原理与案例	李燕凌　朱正威 张海波　章文光
应急管理概论	王宏伟
应急管理理论与实践	唐　钧
突发事件风险管理	张小明
应急管理新论	王宏伟
新媒体时代的应急管理与危机公关	唐　钧
公共安全风险治理	唐　钧

公共管理硕士（MPA）教材——核心课教材

书名	作者
全国公共管理硕士（MPA）核心课程教学指导纲要	全国公共管理专业学位 研究生教育指导委员会
社会主义建设理论与实践（第三版）	李景治　蒲国良

书名	作者
公共管理英语（修订版）	顾建光
学术规范和论文写作	胡宏伟
公共管理学（第三版）（全国优秀教材二等奖）	张成福　党秀云
公共管理学原理（修订版）	陈振明
公共管理导论	竺乾威　朱春奎　李瑞昌
公共政策分析	陈振明
公共政策分析导论	陈振明
公共政策分析概论（修订版）	谢　明
公共部门经济学（第三版）	高培勇　崔　军
公共经济学	唐任伍
行政法学（修订版）	皮纯协　张成福
行政法学概论（第三版）	胡锦光
非营利组织管理概论（修订版）	王　名
非营利组织管理	王　名　王　超
公共管理伦理学（修订版）	张康之
社会研究方法	陈振明
电子政务理论与方法（第五版）	金江军
公文写作概论	高永贵

公共管理硕士（MPA）教材——专业方向必修课、选修课教材

书名	作者
公务员制度教程（第六版）	舒　放　王克良
比较政府与政治（修订版）	卓　越
当代中国政府与政治（第三版）	吴爱明　朱国斌　林　震
公共部门人力资源管理及案例教程（第三版）	陈天祥
公共部门绩效评估（修订版）	卓　越
公共部门危机管理（第三版）	张小明
应急管理通论（第二版）	李雪峰
公共部门战略管理（修订版）	陈振明
MPA 学位论文写作指南	汪大海

图书在版编目（CIP）数据

公共部门人力资源管理案例/周均旭主编．—北京：中国人民大学出版社，2019．2
新编 21 世纪公共管理系列教材．公共组织与人力资源管理系列
ISBN 978-7-300-26253-6

Ⅰ．①公… Ⅱ．①周… Ⅲ．①公共部门-人力资源管理-案例-高等学校-教材 Ⅳ．①D035．2

中国版本图书馆 CIP 数据核字（2018）第 213664 号

新编 21 世纪公共管理系列教材·公共组织与人力资源管理系列
公共部门人力资源管理案例
主　编　周均旭
副主编　黄建荣　李国梁
Gonggong Bumen Renli Ziyuan Guanli Anli

出版发行	中国人民大学出版社		
社　　址	北京中关村大街 31 号	**邮政编码**	100080
电　　话	010－62511242（总编室）		010－62511770（质管部）
	010－82501766（邮购部）		010－62514148（门市部）
	010－62515195（发行公司）		010－62515275（盗版举报）
网　　址	http://www.crup.com.cn		
经　　销	新华书店		
印　　刷	固安县铭成印刷有限公司		
开　　本	787mm×1092mm　1/16	**版　　次**	2019 年 2 月第 1 版
印　　张	12.25	**印　　次**	2024 年 11 月第 2 次印刷
字　　数	274 000	**定　　价**	36.00 元

中国人民大学出版社　管理分社

教师教学服务说明

中国人民大学出版社管理分社以出版工商管理和公共管理类精品图书为宗旨。为更好地服务一线教师，我们着力建设了一批数字化、立体化的网络教学资源。教师可以通过以下方式获得免费下载教学资源的权限：

★ 在中国人民大学出版社网站 www.crup.com.cn 进行注册，注册后进入“会员中心”，在左侧点击“我的教师认证”，填写相关信息，提交后等待审核。我们将在一个工作日内为您开通相关资源的下载权限。

★ 如您急需教学资源或需要其他帮助，请加入教师 QQ 群或在工作时间与我们联络。

中国人民大学出版社　管理分社

教师 QQ 群：648333426(工商管理)　114970332(财会)　648117133(公共管理)
教师群仅限教师加入，入群请备注（学校+姓名）

联系电话：010-62515735，62515987，62515782，82501048，62514760

电子邮箱：glcbfs@crup.com.cn

通讯地址：北京市海淀区中关村大街甲 59 号文化大厦 1501 室（100872）

管理书社　　人大社财会　　公共管理与政治学悦读坊